Kurt Allgeier, geboren 1929, studierte in Freiburg und Innsbruck Theologie und Philosophie. Er lebt heute als freier Autor mit seiner Familie in München. Die Schwerpunkte seiner schriftstellerischen Tätigkeit umfassen die Gebiete Psychologie, Medizin und Naturheilkunde. Zu den wichtigsten seiner zahlreichen Bücher zählen: »Morgen soll es Wahrheit werden«, »Die großen Prophezeiungen des Nostradamus« , »Paracelsus«, »Die Bücher der Lebensharmonie« und »Das Ende der Unsterblichkeit«.

Vollständige Taschenbuchausgabe Oktober 1990

Umschlaggestaltung Adolf Bachmann
Satz MPM, Wasserburg
Druck und Bindung Ebner Ulm
Printed in Germany 5 4 3 2 1
ISBN 3-426-04025-5

Kurt Allgeier:
Und den Himmel gibt es doch!

Die Suche der Menschheit nach dem
ewigen Leben

Knaur®

Inhalt

Einleitung

»Der Tod hat eben deshalb nichts mit mir zu tun, weil er nicht da ist, wenn wir da sind, und weil wir nicht da sind, wenn er da ist.«

Der griechische Philosoph Epikur (341—271 v. Chr.) hatte guten Grund, mit solchen »Weisheiten« der übermächtigen Angst seiner Zeitgenossen vor dem Sterben und vor dem, was im Jenseits der rachsüchtigen und unberechenbaren Götter folgen könnte, zu begegnen: Es ist doch müßig, auch nur einen einzigen Gedanken an das Leben nach dem Leben zu verschwenden. Zum einen verdirbt man sich damit nur das Lebensglück hier und heute, zum anderen sind alle Fragen um das Danach sowieso unlösbar. Niemand war je »drüben«. Es ist deshalb allein sinnvoll, sich hier auf Erden einzurichten und das einzig wahre, wenn auch kurze, vergängliche Glück zu suchen. Wenn der Tod erst einmal da ist, empfinden, fühlen und denken wir ohnehin nichts mehr. Er braucht uns also nicht im geringsten zu interessieren.

Wenn es nur so einfach wäre! Wie viele Millionen Menschen haben vergeblich versucht, den Rat des Philosophen zu befolgen, der vorübergehend zu beruhigen vermag, doch auf Dauer keine befriedigende Lösung bringt. Der Tod ist ja gerade nicht die andere Seite des Lebens, die uns Lebende nicht zu interessieren braucht, sondern er ist die beherrschende Macht des Lebens, sein Ziel und seine Sinngebung, ständig gegenwärtig. Auch wenn derjenige, der plötzlich vom Tod überrascht wird, ihn selbst nicht erlebt: die zurückbleibenden Angehörigen erfahren ihn um so schmerzlicher. Ein Mensch, den man über alles liebte, der einem alles bedeutet hat, ist plötzlich nicht mehr da. Was ist mit ihm geschehen? Wo ist er hingegangen? Oder wurde er etwa für immer ausgelöscht?

Unsere Tage am Ende des 2. Jahrtausends nach Christus sind zweifellos geprägt von einer nie dagewesenen Todespräsenz. Wir erleben den Tod immer wieder im Schock des Verkehrsunfalls. Wir sehen sein Bild in nahezu allen Fernsehnachrichten. Täglich spielen wir mit ihm im Krimi, im Western, im Science-fiction. Bei aller Flut an Todesbegegnungen sind wir wohl weniger denn je bereit, über ihn nachzudenken. Im Ernstfall weichen wir ihm rigoros aus: Sterbende werden abgeschoben, damit durch ihren Anblick niemand erschreckt wird. Tote schafft man unmittelbar nach ihrem letzten Atemzug weg. Denn niemand soll zugemutet werden, mit ihnen unter einem Dach zu leben.

Nicht einmal die erschreckende, aber durchaus im Bereich des Möglichen liegende Vorstellung, daß alles Leben der Erde für immer ausgelöscht werden könnte, zwingt uns, über den Sinn von Leben und Tod ernsthaft nachzudenken. Wir schließen krampfhaft die Augen — aus Angst, die Wahrheit könnte unerträgliche Konsequenzen nach sich ziehen.

Wir haben den Tod millionenfach in zwei grauenhaften Weltkriegen erlebt. Ist er vielleicht gerade deshalb kein Thema mehr?

Wir wollen leben!

Aber kann man denn überhaupt leben, solange man sich nicht um den Tod kümmert? Hat dieses Leben irgendeinen Sinn, wenn ich nicht weiß, wozu es gut sein soll? Ob danach noch etwas kommt? Wie dieses Danach möglicherweise aussehen könnte?

Ist nicht genau das die Wurzel aller Probleme und Schwierigkeiten der modernen Menschheit, daß sie keinen Lebenssinn mehr findet — ja, daß sie sich hartnäckig weigert, weiterhin danach zu suchen?

Wir Menschen des ausgehenden 20. Jahrhunderts sind vergleichbar einer Gruppe, die mit einem Schiff aufgebrochen ist, das Paradies zu suchen. Unterwegs sind uns jedoch herbe Zweifel gekommen, ob es dieses Ziel überhaupt gibt — und wenn, ob es dann auch erstrebenswert sein könnte. Nun treiben wir ziellos durch die Weiten des endlosen Ozeans, ohne die geringste Vorstellung, was aus dieser Reise werden soll. Wir wissen nur: Bald gehen die Vorräte zu Ende. In Kürze wird das Schiff die immer zahlreicheren Menschen an Bord nicht mehr fassen können. Lohnt es sich überhaupt noch, die Kessel zu heizen, den Horizont nach Land abzusuchen? Oder haben nicht jene recht, die sich so gemütlich wie möglich einrichten, spielen und tanzen und alles tun, um ihre Fahrt möglichst in die Länge zu ziehen und sich überhaupt nicht darum zu kümmern, wann und wo diese Irrfahrt enden soll?

Sind wir Menschen, wie manche behaupten, zum »Untier« geworden, zu einer Mißgeburt der Natur, zu nichts nütze, so daß es ein Akt der Barmherzigkeit wäre, es fände sich endlich einer, der allem ein rasches Ende bereitet — je früher, desto besser? Oder sollte es tatsächlich noch möglich sein, hinter all dem Leid, den unsagbaren menschlichen Verbrechen und Verirrungen einen Sinn zu finden, der uns ermuntern könnte, alles zu tun, das Leben zu retten? Gibt es eine Hoffnung für den Menschen — eine Hoffnung, die über den Tod hinausweist?

Fragt man heute nach Jenseitsvorstellungen, erhält man Antworten, die sich in sechs Gruppen einteilen lassen:

Die erste — und es ist nicht die kleinste — sagt: »Mit dem Tod ist alles zu Ende. Damit müssen wir uns endlich abfinden. Warum sollte es uns anders ergehen als Hunden, Katzen, Affen? Alles Leben hat sich aus den ersten primitiven Anfängen entwickelt. Alles, was lebt — dazu gehören auch wir Menschen —, ist aus ein und derselben Evolution hervorgegangen. Wir Menschen unterscheiden uns von den Affen lediglich durch ein funktionstüchtigeres Gehirn. Woher sollte also die Unsterblichkeit plötzlich kommen? Es gibt kein Jenseits. Der Mensch hat sich durch die Jahrtausende lediglich an diese Utopie geklammert, weil er das Wissen um das Ende nicht ertragen konnte ...«

Wenn das stimmen würde, wäre die Evolution des Lebens auf der

Erde sinnlos, ziellos. Und wenn es andere »Menschheiten« im Universum gäbe, müßten auch sie sinnlos sein, eine unfaßbare Vergeudung geistiger Potenzen, die immer kompliziertere, vollkommenere Lebensformen schufen.

Hier muß man gleich anfügen, daß es heute auch Theologen gibt, die diese Meinung vertreten. Sie sehen sich außerstande, den Menschen aus der biologischen Reihe auszuklammern und ihnen den Sonderstatus der Unsterblichkeit einzuräumen. Sie sagen also: »Es gibt keine Unsterblichkeit! Auch der Mensch stirbt — wie alle anderen Geschöpfe. Allerdings: der Tod ist für uns Menschen nicht das Ende. Gott hat uns ein ewiges Leben zugesagt! Er ist treu über den Tod hinaus. Er schafft uns neu. Diesmal zum ewigen Leben.«

Das ist ein Versuch, naturwissenschaftlichen Erkenntnissen Rechnung zu tragen — und die Glaubenswahrheiten trotzdem einigermaßen zu retten. Die Schwierigkeit liegt im totalen Bruch mit der Tradition, die durch Jahrtausende an der Zusammensetzung des Menschen aus einem sterblichen Leib und einer unsterblichen Seele festgehalten hat.

Die zweite Gruppe, die heutzutage wohl immer größer wird, lehnt es rundweg ab, sich über ein mögliches Jenseits irgendeine Vorstellung zu machen. Sie vertritt etwa folgende Ansicht: »Ich kann es abwarten. Sollte nach dem Tod noch etwas kommen, um so besser. Ich lasse mich gern überraschen. Einstweilen gibt es für ein Weiterleben nach dem Tod ebensowenig einen zwingenden Beweis wie für das absolute Ende. Unser Wissen kann über die Schwelle des Todes nicht hinausreichen. Deshalb müßte jede Jenseitsvorstellung eine Illusion sein. Ehrlich gesagt: Mir wäre das totale Verlöschen, das endgültige Freisein vom Zwang zu denken, zu leiden, zu hoffen und zu bangen lieber als eine Fortsetzung des Lebens, das in irgendeinem Bezug zu meiner jetzigen Existenz steht. Ein ewiges, nie endendes Glück ist sowieso nicht vorstellbar. Eine ewige Verdammnis als Strafe für mein Versagen auf Erden stünde im krassen Widerspruch zum Bild des vollkommenen, allwissenden, allmächtigen und allgütigen Gott...«

Kann, wer so denkt, in seiner irdischen Existenz überhaupt glücklich werden? Steht vor seinem Leben und vor allem, was er tut, nicht ein einziges Fragezeichen: Wozu?
Findet er für irgend etwas, das ihm begegnet — ganz zu schweigen von Leid, Opfer, Entbehrungen, Not —, einen Sinn? Lohnt es sich überhaupt, dieses Leben zu leben und sich um ein möglichst anständiges, moralisch einwandfreies Verhalten zu bemühen?
Die Menschheit hat sich Verhaltensregeln, Gesetze, Lebensweisen auferlegt, die großenteils den natürlichen Anlagen zuwiderlaufen. Sind diese Regeln überhaupt noch gültig, wenn ich das Weiterleben nach dem Tod ausklammere und in Frage stelle — oder wäre es nicht klüger und richtiger, sich ohne falsche Rücksichtnahme nur auf das eigene Wohlergehen, auf Reichtum, Lust und Vorteil zu konzentrieren?
Es sieht ganz so aus, als wäre das tatsächlich der Zwiespalt, in dem Millionen Menschen leben: Eigentlich ist das Leben den uralten Spielregeln zufolge auf die Ewigkeit hin ausgerichtet. Kann diese Ausrichtung überhaupt noch stimmen, wenn ich die Ewigkeit aus den Augen verloren habe?
Die dritte Gruppe — sie wird offensichtlich immer kleiner — hält an der alten Vorstellung von Himmel und Hölle fest: »Nur der Leib ist aus der Evolution hervorgegangen. Dieser Leib wird aber geformt und beseelt vom unsterblichen Geist, den Gott in einem eigenen Schöpfungsakt ihm einhaucht. Die Seele ist kein Teil Gottes, wie die Pantheisten glauben, sondern ein Teil der Schöpfung. Sie überlebt den Körper bei dessen Tod. Am Jüngsten Tag wird aber auch der Körper zu neuem, diesmal unsterblichem Leben auferweckt. Dann wird nicht nur die Seele, sondern der ganze Mensch vor Gericht gestellt. Kann er bestehen, geht er ein in die ewige Seligkeit. Er wird im Himmel mit Leib und Seele ohne Ende und in unbegrenztem Glück weiterleben. Stellt sich im Gericht am Jüngsten Tag allerdings heraus, daß ein Mensch in seinem irdischen Leben versagt hat, dann wird über ihn das Urteil gesprochen: Er ist verdammt in alle Ewigkeit. Er

muß also endlos und voller Verzweiflung mit Leib und Seele weiterleben ...«

Es sind vor allem zwei Punkte an dieser Vorstellung, an die zu glauben dem modernen Menschen so außerordentlich schwerfällt: Zum einen: Kann man tatsächlich annehmen, der Schöpfer hätte die Entwicklung des Lebens nur eingeleitet und dann sich selbst überlassen, um plötzlich an einem bestimmten Punkt der Evolution wieder persönlich einzugreifen und fortan täglich millionenfach unsterbliche Seelen zu schaffen? Könnte man überhaupt etwas Unsterbliches, Unvergängliches in dieser Welt der Vergänglichkeit akzeptieren? Zum anderen: Wäre das ein imponierender Gott, der uns — ohne uns vorher zu fragen, ob wir uns überhaupt auf dieses Spiel einlassen wollen — unsterblich schafft — mit dem unvorstellbaren Risiko der ewigen Verdammnis verbunden? Wären wir in der Lage, einen solchen Gott zu lieben und anzubeten, der die Liebe seiner Geschöpfe derart brutal erzwingen muß: »Entweder du liebst mich — und zwar mehr als alles andere auf der Welt —, oder ich peinige dich, und zwar derart grausam, daß dir nicht einmal die Hoffnung auf ein Ende der unerträglichen Qualen bleibt!«

Die vierte Gruppe, die sich vorwiegend aus jüngeren Menschen zusammensetzt, hat sich von der geschaffenen unsterblichen Seele, von Himmel und Hölle abgewandt und, beeinflußt von C. G. Jung, Rudolf Steiner, Hermann Hesse und nicht zuletzt von fernöstlichen Glaubensgemeinschaften, sich die Vorstellung der Wiedergeburt zu eigen gemacht: »Diese gegenwärtige Inkarnation ist nur eine Episode, eine vergängliche Personifizierung. Sie hat den Sinn, die Schuld aus einem früheren Leben abzutragen und wenigstens ein Stück der Vervollkommnung näherzukommen. Wenn der Mensch diese irdische Welt überwunden hat, wenn er vollkommen geworden ist, geht er ein in das Nirwana. Wie ein gereinigter, klarer Tropfen kehrt er zurück in das unendliche Meer, taucht ein in den Zustand des vollen Seins, das zugleich das absolute Nichtsein ist, in das unbegrenzte Glück, das zugleich die vollkommene Bedürfnislosigkeit, das Freisein von jeder Begierde und Lust ist. Vielleicht ist der unsterbliche Lebensfunke, das Lebensprinzip in mir, das durch die verschiedenen Inkarnationen hindurchgeht, ein Stück Gottes oder der großen, allesumfassenden Weltseele. Doch darüber sollte sich der Mensch keine Gedanken machen. Er muß seine Vollkommenheit suchen. Alles andere ist bedeutungslos...«

Der Glaube an eine Wiedergeburt bietet die am meisten einleuchtende Erklärung für Schicksal, Leid und die damit verbundene Gerechtigkeit: Jeder Mensch ist für das eigene Schicksal verantwortlich. Die Schuld in einem früheren Leben hat ihn dahin gebracht, wo er nun steht. Aber jeder hat auch die Chance, durch Annahme seines Schicksals und durch stetes Bemühen um innere Harmonie sein ewiges Ziel zu erreichen.

Nicht so recht einzuleuchten vermag, wie ein Mensch alte Schuld abtragen sollte, nachdem er doch keinerlei Erinnerung an frühere Verfehlungen besitzt, so daß er auch keine Lehren und Konsequenzen daraus ziehen könnte. Außerdem: Welchen Sinn hätte die milliardenfache Not, das menschliche Elend durch die Jahrtausende, stünde am Ende doch nur das Versinken im Nichts, in einer farblosen Ewigkeit? Woher sollte überhaupt das Böse und Schlechte in der Welt kommen, wenn das seelische Lebensprinzip als Teil des Absoluten und Vollkommenen anfänglich doch gut und vollkommen gewesen sein muß? Was könnte der Weg durch die Niederungen der Welt letztlich bewirken? Würde das unendliche, vollkommene Meer des Nirwana durch den winzigen Tropfen reicher, vollkommener?

Die fünfte Gruppe bilden die Parapsychologen, Esoteriker, Spiritisten. Es sind Menschen, die versuchen, den Glauben durch ganz persönliche Kontakte und Erfahrungen mit dem Jenseits zu ergänzen oder gar zu ersetzen. Sie benützen Tonbänder und Radiogeräte, um Stimmen von drüben einzufangen. Sie notieren die Erfahrungen vorübergehend klinisch toter Menschen, die möglicherweise einen Blick ins Jenseits werfen durften. Und sie versuchen, ihren »zweiten«, feinstofflichen Körper vom grobstofflichen Leib zu trennen und schon zu Lebzeiten Reisen ins

Jenseits zu unternehmen. Es gibt zahlreiche Medien, die von sich behaupten, sie stünden in ständigem Kontakt mit den Verstorbenen »drüben« und könnten im Trance-Zustand auch für andere Kontakte mit den Heimgegangenen herstellen.
Die wesentlichen Aussagen dieser Gruppe könnte man etwa folgendermaßen zusammenfassen: »Sterbende werden von Angehörigen und Engeln abgeholt und in ein Jenseits geleitet, das nicht irgendwo hinter oder über dem Kosmos zu suchen ist, sondern nur eine neue, uns Sterblichen verschlossene Dimension des Kosmos darstellt. Das Leben in dieser neuen Dimension unterscheidet sich gar nicht so sehr vom irdischen Leben, befreit aber von allem, was uns hier das Leben so schwer macht. Jeder Wunsch, jede Vorstellung wird sofort Wirklichkeit. Jeder darf sich nach eigenen Vorstellungen verwirklichen. Er steigt schrittweise aufwärts in eine immer größere Vollkommenheit, bis er schließlich die Grenzen zum Paradies überschreiten darf...«
Das Störende an solchen Berichten und Schilderungen ist aber, daß es sich ausnahmslos um subjektive Erfahrungen handelt, die sehr wohl wahr sein können, für die es bislang aber keine objektive Beweisbarkeit gibt. Es ist durchaus möglich, daß jemand schon ein echtes Jenseitserlebnis hatte. Doch kann es mit absoluter Sicherheit ausgeschlossen werden, daß jene, die so etwas behaupten, nur das Opfer einer Halluzination, einer Einbildung wurden?
Die sechste Gruppe kommt ebenfalls nicht aus Glaubensbereichen, sondern baut sich ein interessantes, spekulatives Vorstellungsgebäude aus wissenschaftlichen Bausteinen. Ihre Theorien sind noch sehr jung und weithin noch unausgegoren. Ihre Vertreter sind vor allem unter Studenten zu suchen, und sie werden immer zahlreicher. Noch gibt es keine Bezeichnung für diese Richtung der Jenseitsvorstellung, keine Organisation, die Gleichgesinnte zusammenhalten würde.
Die Grundgedanken dieser Vorstellung lassen sich in etwa wie folgt zusammenfassen: »Es gibt nicht einen Kosmos, gebildet aus unendlich vielen Galaxien mit vermutlich vielen tausend

›Menschheiten‹, sondern unvorstellbar viele Kosmen, die auf verschiedenen Ebenen und Dimensionen ineinandergeschachtelt sind. Das endlose Band der Universen reicht grenzenlos in immer größere Bereiche des Makrokosmos und in immer kleinere Bereiche des Mikrokosmos. Möglicherweise ist eine Zelle meines Körpers eine Galaxie einer dieser anderen Welten. Vielleicht sind die Galaxien im Weltall nichts anderes als lebende Zellen eines anderen Organismus. Wenn Welten in sich zusammenstürzen und von einem ›schwarzen Loch‹ verschluckt werden, dann fallen sie möglicherweise in eine andere Welt, in einen anderen Kosmos hinein, um dort ein neues, verändertes Leben zu beginnen. Wenn das so ist, dann gibt es wohl kein Ende und keinen Anfang, keine Geburt und keinen Tod — sondern immer nur den Übergang von einer ›Ebene‹ in die andere. Gott könnte der andere Organismus sein, dessen Atom unsere Welt darstellt ...«

Solche Vorstellungen gründen letztlich in der Gleichartigkeit von Makrokosmos und Mikrokosmos: Wie im Atom das Elektron um den Kern kreist, so kreisen im Sonnensystem die Planeten um die Sonne. Doch so kühn und faszinierend diese neue »Weltanschauung« auch sein mag: Sie kann wirklich nicht mehr sein als reine Spekulation. Niemand vermag nachzuprüfen oder auch nur überzeugende Belege dafür beizubringen, daß es wirklich so ist.

Wo liegt die Wahrheit? Oder bescheidener gefragt: Wer kommt der Wahrheit am nächsten? Lassen sich aus dem, was wir auf Erden erfahren und wissen, überhaupt gültige Rückschlüsse auf ein mögliches Jenseits ziehen — oder bleibt uns nur die einzige Möglichkeit, uns voll jenen Boten anzuvertrauen, die uns im Namen Gottes das Weiterleben nach dem Tod versprochen haben? Müssen wir einfach glauben, ohne jede Spur eines Wissens, das diesen Glauben einigermaßen plausibel erscheinen läßt?

Doch wem können und dürfen wir glauben? Wer ist der wahre Prophet? Ist es Buddha? Ist es Jesus? Ist es Mohammed? Oder müssen wir weiterhin mit den Juden auf den wahren Messias war-

ten? Selbst wenn wir die absolute Sicherheit besäßen, daß Jesus von Nazareth Gottes Sohn gewesen ist und Mensch wurde, um die Menschheit zu retten: Wo fänden wir die Garantie, daß wir ihn richtig verstanden haben, so daß das, was wir glauben, richtig ist? Gewiß, er hat ewiges Leben versprochen. Aber wem? Und wie sieht dieses ewige Leben seiner Darstellung nach aus? Fragen über Fragen, auf die uns heute keiner mehr eine überzeugende Antwort geben will oder geben kann. Früher haben Religionen ihren Gläubigen den Himmel ausgemalt. Noch bis in unser Jahrhundert hinein besaßen etwa Christen und Mohammedaner recht präzise Vorstellungen vom Jenseits. Sie wußten sich mit den Verstorbenen über den Tod hinaus eng verbunden, beteten für die »Heimgegangenen« in der Hoffnung, deren Los drüben zu erleichtern. Man bat sie auch um Hilfe, war man selbst in Schwierigkeiten geraten. Man glaubte an seinen »Schutzengel«, einen mächtigen guten Geist, vom Schöpfer einzig dazu bestellt, vor Unheil und Verdammnis zu bewahren. Wie Gott seine Geschöpfe sah und hörte, so konnte man auch die Heiligen um Hilfe angehen. Denn auch sie, die nach ihrem Tod ihres tadellosen, vorbildlichen Lebens wegen ohne Zwischenaufenthalt in den Himmel aufgenommen worden waren, blieben ansprechbar, mit den Lebenden verbunden.
Wer so denken und leben konnte, der hatte nicht nur ein erstrebenswertes Ziel vor Augen — er wußte sich zugleich wundersam geborgen, hineingenommen in die Gemeinschaft einer großen Familie, in der einer für den anderen da ist und einer auf den anderen aufpaßt. Hätte es nicht gleichzeitig die Hölle gegeben, die stete Erinnerung an die Möglichkeit der ewigen Verdammnis — wäre die Angst davor nicht unentwegt geschürt worden, damit die Gläubigen »brav« und gefügig bleiben, man müßte sie ihres Glaubens wegen beneiden.
Moderne Theologen haben ihnen aber nicht nur weitgehend die Hölle und damit die Angst vor der endlosen »Bestrafung« genommen, sondern auch das Fegefeuer, jenen Zwischenbereich im Jenseits, in dem die letzten charakterlichen Unebenheiten

... die Seele in den Himmel aufge-

...n den Lebenden und den Verstor-
...eit, keine Zusammengehörigkeit.
...nlos, sich an sie zu wenden oder
...önnte. Allenfalls kann man Gott
...ne Gnade aufnehmen.
...nen Theologie in unfaßbare, un-
...en. Es läßt sich, so sagen uns die
...anten heute ziemlich einmütig,
...lte uns Menschen auch genügen
... sollten uns an das Versprechen
...m, seiner Güte und seinem Er-

... wir es überhaupt?
...der ist heimatlos. Verloren. Wer
...eits und Jenseits nachdenkt, der
... wird niemals begreifen, wer er

»Gewiß ist die Menschheit in unseren Tagen voller Bewunderung für die eigenen Erfindungen und die eigene Macht; trotzdem wird sie oft ängstlich bedrückt durch die Fragen nach der heutigen Entwicklung der Welt, nach Stellung und Aufgabe des Menschen im Universum, nach dem Sinn seines individuellen und kollektiven Schaffens, schließlich nach dem letzten Ziel der Dinge und Menschen ... In Wahrheit hängen die Störungen des Gleichgewichts, an denen die moderne Welt leidet, mit jener tiefer liegenden Störung des Gleichgewichts zusammen, die im Herzen des Menschen ihren Ursprung hat. Denn im Mensch selbst sind viele widersprüchliche Elemente gegeben. Einerseits erfährt er sich als Geschöpf vielfach begrenzt, andererseits empfindet er sich in seinem Verlangen unbegrenzt und berufen zu einem Leben höherer Ordnung ... Viele glauben, in einer der vielen Weltdeutungen ihren Frieden zu finden. Andere erwarten vom bloßen menschlichen Bemühen die wahre und volle Befreiung der Menschheit und sind davon überzeugt, daß die künftige Herrschaft des Menschen über die Erde alle Wünsche ihres Herzens erfüllen wird. Andere wieder preisen, am Sinn des Lebens verzweifelnd, den Mut derer, die in der Überzeugung von der absoluten Bedeutungslosigkeit der menschlichen Existenz versuchen, ihr nun die ganze Bedeutung ausschließlich aus autonomer Verfügung des Subjekts zu geben... Angesichts des Todes wird das Rätsel des menschlichen Daseins am größten. Der Mensch erfährt nicht nur den Schmerz und den fortschreitenden Abbau des Körpers, sondern auch die Furcht vor immerwährendem Verlöschen. Er urteilt aber instinktmäßig richtig, wenn er die völlige Zerstörung und den endgültigen Untergang seiner Person mit Entsetzen ablehnt. Der Keim der Ewigkeit im Menschen läßt sich nicht auf die bloße Materie zurückführen und wehrt sich gegen den Tod... Die Verlängerung der biologischen Lebensdauer kann jenem Verlangen nach einem weiteren Leben nicht genügen, das unüberwindlich in seinem Herzen lebt...«

Das schrieben die Väter des Zweiten Vatikanischen Konzils (1962—1965). Und es ist zweifellos richtig: Alles, was uns dieses Leben zu bieten vermag, mag die Sehnsucht nach dem unbegrenzten, absoluten Glück nicht zu stillen.

Doch es geht ja nicht nur um endgültiges Verlöschen im Tod oder um das Weiterleben. Das Weiterleben könnte ja unter Umständen viel schlimmer sein als der Tod. Für viele Menschen birgt die Vorstellung eines ewigen Lebens nach dem Tod auch weit mehr Schrecken als die, einfach einzuschlafen und nie wieder aufzuwachen. Man braucht nur an die Horror-Visionen des Dichters und Philosophen Jean Paul Sartre zu denken: Menschen, die sich nicht ausstehen können und sich nichts zu sagen haben, müssen endlos und auf engstem Raum miteinander auskommen und haben keinerlei Chance, jemals einander zu entkommen. Oder an die Überlegungen Friedrich Nietzsches über die tödliche Langweiligkeit der ständigen Wiederholung des ewig Gleichen.

Für die Mohammedaner ist das Paradies — das übrigens nicht unbedingt mit dem Himmel identisch sein muß! — der Ort, an dem sich alle irdischen Wünsche und Freuden erfüllen und alle Möglichkeiten des gesteigerten Lustgewinns gegeben sind.
Für Christen und Buddhisten sind irdische Genüsse letztlich schal, niedrig, tierisch und somit des Himmels nicht würdig. Ihn erreicht man ja gerade in der Überwindung der Verlockungen, im Entsagen.
Die Verkennung der Lebenswerte und ihre falsche Einordnung machen vielfach die Vorstellung einer ewigen Seligkeit unmöglich.
Die scheinbar lustige Geschichte des Münchner Dienstmanns Aloisius — der sich nach seinem Tod auf der Wolke beim Halleluja-Singen zu Tode langweilt und fast verrückt wird beim Gedanken an eine Maß frisches Bier, dann mit einer Botschaft zur Erde geschickt wird, um sich dort alsbald vollaufen zu lassen und nie wieder in den Himmel zurückzukehren — spiegelt die ernsthaften Befürchtungen vieler Menschen wider, es müsse im Himmel entsetzlich langweilig sein, weil alles, was Spaß bereitet, was schön und aufregend ist, den Beigeschmack von Sünde hat.
Auch wenn einer zum Spaß sagt: »Ich möchte eigentlich später lieber in der Hölle sein als im Himmel, denn dort treffen sich alle interessanten Menschen. Mit denjenigen, die in den Himmel kommen, möchte ich nicht in alle Ewigkeit zusammen sein müssen.« Verbirgt sich hinter solchen Aussagen nicht eine gewisse Angst — vor allem die Unfähigkeit, sich ein wahres Glück in Ewigkeit vorzustellen?
Es kommt noch eine ganz wichtige Frage hinzu: Wie sind wir Menschen überhaupt darauf gekommen, es könnte einen Himmel, ein Weiterleben nach dem Tod geben? Gaukelt sich der Mensch seit Jahrtausenden etwas vor, weil er, das einzige Lebewesen, das um sein Ende weiß, mit diesem Wissen nicht leben könnte? Ist der Himmel eine Erfindung des Menschen zum eigenen Trost, eine fromme Lüge? Oder ist er uns vom Jenseits her offenbart worden? Oder kamen wir darauf, weil es Menschen gibt, die tatsächlich eine Jenseitserfahrung hatten.

Wir können solche Fragen aus unserem Alltag verdrängen und so tun, als berührten sie uns nicht im geringsten. Allerdings spätestens dann, wenn ein nahestehender Mensch durch den Tod von unserer Seite gerissen wird, werden wir gnadenlos darauf gestoßen: Wo ist er jetzt? Befindet er sich vielleicht noch immer in meiner Nähe? Kann er mich sehen, hören? Fühlt er sich vielleicht ebenso verlassen, wie ich es in diesem Augenblick selbst bin? Oder ist er für immer ausgelöscht? Lebt er nur noch in meiner Erinnerung? In dem Bild, das ich von ihm in mir trage? Und wie wird es mir selbst ergehen, wenn ich einmal abtreten muß? Was passiert dann mit mir?
Solche Fragen zwingen zu einer Antwort. Insgeheim verfügt vielleicht jeder Mensch über eine Antwort. Nur: ist es auch die richtige? Kann ich mir aufgrund dieser Antwort wirklich etwas unter dem Himmel vorstellen und mich darauf freuen, oder ist sie unbefriedigend und nebulös, so daß ich mich verzagt und ängstlich an dieses Leben klammere und mich vor dem Tod fürchte?
Gehen Sie mit auf die abenteuerliche Reise ins Jenseits. Auch wenn Sie die Antworten, die Sie hier finden, nicht akzeptieren können, werden Sie sich bereichert, vielleicht auch ein wenig glücklicher fühlen, weil sie Ihnen Anlaß gaben, gründlich über die wichtigsten Fragen des Lebens nachzudenken.

ERSTER TEIL

Ein Blick zurück: Von Gilgamesch zu den Sterbeerlebnissen

Das Jenseits ist erfahrbar

Gilgamesch: Auf der Suche nach der Unsterblichkeit

Die alte Stadt Uruk in Babylonien, am Euphrat, wurde einst von einem »großen und schrecklichen Wesen« beherrscht. Es hieß Gilgamesch und war zu zwei Dritteln Gott und zu einem Drittel Mensch. Vor ihm zitterten die Bewohner der Stadt, denn ihm war niemand gewachsen. Er herrschte als Despot. Die jungen Männer zwang er nach Willkür in seine Dienste, jedes junge Mädchen, das ihm gefiel, in sein Bett.

Die Bewohner von Uruk konnten es nicht länger ertragen und flehten zum Himmel um Hilfe. Und ihre Gebete wurden erhört. Aruru, die Göttin, die am Anfang der Zeiten den Menschen aus Lehm geschaffen hatte, schuf im Auftrag des Herrn des Himmels ein schreckliches Geschöpf, das Gilgamesch bezwingen sollte, ein »Ungeheuer« namens Enkidu. Sein Körper war über und über mit Haaren bedeckt, seine Mähne war lang und zottig. Enkidu lebte mit den wilden Tieren in der Natur und ernährte sich von Kräutern, Gras und Früchten.

Bald stellt sich jedoch heraus, daß der Plan der Götter nicht aufgeht. Enkidu, von einer schönen Jungfrau verführt und in die Stadt gelockt, kämpft zwar mit Gilgamesch, doch er erkennt in ihm einen Ebenbürtigen und freundet sich alsbald mit ihm an. Gemeinsam sind sie so stark, daß nichts und niemand mehr vor ihnen sicher ist. Sogar mit den Göttern legen sie sich an und verletzen in wildem Übermut die heiligsten Tabus. Sie fällen eine Zeder im Götterhain im Libanon, töten das Untier Huwawa, das diesen Wald bewacht, zuletzt sogar den Himmelsstier der Göttin Inanna, der auf sie losgelassen wurde, weil Gilgamesch sich weigerte, der Geliebte der zügellosen Göttin der Sinnlichkeit zu werden.

Doch damit ist das Maß endgültig voll. Der Himmel beschließt:

Einer von beiden muß sterben. Das Los trifft Enkidu. Nachts hat er folgenden Traum: »Er hört einen lauten Schrei, der vom Himmel und aus der Erde aufsteigt. Und dann sieht er ein grauenerregendes Untier mit dem Kopf eines Löwen und den Schwingen und Krallen eines Adlers. Dieses Schreckensgebilde stößt aus dem Nichts herab und trägt Enkidu davon.
Im selben Augenblick wachsen ihm an Armen und Beinen Federn. Er wird dem Wesen gleich, das ihn in seinen Krallen hält. Enkidu weiß nun, daß er tot ist und von einem Höllenvogel über den Weg ohne Wiederkehr getragen wird. Und tatsächlich gelangt der Vogel mit ihm zum Haus der Düsternis, in dem die Schatten der Toten wohnen. Und dann sieht er alle Großen der Welt, Könige, Edelleute, Priester. Sie haben ihre Kronen und Würdezeichen für immer abgelegt und kauern da, als wären sie häßliche Dämonen, die sich am liebsten hinter ihren Vogelflügeln verstecken würden. Statt Kuchen und Braten wie einst essen sie jetzt Staub und Dreck. Auf einem hohen Thron über ihnen sitzt die Königin der Hölle mit ihrer Besorgerin. Von einer Tafel liest diese die Taten jeder Seele vor, die ins Dunkel tritt ...«
Als Enkidu erwacht, gibt es für ihn keinen Zweifel mehr: Er muß sterben. Die Götter haben ihn im Traum auf sein bevorstehendes Schicksal hingewiesen. Deshalb verabschiedet er sich von seinem Freund Gilgamesch, legt sich hin und stirbt.
Gilgamesch aber ist außer sich vor Schmerz — und hat zum erstenmal in seinem Leben Angst: »Ich habe das Antlitz des Todes gesehen. Jetzt steckt mir die Furcht in den Gliedern: Eines Tages wird es mir genauso ergehen wie Enkidu ...« Doch er wäre nicht Gilgamesch, würde er sich so einfach mit dem Schicksal Tod abfinden. Er faßt den Entschluß, den Zugang zur Unsterblichkeit zu suchen. Er macht sich auf den Weg zu jenem sagenhaften uralten Mann, der irgendwo auf einer Insel leben soll und der bisher als erster und einziger Sterblicher dem Tod entronnen ist. Utanapischti, so heißt der Alte, muß ihm sein Geheimnis, das Geheimnis des ewigen Lebens, verraten. Utanapischti stammt aus einer längst vergangenen Zeit. Er hat als einziger die große

Flut überlebt. Er ist der Noah der Bibel. Gilgamesch geht bis zu der Stelle, an der sich Himmel und Erde berühren, und verschafft sich Zutritt in den düsteren Gang, den die Sonne nachts durchwandern muß, um von Westen wieder nach dem Osten zu gelangen. Er findet den »Garten der Freuden«, das »Paradies auf Erden«. Er überquert das »Meer des Todes«, das noch nie ein Lebender befahren hat — und findet endlich tatsächlich den alten Utanapischti auf seiner Insel.

Doch die Enttäuschung ist riesig. Wiederum bekommt Gilgamesch nur das zu hören, was ihm alle unterwegs schon gesagt haben: »Junger Mann, was du suchst, wirst du niemals finden. Es gibt nichts Ewiges auf dieser Welt. Genieße, was dir das Leben zu bieten hat. Iß und trinke und vergnüge dich. Dafür bist du geboren.«

Auch Utanapischti besitzt nicht das Geheimnis der Unsterblichkeit. Es gibt kein derartiges Geheimnis. Utanapischti, der Mann, der die Arche baute und mit seiner Familie und den Tieren die große Sintflut überlebte, verdankt sein hohes Alter der Gunst der Götter, nicht irgendeinem Zauber oder einem geheimen Wissen.

Gilgamesch kehrt zurück nach Uruk. Um ihn für den weiten Weg, den er gegangen ist, zu entschädigen, gibt der alte Utanapischti ihm doch noch ein Geheimnis mit: Er verrät ihm, wo er, tief unter dem Meer, eine Pflanze finden kann, eine Art Rose, deren Kräfte immer wieder neue Jugend schenken. Gilgamesch findet dieses Jugendelixier: »Sieh her«, ruft er beglückt aus, »das ist die berühmte Pflanze ›Werde-wieder-jung‹. Wer immer von ihr ißt, gewinnt neue Lebenskraft. Ich will sie nach Uruk bringen und den Menschen zu essen geben. So bin ich zu guter Letzt doch noch belohnt worden ...«

Als er unterwegs aber, erschöpft vom langen Marsch, für einen Augenblick nicht aufpaßt, wird das Verjüngungskraut von einer Schlange gefressen, die sich alsbald häutet und wieder jung wird. »Als Gilgamesch sieht, daß die wertvolle Pflanze verloren ist, setzt er sich hin und weint. Doch dann ergibt er sich in das un-

vermeidliche Los aller Menschen. Er kehrt heim in das Land, aus dem er gekommen ist.«
Das ist, kurz zusammengefaßt, eine der ältesten erhaltenen Geschichten unserer Welt, älter wohl als die Erzählungen von der Erschaffung der Welt in der Bibel. Spuren dieses sogenannten »Gilgamesch-Epos« aus dem alten Babylon lassen sich bruchstückhaft auf Tontafeln und Steininschriften bis ins 3. Jahrtausend vor Christus verfolgen. Die erste komplette Abschrift stammt aus der berühmten Bibliothek des Königs Assurbanipal von Ninive (668—629 v. Chr.). Die entsprechenden Tontafeln befinden sich heute im Britischen Museum.
Dieser Text zeigt, daß die Menschen sich vor 5000 Jahren ganz offensichtlich mit denselben Existenzfragen herumgeplagt haben, die auch am Ende des 2. Jahrtausends nach Christus, also heute, immer noch weithin ungeklärt zu sein scheinen: Was bedeutet der Tod? Ist er das absolute Ende des Lebens oder kommt noch etwas danach? Wenn ja, was ist es? Unmittelbar damit verbunden ist die Frage: Was ist der Sinn unserer irdischen Existenz? Oder wie es der christliche Katechismus bis vor kurzem formulierte: Wozu sind wir auf Erden? Schließlich die Konsequenz zu diesen Fragen: Gibt es eine Möglichkeit, dem Tod zu entgehen, oder wenigstens so etwas wie die stete Rückgewinnung der Jugend, damit das begrenzte, irdische Leben bis zur Neige ausgekostet werden kann?
Gilgameschs Suche nach der Unsterblichkeit endet damit, daß er sich, einsichtig geworden, mit der Rückgewinnung der Jugend begnügt. Er wäre also schon damit zufrieden, das irdische, begrenzte Leben möglichst ausdehnen und Hinfälligkeiten und Krankheiten von ihm fernhalten zu können. Als ihm auch diese Hoffnung genommen wird, muß er sich in das Los aller Menschen fügen: Wir müssen sterben, wie es uns vorherbestimmt ist. Alle Menschen müssen sterben, sobald ihre Zeit abgelaufen ist.
Im Gilgamesch-Epos ist uns zugleich die älteste Schilderung menschlicher Jenseits-Vorstellung gegeben: Wenn der Mensch

stirbt, holt der Höllenvogel seinen »Schatten«, seine Seele. Diese wird während des Flugs zur Unterwelt selbst zu einem Vogel. Im Reich der »Königin der Hölle« muß die Seele des Verstorbenen elend dahinvegetieren, entblößt aller irdischen Würden und Ehren. Alles, was der Mensch auf der Erde leistete, schuf, vollbrachte, scheint hier im Schattenreich nichts zu gelten, wenngleich ausdrücklich darauf hingewiesen wird, daß die Taten und Untaten der Verstorbenen auf einer Tafel verzeichnet stehen. Der ehemalige König ist ebenso armselig dran wie der frömmste Priester und der gehorsamste Sklave. In der Unterwelt gibt es keine Unterschiede mehr.

Aber wozu dann die Aufzeichnungen? Reicht vielleicht alles, was der Mensch leisten kann, nicht aus, dem tristen Schicksal zu entgehen? Oder gibt es möglicherweise nach dem Aufenthalt in der »Hölle« die eigentliche Belohnung? Die alten Götter, auch die der Griechen später, sind nicht in der Lage, die Sterblichen an ihrer Unsterblichkeit teilnehmen zu lassen. Zu eifersüchtig, zu sehr von Argwohn und Angst besessen sind diese Götter, als daß sie sich auch nur den einen oder anderen der Besten unter den Menschen als Partner vorstellen könnten. Die Götter thronen im Himmel, hoch über der Erde. Die Seelen der Verstorbenen sind unten, in der Unterwelt. Der Flug dorthin ist die Reise ohne Wiederkehr. Es gibt also kein Zurück. Keine neue Chance. Aber vielleicht irgendwann ein Vorwärts? Gilgamesch und die Menschen seiner Zeit wagen es noch nicht zu hoffen.

Bemerkenswert ist der Weg des Gilgamesch auf der Suche nach der Unsterblichkeit. Er muß zunächst durch den dunklen Tunnel und kommt von dort in den Zaubergarten des Lichts, an dessen Bäumen Edelsteine als Früchte hängen. Dieser Garten der Freuden wird später als »Paradies auf Erden« bezeichnet. Doch er scheint leer zu sein. Zu Gilgamesch spricht die Stimme des Sonnengotts: »Geh nicht weiter! Dies ist der Garten der Freuden. Bleibe eine Weile und genieße ihn. Niemals zuvor haben die Götter einem Sterblichen eine solche Gnade gewährt! Doch auf mehr darfst du nicht hoffen ...!«

Unwillkürlich erinnert man sich bei diesen Schilderungen an die Sterbeberichte von Menschen unserer Tage, die vorübergehend klinisch tot waren, dank moderner Ärztekunst aber wieder ins Leben zurückgerufen werden konnten. Danach erzählten sie, sie hätten im Tod erlebt, wie sich ihre Seele vom Körper befreite. Übereinstimmend finden sich in nahezu all diesen Berichten, die u. a. der amerikanische Arzt und Forscher Raymond A. Moody gesammelt hat, dieselben Bilder: Erst hatte der Verstorbene den Eindruck, er würde durch eine enge Röhre, einen Schlauch, einen dunklen Tunnel nach draußen gepreßt. Hinter dem Tunnel befand er sich dann plötzlich in der Fülle des Lichts, in einer sehr hellen und grenzenlosen Weite, erfüllt von himmlischen Harmonien. Nie gesehene Farbigkeit und nie gehörte Akkorde vermittelten das Gefühl wohliger wunschloser Seligkeit, die sich nicht in Worte fassen läßt. Aus der Lichtfülle heraus trat dann eine noch hellere Lichtgestalt auf den Verstorbenen zu, ein Wesen, das ihn daran hinderte, weiterzugehen.

Ist im Gilgamesch-Epos vor 5000 Jahren bereits ein wirklich erfahrenes Sterbeerlebnis geschildert?

Allerdings muß sofort festgehalten werden, daß Gilgamesch auf seiner Suche nach der Unsterblichkeit die Erde niemals verlassen hat. Er kam nicht »hinüber« ins Jenseits und durfte auch keinen Blick nach »drüben« werfen, er blieb immer auf der Erde. Die Sterbeerlebnisse der vorübergehend klinisch Toten dürfen, wie später noch zu zeigen ist, ebensowenig als Himmels-Erlebnisse verstanden werden.

Gilgamesch war vielleicht der erste Mensch, der ein ähnliches Phänomen wie die vom Körper losgelöste, befreite Seele erlebte. Enkidu war bereits ein wenig weiter. Er hat im Traum in die Unterwelt geblickt. Im Himmel, dem eigentlichen Jenseits, waren beide nicht. Von dort hat noch keiner berichtet. Auch Jesus von Nazareth nicht.

Doch festzuhalten gilt: Von allem Anfang an gab es in der Vorstellung der Menschen nicht einfach das Diesseits und das Jenseits, sondern dazwischen noch wenigstens einen oder gar mehrere Räume. Den oder die großen »Warteräume« irgendwo zwischen Erde und Himmel, zwischen dem vergänglichen irdischen Leben und der Unsterblichkeit.

Das Totenbuch der Ägypter: Heraustreten ins Tageslicht — aber noch nicht gerettet!

Durchgang durch die Pforte des Todes zum »vollen Licht des Tages«, das sehen im Vorgang des Sterbens auch die alten Ägypter, jenes Volk, das sich wie kein anderes zuvor und danach mit dem Jenseits und dem Leben nach dem Sterben befaßt hat. Allein schon der Anblick der gewaltigen Pyramiden — überdimensionale Grabmäler, in deren Innern die Mumien verstorbener Herrscher versteckt und vor Grabräubern gesichert sein sollten — läßt erahnen, welche Bedeutung der Tod im Leben der Pharaonen und ihrer Völker spielte.

Vor 4500 Jahren hatten die Ägypter weniger Angst vor dem Sterben als davor, ihre Seele könnte nach dem Tod Schiffbruch erleiden. Das irdische, zeitlich begrenzte Dasein war für sie vergleichbar dem Leben im Mutterleib: Wachsen auf den Augenblick hin, in dem das eigentliche Leben in der absoluten Freiheit beginnt. Aber ihrer Vorstellung nach ist das Leben nach dem Tod in seiner Ewigkeit und in seinem Glück keineswegs gesichert. Drüben warten auf die verstorbene Seele tausendfach Gefahren, die bestanden werden müssen. Deshalb kann ein Mensch in diesem Leben nichts Besseres tun, als sich auf die Zeit nach dem Tod gründlich vorzubereiten.

Nach altägyptischem Glauben stand am Anfang der Schöpfung eine unvorstellbare Katastrophe — vergleichbar in etwa dem, was für die christliche Kirche der Aufstand Luzifers gegen Gott und sein Sturz in die Hölle ist. Den Teufel, der darauf aus ist, Unruhe zu stiften und die Harmonie der Schöpfung zu zerstören, gibt es al-

so auch schon. Er heißt Seth und gefährdet nach dem Tod — im Gegensatz zur christlichen Vorstellung — noch mehr als in diesem Leben. Gegen ihn und seine Dämonen heißt es im Augenblick des Todes gerüstet zu sein. Es genügt keinesfalls, einen tadellosen Lebenswandel vorweisen zu können, um selig zu werden. Der eigentliche Existenzkampf beginnt erst nach dem letzten Atemzug.
Das Jenseits der Ägypter ist zunächst kein Himmel der Glückseligkeit, sondern eher der Ort nach der Katastrophe. Die Götter, allen voran Osiris, eine Art Schöpfer und Stammvater der Menschheit zugleich, Gott und Adam in einem, sind Mumien, alt und leblos. Osiris, der »Gott mit dem stillgestandenen Herzen«, wartet untätig darauf, daß endlich die Menschen als seine Nachfolger und Erben auftauchen, um an seiner Stelle die Sterne zu lenken, die Natur zu beleben, den ganzen Kosmos wieder in Ordnung zu bringen.
Wenn der Mensch sein Leben ausgehaucht hat, wird seine Seele zu den Göttern getragen und vor ein Gericht gestellt, dem zweiundvierzig Richter vorsitzen. Über dem Gericht thront Maat, die Göttin der Wahrheit und Gerechtigkeit. Das Herz des Verstorbenen wird gewogen. Kann der Tote vor dem strengen Gericht nicht bestehen, muß er fortan in der Unterwelt, im Duat, bleiben, am Ort der ewigen Finsternis. Akzeptieren ihn aber die Götter, dann verwandelt er sich in einen geheiligten Geist. Er wird selbst göttlich. Von diesem Augenblick an gibt es für ihn keine Grenzen und nichts Unmögliches mehr. Der Tote wird sich seiner göttlichen Freiheit bewußt und nutzt sie. Er kann jede Gestalt, jede Lebensform annehmen und augenblicklich gegen eine andere eintauschen. Er ist in der Lage, an jedem gewünschten Ort aufzutauchen. Er ist frei, absolut frei, aber nicht automatisch und nicht in all seinen Bestandteilen unsterblich. Der Mensch im Jenseits, der immer zugleich auch auf der Erde weilt, besteht nicht nur aus Geist, sondern ist, wie zuvor schon auf der Erde, aus Himmlischem und Irdischem zusammengesetzt, aus Ewigem und Sterblichem.
Dem irdischen Leib entspricht nach dessen Tod ein immateriel-

ler Körper. Er ist in Form und Aussehen identisch mit dem zurückgelassenen Leib, sein exaktes Abbild, und besitzt auch die »Schatten« von einst, nämlich die Leidenschaften, Begierden und Laster, kurz die ganze Skala emotioneller Regungen und Anfälligkeiten. Dieser überirdische, aber keinesfalls leidenschaftslose Körper wird belebt und zusammengehalten von der Seele, die man als Bewußtsein, als Summe aller psychischen und geistigen Anlagen bezeichnen könnte. Diese Seele ist ebenso wie der Körper über den Tod hinaus sterblich. Beide sind ständig vom »zweiten Tod«, der eigentlichen Vernichtung bedroht. Um leben zu können, brauchen sie die Opfergaben der Hinterbliebenen, Brot, Früchte, Geflügel. Sobald diese Opfer unten auf der Erde ausbleiben, müssen oben Leib und Seele des Verstorbenen sterben. Das war das eine große Risiko nach dem Tod.
Das zweite Risiko bestand im Verlust der Identität, im Vergessen der Antwort auf die Frage: Wer bin ich? Wer seinen Namen nicht mehr kennt und nicht mehr weiß, wie er einmal ausgesehen hat, der löscht sich selbst aus — ähnlich wie im orientalischen Märchen der Kalif, der sich mit Hilfe eines Zauberworts in einen Storch verwandeln konnte, der aber Storch bleiben mußte, nachdem er seinen Spruch vergessen hatte. In einer Welt, die geprägt ist von absoluter Wandlungsfähigkeit, wie das beim ägyptischen Himmel der Fall ist, kommt dem Wissen um das eigene Ich besondere Bedeutung zu. Um zu vermeiden, daß der Tote seine Identität und sein Aussehen vergaß, mußte der sterbliche Körper möglichst unbeschädigt erhalten bleiben. Deshalb also das Einbalsamieren und die gigantischen Pyramiden als Festung und Versteck für das Erinnerungsbild. Deshalb auch die Flut von möglichst vielen und genauen bildlichen Darstellungen, die in das Grab gelegt wurden. Puppen und kleine Figuren gab man den Verstorbenen mit, damit diese nach dem Tod über Diener verfügten, die an ihrer Stelle alles Unangenehme, vor allem die Arbeit, übernahmen.
Wie groß die Angst der Ägypter vor dem Versagen im zweiten und eigentlichen Leben war und wie sehr sie sich bemühten, für alle

Eventualitäten vorzubeugen, zeigen die 190 Kapitel des sogenannten Totenbuchs. Der eigentliche Titel dieses historischen Werks lautet: »Heraustreten ins Tageslicht«. Es ist eine Sammlung von Gebeten und magischen Beschwörungsformeln, Schilderungen des Jenseits und somit Einstimmungen in das künftige Leben.
Ursprünglich waren die Verse ein streng gehütetes Geheimnis, dem Pharao, seiner Familie, hohen Staatsbeamten und Priestern vorbehalten. Um 2400 vor Christus hat irgend jemand diese Formeln verraten, wodurch sie auch dem gewöhnlichen Sterblichen zugänglich wurden. Die Leute lernten die Verse auswendig, schrieben sie auf — immer genau mit Name, Adresse und persönlichen Angaben versehen —, gravierten sie in Amulette, in die Steine der Grabstätten, denn sie sollten ihrer Bedeutung entsprechend allgegenwärtig sein.
In diesem Totenbuch scheint nichts vergessen, kein Risiko übersehen worden zu sein. Für jede Situation gibt es die entsprechende Schutz- oder Segensformel.
Man betet um ein glückliches Überschreiten der Schwelle zum Jenseits, um die Kraft, die Pforte des Himmels aufschließen zu können, um die Fähigkeit, nach Belieben zwischen Diesseits und Jenseits hin- und herwechseln und jede gewünschte Gestalt annehmen zu können, um die Rückgewinnung der Redekunst nach dem Tod, um die Wiederherstellung des Gedächtnisses, um Schutz gegen feindselige Dämonen, um die Gnade, nicht zum zweitenmal — diesmal drüben im Jenseits und damit endgültig — sterben zu müssen.
Man begrüßt die Götter bald flehentlich, demütig, bald fordernd und mit großem Anspruch auftretend:

> »Heil dir, meine Seele!
>
> Siehe, ich setze mein irdisches Dasein fort. Ich lebe!
> Ich bin magisch gerüstet, voll Kraft ...
> Ich bin im Besitz einer unsterblichen Seele und eines unbesiegbaren Willens.

Das Böse, das ich getan, die schlechten Absichten — haltet sie mir nicht vor! ... Ihr göttlichen Geister, die ihr die Waage der Gerechtigkeit hoch zum Antlitz Ra's erhebt,
laßt mein Haupt nicht schulterwärts sinken! ...
Laß mich dir nahen, du mächtige Gottheit ...!«

Kapitel CV

»Zum vollen Tageslicht schreite ich nun.
Wohlan, die Todeszeichen sind aufgehoben.
Entsiegelt die Seele, ein strahlendes Juwel!
Ra's Stirne werde ich zieren.
Weit schreite ich aus. Die Beine gehorchen dem Willen.
Mächtig ist mein Leib ... Unwiderstehlich bringen meine Füße mich zum Tempel, wo, thronend im Ra-Boot, die große Gottheit ich schaue.
Doch ihr Dämonen, die ihr einsperrt Osiris im Kerker,
mögt ihr vernichtet in die Finsternis stürzen!
Mein Schatten sei euch nicht ausgeliefert.
Meine Seele sei euch nicht gefangen gegeben.
Ein Weg sei geöffnet für meinen Schatten, für meine Seele,
auf daß sie am Tag des Gerichts Gott schaue ...«

Kapitel XCII

»Gleich einem goldenen Falken, der sein Ei verläßt,
richt' ich zum Himmel meinen Flug.
Ich schweb' im Himmel, einem großen Falken gleich.
Sein Rücken ist vier Ellen breit, und seine Flügel leuchten wie Smaragde des Südens ...
Uralte Götter, Nut's Erstgeborene: Seht, ich habe Platz genommen unter euch. Stark bin ich. Krafterfüllt.
Vor meinen Augen liegen weit die Felder der Seligen.
Mich werden sie ernähren. Ich lebe meinem Willen folgend als geheiligter Geist inmitten der Felder des Reichtums.
Sie geben mir meine Kehle zurück, und ich beherrsche meines Hauptes Kräfte.«

Kapitel LXXVII

»Mich schauend am Leben jauchzen vor Freude die Götter...«

Kapitel III

»Mit Gewalt erzwing ich mir Eintritt in den Himmel.
Die Pforten des Horizonts sprenge ich auf.
Mein Fuß durchstreift die ganze Erde.
In meiner Gewalt sind die mächtigen Geister.
Meine Beschwörungen sind Millionen an der Zahl.
Mein Mund, meine Kiefer sind mächtig!
Der Herr der Unterwelt bin ich auf ewige Zeiten.«

Kapitel X

»Bin ich gerufen, bin ich dazu verurteilt, Arbeiten aufzuführen, die im Jenseits die Toten verrichten müssen,
dann wisse, du magische Puppe:
Wisse, du bist an meiner Stelle von den Duat-Hütern dazu verurteilt,
zu besäen die Felder,
zu füllen mit Wasser die Kanäle,
den Sand von Osten nach Westen zu schaffen...«

Kapitel VI

Schon zu Lebzeiten formten sich die Ägypter kleine Wachsfiguren, Abbilder der Dämonen im Jenseits. Und so, wie sie zu den Göttern und guten Geistern flehentlich beteten, so verrichteten sie Fluchübungen gegen die bösen Dämonen:

»Böswilliges Wesen aus Wachs,
das du dich labst an der Vernichtung der Schwachen:
Du sollst wissen, ich bin weder ein machtloser Schwächling
noch eine erschöpfte, verwelkte Seele.
Dein Gift vermag nicht in meine Glieder einzudringen.
Du sollst wissen, ergreift dich nicht die Todesangst,
dann kann sie auch mich nicht packen...

Auf ewige Zeiten beschützen mich alle Götter.
Geheim ist mein Name und heilig mein Wohnsitz.
Den göttlichen Richtern im Jenseits muß ich nicht mehr begegnen...
Mächtig bin ich! Mächtig!«

Kapitel VII

Wieviel Bangen und noch mehr Hoffen steckt in diesen Versen! Vor einigen tausend Jahren schon waren die Ägypter felsenfest von einem Weiterleben nach dem Sterben überzeugt, ja mehr noch: Für sie war die Existenz nach dem Tod nicht ein erbärmliches Schattendasein — das gab es zwar auch noch, jedoch nur für die Verdammten, die darauf warten müssen, von den Erlösten befreit und errettet zu werden. Wer sich auf das Dasein nach dem irdischen Tod in rechter Weise vorbereitet hatte, den erwartete »drüben« das eigentliche, befreite Leben. Dieses Leben war zwar noch nicht von vorneherein unsterblich, doch es zielte auf die Unsterblichkeit hin.

Ganz wichtig für das Glück im Jenseits war die Fähigkeit, an der persönlichen Identität festzuhalten. Die eigentliche Aufgabe des Menschen auf der Erde bestand darin, sich gründlich auf das Jenseits und die großen Aufgaben vorzubereiten. Denn die Menschen waren dazu berufen, die durcheinandergeratene Ordnung im Kosmos wiederherzustellen und den alten Göttern das neue Leben zu bringen. Der »Himmel« befand sich nicht irgendwo außerhalb oder über dem Kosmos, sondern in einer zusätzlichen Dimension dieser Welt, die dem im Fleische lebenden Menschen verschlossen ist.

Das Tibetanische Totenbuch: Im Osten gibt es keinen Anfang und kein Ende

Ein scheinbar völlig anderes Jenseits finden wir in den fernöstlichen Religionen. Scheinbar — denn bei näherer Betrachtung stellt sich heraus, daß die Unterschiede nur geringfügig sind.

Für den Buddhisten — um die vielleicht typischste der vielen, stark unterschiedlichen fernöstlichen Glaubensvorstellungen herauszugreifen — sind Leben und Tod nur zwei verschiedene Seiten derselben Existenz, zwei Seiten, die einander ablösen wie Tag und Nacht: Mal ist man »hüben« und lebt als ganz bestimmte Person, mal »drüben« und wartet auf eine neue Inkarnation.

Christen, Juden, Mohammedaner gehen von einer Schöpfung aus, von einem fixierbaren Anfang, in dem alles begann. Für den Buddhisten hingegen ist ein Anfang ebensowenig denkbar wie ein Ende. Alles, so glaubt er, ist immer schon gewesen — und nicht gewesen. Jeder Tod ist eine neue Geburt, jeder Anfang ein Ende. Alles ist endlos, in stetigem Werden und Vergehen begriffen. Nichts kann so groß sein, daß es nicht noch etwas Größeres gäbe, nichts ist so klein denkbar, daß sich nicht etwas noch Kleineres denken ließe. Das Kleinste ist aber zugleich das Größte. Das Universum hat also im fernöstlichen Denken weder einen Anfang noch ein Ende, weder Grenzen, noch könnte es grenzenlos sein.

Einem in westlichem Denken geschulten Geist fällt es schwer, solchen Vorstellungen zu folgen.

Die Hindus behaupteten schon immer, im scharfen Gegensatz zur christlichen Religion, daß die Erde weit über acht Milliarden Jahre alt sei. Doch diese Zeitspanne selbst stellt nur ein paar Sekunden im Brahma-Tag dar. Dieser Tag ist selbst nur ein verschwindender Teil eines Brahma-Jahres. Unfaßbare Zeiträume sind angedeutet. Sie scheinen mit modernen wissenschaftlichen Einsichten im Einklang zu stehen.

Längst sind nicht mehr alle Astrophysiker von der »Urknall«-Theorie überzeugt. Immer stärker werden die Zweifel vor allem an der relativ »kurzen« Zeit von nur 15 oder 20 Milliarden Jahre, die seit dem »Anfang« vergangen sein sollen. Die vielen chemischen Elemente unserer Erde beispielsweise können nur aus explodierten Sternen stammen, die sie im »Sterben« in den Weltraum geschleudert haben. Und wahrscheinlich müssen Sonnensysteme mehrfach »gestorben« sein, ehe sich ihre »Asche«, die Materie unserer Erde, zu einem Planeten zusammenballen konnte. Der gegenwärtigen Ausdehnung des Universums, so glauben viele Experten, wird irgendwann ein Zusammenziehen folgen, als würde das All atmen, sich wie die Brust eines Lebewesens heben und senken.

In diesem Denksystem des Werdens, Verwandelns und Vergehens hat ein Schöpfer, der sich außerhalb des Universums befände und entsprechend schon vorher existiert und alles in Gang gesetzt hätte, in unserem Sinn keinen Platz.

Das offenbart den zweiten großen Unterschied im Denken zwischen Ost und West: Für uns im Abendland stellt die Person die Vollendung, die höchste Entfaltung der Existenz dar: Ein Wesen, das denken, sich frei entscheiden, Glück und Unglück empfinden kann und sich in ihrer Individualität deutlich von anderen Existenzen abgrenzt. Wir haben den Begriff der Persönlichkeit dem Menschen vorbehalten. Wir können uns auch Gott nicht anders vorstellen als eine allmächtige, allwissende, in jeder Beziehung vollkommene Persönlichkeit. Die christliche Religion hat die Persönlichkeit sogar noch überhöht, indem sie Gott in einer Wesenheit drei Persönlichkeiten zusprach.

Für den Osten bedeutet Person — wie früher auch bei den Griechen und Römern — nichts anderes als eine bestimmte Rolle, die einer zu spielen hat: Der Schauspieler wurde zu einer Person, wenn er sich eine bestimmte Maske vor das Gesicht hielt, um eine Rolle zu spielen. Sein eigentliches Wesen, sein »Ich«, berührte dieses Spiel kaum.

Vergleichbar sieht der Buddhismus in der Person nur eine unverwechselbare Färbung eines Wesens in einer ganz bestimmten, in Raum, Zeit und äußeren Verhältnissen verwirklichten Inkarnation. Im Tod stirbt diese Person. Deshalb kann sich der Verstorbene in der nächsten Inkarnation auch nicht an seine frühere Existenz erinnern. Ganz korrekt müßte es heißen: Niemand kann von sich sagen: »Ich habe schon einmal da und dort gelebt.« Denn das ehemalige Leben war das Leben einer anderen Person, die inzwischen gestorben ist.
Nur die Seele, besser gesagt das Lebensprinzip, lebt weiter. Es ist viel mehr, viel umfassender als die Person. Es kann wachsen und verkümmern, es vermag sich zu wandeln und zu verändern, ist ewig, aber nicht unbedingt unsterblich.
Aufgabe jeder neuen irdischen Verkörperung ist es, diese Seele immer vollkommener werden zu lassen, bis sie in sich so vollendet ist, daß sie einfließen kann in das Nirwana. Die verschiedenen Reinkarnationen sind demnach keine Reihe des ständig neu erstandenen Ich, sondern nehmen jeweils eine neue Persönlichkeit an, in der das Lebensprinzip — entsprechend dem früheren Leben — stärker oder schwächer brennt, vollkommener oder unfertiger ist.
Nirwana, der »Himmel« der fernöstlichen Religion, ist entsprechend das völlige Verlöschen der Persönlichkeit, das absolute Nichts, das bewußtlose Verlöschen. Doch dieses »Nichts« darf man wiederum nicht in westlicher Denkart verstehen. Es wäre auch völlig sinnlos, wenn sich der Mensch mit so viel Leid und Enttäuschungen und Mühen um Vollendung bemüht und am Ende dann doch die totale Aufgabe, der Untergang in der fassungslosen Anonymität stünde. Könnte ein solches Nirwana als vollkommenes Glück verstanden werden?
Nach fernöstlicher Vorstellung sinkt unsere Seele wie ein wunderschöner, geläuterter Tropfen in das endlose Meer der Weltseele und wird ein Teil von ihr. Doch wir dürfen nicht vergessen, daß der Osten anders denkt. Das absolute Nichts ist ja gleichzeitig die höchste Vollendung.

Erloschen in ihm ist nicht das Ich, sondern der Egoismus, nicht die Lebendigkeit, sondern der ungezügelte Lebensdurst, nicht das Glück, sondern die rastlose Begierde, das unentwegte Suchen und Auskostenmüssen des Glücks.
Ein Kenner der fernöstlichen Religionen, der englische Wissenschaftler der Universität Oxford, Edward Conce, übersetzte die östlichen Vorstellungen in westliche Begriffe: »Das Nirwana ist ewig, beständig, unvergänglich, unbeweglich, weder dem Altern noch dem Tode unterworfen. Es ist ungeboren und ungeworden. Es bedeutet Macht, Segen, Seligkeit, ist ein rechter Zufluchtsort, ein Obdach und ein Platz unangreifbarer Sicherheit, die wirkliche Wahrheit und die höchste Wirklichkeit. Es ist das Gute, das höchste Ziel und die einzige Erfüllung unseres Lebens. Ewiger, verborgener und unbegreiflicher Friede.«
Das hört sich doch völlig anders an als das, was heute in Europa und Amerika über den Buddhismus allgemein verbreitet wird. Das Ziel des menschlichen Lebens ist nicht die Auflösung ins Nichts, sondern das Streben nach Vollendung, die allein den Zugang zum glückseligen Leben eröffnet. Der Mensch kann sein Glück nur finden, wenn er gottähnlich wird.
Denn diesen Gott gibt es. Abgelehnt wird nur der Glaube an eine göttliche Persönlichkeit und die Vorstellung, daß sie der Schöpfung absolut getrennt gegenübersteht. Schöpfer und Schöpfung verschmelzen für den Buddhisten ineinander, so wie der Wassertropfen mit dem Meer eins wird. Doch der Tropfen verliert seine Eigenständigkeit nicht. Gott ist nur deshalb nicht als Person denkbar, weil diese Einordnung ihn beschränken, kleiner machen würde, als er wirklich ist. Gott ist die Unfaßbarkeit schlechthin, über die sich einfach nichts aussagen läßt — nicht einmal, daß er existiert. Jede Definition wäre falsch, jedes Adjektiv herabsetzend. Er ist weder gut noch böse, denn er ist alles und nichts zugleich. Seine Größe sprengt unsere Vorstellungskraft, deshalb wäre es sinnlos, den Versuch zu wagen, über ihn irgend etwas auszusagen.

Den wohl besten Einblick in fernöstliches Denken und Glauben, in die Vorstellung asiatischer Menschen über Leben und Tod, bietet wohl das »Tibetanische Totenbuch«, das Bardo Thödol, eine Schrift, deren Alter sich nicht bestimmen läßt. Uns liegt heute eine Fassung des buddhistischen Lehrers, Klostergründers und Wundertäters Padmasambhawa vor. Im 8. Jahrhundert kam er von Indien nach Tibet, um seine Heilslehre zu verkünden. Sein »Totenbuch« vergrub er kurz vor dem Tod bei den Gampa-Hügeln in Zentral-Tibet. Karma-Lingpa, angeblich eine Wiedergeburt eines seiner Schüler, hat es wiedergefunden.

Das »Tibetanische Totenbuch« ist, ähnlich wie das »Ägyptische Totenbuch«, eine Anleitung für Sterbende und deren Angehörige. Es enthält Ratschläge und Verhaltensregeln für Verstorbene und Gebete, die von den Hinterbliebenen im Augenblick seines Sterbens, kurz danach und in den ersten Tagen nach seinem Tod verrichtet werden sollen, um damit dem Verstorbenen zu helfen, die »gefährliche Gratwanderung« zu bestehen. Diese Hilfen gründen auf einem erstaunlich präzisen »Wissen« um das, was Sterben bedeutet und was der Sterbende dabei und danach erlebt.

Zunächst, so heißt es in dem Buch, kommt der Tote, sobald sich das »Ausschleudern des Bewußtseins« aus seinem Körper vollzogen hat, wieder zu vollem Bewußtsein. Nach dem Durchgang durch die »enge Dunkelheit« befindet er sich in strahlender Helligkeit, in der »Überfülle des Lichts«, aus dem ihm alsbald eine noch hellere Lichtgestalt entgegentritt. Der Verstand ist neunmal klarer als zu Lebzeiten. Doch noch hat er nicht begriffen, daß er tot ist. Er sieht und hört – selbst wenn er blind und taub gewesen wäre, kann er nun unbehindert sehen und hören. Er befindet sich bei seinen Angehörigen und nimmt alles wahr, was sie tun und sagen. Doch er muß bekümmert feststellen, daß sie ihn nicht mehr sehen und hören können. Da ergreift ihn die erste große Panik.

Die Hinterbliebenen werden deshalb zunächst angehalten, ihm

laut und deutlich — und das gleich mehrfach — zu sagen: »Du bist gestorben. Du lebst nicht mehr! Aber fürchte dich nicht. Es kann dir nichts mehr zustoßen. Das einzige, wovor du dich hüten mußt, ist die Angst, denn sie würde zur eigentlichen Gefahr für dich. Geh mit Fassung deinen Weg! Bleib ganz ruhig!«

Nach und nach erfaßt der Verstorbene seine Situation und »geht voller Verzweiflung von dannen«. Nun treten ihm nacheinander erst freundliche, dann immer schrecklichere, bösartigere Gestalten entgegen. Die Hinterbliebenen müssen deshalb dem Verstorbenen, der sie noch immer wahrnehmen kann, zurufen: »Das alles ist nur ein Spuk. Alles, was du siehst und erlebst, existiert nicht von sich aus, sondern es kommt aus deinem Herzen. Es sind ›Gedankenkörper aus unbewußten Neigungen‹, aus Vorstellungen, Wünschen, Begierden und Ängsten geboren. Was immer dir in den Sinn kommt, das wird augenblicklich geschehen. Deshalb denk' nicht an üble Taten, sondern erinnere dich an die Wahrheiten, die dir hier auf Erden beigebracht wurden.«

Der Verstorbene wird angewiesen: »Laß dich vom scheinbar Bösen nicht abschrecken und vom Verlockenden nicht anziehen, sonst verfehlst du deinen Weg, und du mußt in die Niederungen der Unvollkommenheit abstürzen: Mit dem Erkennen geht die Befreiung einher ... O Sohn edler Familie, diese Gestalten und Bereiche existieren nirgendwo als in den vier Richtungen deines Herzens. Nun treten sie aus dem Innern deines Herzens hervor und erscheinen vor dir. Jene Bilder kommen von nirgendwo anders her. Sie sind das ursprüngliche, unbeeinflußte Spiel deines Geistes. Erkenne sie als solches!«

Sobald der Verstorbene einer Gefahr oder einer Verlockung erliegt, fällt er eine Stufe tiefer, sieht sich einem neuen Problem gegenüber. Hat er alle Warnungen und Mahnungen mißachtet, waren Begierden und Ängste größer als die Einsicht, dann findet er sich schließlich, erfüllt vom brennenden Verlangen, wieder einen Körper zu besitzen, in einen Mutterschoß zurückzukehren.

In diesem Fall sollen die letzten Gebete und Beschwörungen dazu verhelfen, wenigstens den richtigen Mutterschoß zu finden, um nicht als Tier oder in einer sehr armen Familie zur Welt zu kommen: »Bemühe dich, das Wirken des guten Karma zu verlängern. Das ist besonders wichtig. Vergiß es nicht! Sei nicht abgelenkt! Diese Zeit ist die Trennlinie zwischen dem Aufsteigen und dem Absteigen. Das ist der Augenblick, in dem du durch das Abgleiten — eines Moments der Achtlosigkeit wegen — endlos leiden wirst. Das ist die Zeit, in der du durch vollkommene Sammlung für immer glücklich werden kannst. Bringe deinen Geist zur völligen Sammlung! Nun ist der Augenblick zum Schließen des Schoßeingangs gekommen. Schließe den Schoßeingang! Leiste Widerstand...! O Sohn edler Familie, zu dieser Zeit werden Vorstellungen von Männern und Frauen in der Liebesvereinigung vor dir erscheinen. Siehst du sie, dann trete nicht dazwischen, sondern erinnere dich und meditiere über den Mann und die Frau als der Guru und seine Gefährtin. Sammle deine Gedanken, dann wird der Schoßeingang sicherlich für dich verschlossen...«

Genau wie für den Ägypter ist das Jenseits des Buddhisten zunächst nicht der Ort, an dem man schon alles hinter sich hat, um fortan — und zwar unmittelbar — selig oder verdammt zu sein, ohne daß sich daran noch etwas ändern ließe. Der Augenblick der eigentlichen Bewährung kommt erst mit dem Tod. Dort wird »das Herz gewogen« — hier findet sich die Schilderung, wie diese Prüfung vor sich geht: Es sind die eigenen Unvollkommenheiten, die über das künftige Geschick entscheiden.

Das irdische Leben hat den Sinn, möglichst frei zu werden von all dem, was drüben von der Seligkeit abhalten könnte: von Begierden, falschen Wünschen, unnötigen Ängsten. Denn diese werden drüben, sollten sie nicht vorher überwunden sein, übermächtig.

Das Bild vom Jenseits ist im »Gilgamesch-Epos« identisch mit dem im »Ägyptischen Totenbuch« und im »Tibetanischen Totenbuch«: Der Verstorbene tritt durch einen »dunklen Gang« in die »Lichtfülle«; er ist noch in der irdischen Welt, aber man kann ihn nicht mehr wahrnehmen. Es ist nicht ganz einfach für ihn, sich drüben zurechtzufinden. Zuviel stürmt zu unvermittelt auf ihn ein. Wenn er sich nicht entsprechend vorbereitet hat, läuft er Gefahr, »ganz unten« wieder anfangen zu müssen. Es gibt drüben Stufen der Vollkommenheit und der Seligkeit, die man nach und nach emporsteigen kann.

Im Gegensatz zur Vorstellung der Ägypter kann das »ganz Unten« eine erneute irdische Existenz bedeuten, die, je nach dem bisherigen Leben, etwas besser oder auch schlechter als die letzte Inkarnation verlaufen kann. Die Stufen reichen also in dieses Leben hinein. Der Verstorbene bekommt mit der Wiedergeburt allerdings eine neue Chance, während der auf den Tod nicht gefaßte Verstorbene nach ägyptischer Vorstellung in der Unterwelt warten muß, bis ihn ein anderer dort herausholt.

Man könnte es auch so ausdrücken: Die »Jenseits-Erfahrungen« sind, zumindest in dem, was unmittelbar auf den Tod folgt, immer und überall die gleichen. Unterschiede finden sich erst dort, wo die Erfahrungen interpretiert werden.

Griechen und Römer: Vom Bluttrank für die Verstorbenen zum Elysium

Wie unterschiedlich solche Interpretationen aussehen können, beweist am besten das Beispiel der alten Griechen.

Es ist im Jahre 399 vor Christus. Schauplatz: Athen. Der Philosoph Sokrates, wegen »Gottlosigkeit« und als angeblicher Jugendverderber dazu verurteilt, den tödlichen Giftbecher zu trinken, gibt sich mehr als gelassen. Der weise Mann hat sich sein Leben lang in vorbildlichster Weise für ein tugendhaftes Leben und für gradliniges, sauberes Handeln stark gemacht.

Als höchste Autorität und Richtlinie für jegliches Tun anerkannte er allerdings nicht die Gesetze des Staates, nicht die Gebote der Religion und auch nicht allgemein verbindliche sittliche Normen, sondern das Gewissen jedes einzelnen Menschen. Das war in den Augen der Behörden Athens ungeheuerlich und höchst gefährlich. Diese Mißachtung der Staatsordnung und die Verbreitung solcher Lehren mußten unvermeidlich zur Anarchie führen!
Sokrates hätte aus dem Gefängnis fliehen können. Man bot ihm dazu zahlreiche Gelegenheiten. Auch von seiten der Stadtverwaltung. Schließlich war niemandem am Tod des berühmten Philosophen gelegen. Man wollte ihn lediglich zum Schweigen bringen! Er weigerte sich aber, die Gelegenheiten zur Flucht wahrzunehmen. Er blieb und ließ sich den Schierlingsbecher bringen, als handle es sich um nichts Außergewöhnliches.
Dieser schicksalhafte Augenblick — einer der größten Geister der Weltgeschichte im Angesicht seines eigenen Todes — ist die letzte, einmalige Chance für seine Schüler, ihn zu fragen: »Sag uns doch noch, ehe du gehst: Was erwartest du vom Tod? Wohin gehst du? Hast du überhaupt keine Angst?«
Im antiken Griechenland war noch das düstere Jenseitsbild vom trübsinnigen Hades vorherrschend, wie es Homer in seinen Dichtungen schilderte: Alle Verstorbenen müssen unabhängig von Rang und Namen, Leistung und Verdienst in den Hades. Dort dämmern sie dahin, schwach, kraftlos, mit heller, zirpender Stimme ausgestattet, unfähig, etwas zu denken, zu erkennen und zu fühlen. Der Acheron trennt das unterirdische Reich der Toten von der Oberwelt der Lebendigen. Es gibt für Lebende kein Hinüber, kein Zurück für Tote.
Vor diesen Toten braucht sich niemand zu fürchten. Die Gewähr dafür, daß sie nicht mehr auf der Erde herumgeistern konnten, sondern wirklich »drüben«, besser gesagt »unten« waren, bot aber nur ein ordnungsgemäßes Begräbnis, am sichersten die Verbrennung der Leiche. Häufig tauchen in alten griechischen Epen und Dramen Verstorbene auf, die keine Ruhe finden können,

weil ihre Leichen nicht bestattet wurden. So erscheint die Seele des Patroklos dem Achill im Traum, um ihn nachdrücklich zu einer raschen Grablegung zu drängen.
Doch darüber hinaus hatten die Griechen noch andere Vorstellungen des Jenseits. Wie etwa die Sage von den beiden großen »Sträflingen« im Hades dokumentiert, die symbolisch dafür standen, daß irdischer Frevel im Jenseits nicht ungesühnt bleibt: Tantalos hat den Göttern als Mahlzeit seinen eigenen Sohn vorgesetzt. Zur Strafe sitzt er nun im Hades bis zum Hals im Wasser. Doch er kann sich nicht herunterbeugen und trinken und wird deshalb vor Durst halb wahnsinnig. Direkt über seinem Kopf hängen die süßesten Früchte an einem Baum. Doch auch diese erreicht er nicht, obwohl er pausenlos die größten Anstrengungen macht. Auch der Hunger wird immer quälender! Der zweite »Sünder« ist Sisyphus, der einst so listige König von Korinth. Er war so verschlagen, daß es ihm sogar einmal gelang, den Tod zu überlisten. Zur Strafe dafür muß er einen schweren Felsbrocken den Berg hinaufwälzen. Er schafft es jeweils bis unmittelbar kurz unter die Spitze. Dann versagen die Kräfte. Der Fels rollt zu Tal, die »Sisyphusarbeit« beginnt von vorne. Ohne Ende, ohne die geringste Hoffnung, daß ihr einmal Erfolg beschieden sein könnte.
Die Hölle mit ihren entsetzlichen Qualen ist also keine Erfindung der christlichen Kirche! Es gab sie bereits lange vorher in anderen Religionen.
Auch bei Homer ist das Jenseitsbild keineswegs eintönig. Als er beispielsweise Odysseus auf seiner Irrfahrt in den Hades gelangen läßt, wo er den Seelen der Verstorbenen begegnet, besitzt er eine Möglichkeit, ihnen das Leben, das heißt volles Bewußtsein, Wachheit der Sinne und die Möglichkeit, Gefühle zu äußern, zu geben: Er läßt sie vom Blut eines geopferten Schafes trinken. Sobald sie vom Blut getrunken hat, erkennt die Mutter ihren Sohn Odysseus wieder, kann sich mit ihm unterhalten, über Vergangenes und Zukünftiges sprechen.
Damit erklärt uns Homer den ursprünglichen Sinn der Blut-

und Brandopfer, man könnte auch beinahe sagen, den Anfang der Religion überhaupt: Rund tausend Jahre vor Homer, etwa zur Zeit der trojanischen Kämpfe und der Irrfahrten des Odysseus, bestatteten die Griechen im alten Mykenä ihre Könige in gewaltigen Kuppelgräbern. Sie waren mit großer Sorgfalt in den Berg hineingeschnitten und eindrucksvoll ausgestattet. Über das Gesicht der einbalsamierten Toten legte man eine goldene Maske. Damit die Verstorbenen nichts vermißten, füllte man die Grabkammern mit Waffen, Schmuck, kostbaren Geräten. Gelegentlich mußten auch Sklaven ihren toten Herrn ins Jenseits begleiten, um ihm im Totenreich zu dienen. Die Lebenden hatten keine Angst vor den Toten, sondern sie suchten den Kontakt mit ihnen. Denn sie waren ja gegenwärtig, sie konnten an Opferfeiern und Totenmählern teilnehmen.

Über diesen rund viertausend Jahre alten Kuppelgräbern fand man Altäre. Auf ihnen wurden die Schlachtopfer getötet. Das Blut aber floß durch eine gemauerte Röhre direkt hinunter in das Grab zum Mund des Toten. Man hatte die Vorstellung, daß der Verstorbene mit dem Blut des Schlachtopfers — wenn auch nur für einen Augenblick — die Lebenskraft zurückbekäme, so wie es Homer bei seiner Fahrt des Odysseus in die Unterwelt geschildert hat. Da der mit neuer Lebenskraft ausgestattete Tote aber der Zeit entrückt war, konnte man ihn nun um Rat und Hilfe anflehen, denn er konnte ja in die Zukunft blicken.

Unmittelbar vor seinem Tod nach dem Jenseits befragt, weiß auch Sokrates, daß es seit 200, 300 Jahren in Griechenland Glaubensgemeinschaften gibt, die Dionysos verehren, den Gott, »der die Menschen rasend macht«. Er ist der Bacchus der Römer: Diese Gläubigen versetzten sich in orgiastischen Feiern in wilde Verzückung, versammelten sich nachts auf Bergen oder in dunklen Wäldern und tanzten bei lärmender Musik, bei rhythmischen Trommelklängen und dem »zum Wahnsinn lockenden eintönigen Klang phrygischer Flöten«, bis sie das Gefühl hatten, daß die Seele den Körper verließ, bis sie »au-

ßer sich« waren — und damit fähig wurden, mit den Seelen der Verstorbenen und mit den Göttern in Verbindung zu treten.
Auf dem Boden solcher Glaubensvorstellungen sind Einrichtungen wie das Orakel von Delphi entstanden. In Delphi haben sich die Sibyllen mit giftigen Dämpfen in Trance versetzt, um die Stimme Apolls hören zu können.
Das war also der zweite Weg der Kontakt-Herstellung mit dem Jenseits: Es war nicht mehr nötig, die Toten zu neuem Leben zu erwecken, ihnen zu Bewußtsein und Macht zu verhelfen, man versetzte sich selbst in die Lage, »ins Jenseits« zu treten.
Damit war eine neue Vorstellung geboren: die Zweiteilung des Menschen in einen sterblichen Leib und in eine Seele, die nicht aus dieser Welt stammt und deshalb den Körper überlebt — eine Vorstellung, die die großen griechischen Philosophen bald übernahmen und die später auch Eingang in die christliche Religion fand. Aber damit hat sich auch die Vorstellung vom Jenseits gründlich verändert. Hatte bei Homer der Held Achill noch im Hades gejammert: »Preise mir jetzt nicht tröstend den Tod, ruhmvoller Odysseus! Lieber möcht' ich als Knecht einem anderen dienen, der selber nur geringen Besitz hat, als hier Herrscher sein über alle abgeschiedenen Seelen!«, hatten die Alten noch geflucht: »Niemals geboren zu werden, das Sonnenlicht nicht zu sehen, ist der Sterblichen höchstes Glück!«, so tauchen jetzt plötzlich ganz andere Töne auf: Wenn der Mensch aus zwei so unterschiedlichen Teilen, einem wertvollen edlen und einem niederen, mit Schlechtigkeit behafteten Teil bestand, dann konnte es doch nur ein Segen sein, diesen »Kerker« Leib wieder verlassen zu dürfen!
In einem uralten Schöpfungsbericht heißt es: Dionysos war der Sohn des Zeus und der Persephone. Als er noch ein Kind war, übertrug ihm Zeus die Herrschaft der Welt. Die göttlichen Feinde des Zeus aber wollten die Herrschaft des Kindes nicht hinnehmen. Sie, allen voran die Titanen, die Riesen, ebenfalls Kinder des Zeus, lockten das Kind mit Geschenken in die Falle. Es

entbrannte ein mörderischer Kampf. Dionysos konnte sich den Angriffen seiner starken Gegner zwar wiederholt entziehen, indem er rasch seine Gestalt wechselte, doch zuletzt, als er ein Stier war, wurde er überwältigt und von den Riesen zerrissen. Die Titanen verschlangen seine Glieder und seinen Körper. Doch Athene gelang es, das Herz des »Zerrissenen« zu retten und es Zeus zu bringen, der es verschlang. Daraus entsprang der »neue Dionysos«, diesmal Sohn des Zeus und der Semele. Er ist fortan als Zagreus, als »Zerrissener«, unter anderem Herr der Unterwelt. Zeus nimmt an den Titanen schreckliche Rache: Er zerschmettert sie mit seinem Blitz. Aus ihrer Asche aber entstehen die Menschen. Diese Geschöpfe vereinigen in sich ein göttliches und ein irdisches Element: Dionysisch, göttlich ist die Seele; titanisch, irdisch, sterblich der Körper.

Damit ist die Aufgabe der Menschen geklärt — aber auch die Frage, woher Leid und Schuld und Bosheit kommen: Der Mensch trägt in sich das Erbe der Titanen, das Böse. Es ist im Leib verhaftet und muß überwunden werden durch die »göttlichen« Kräfte der Seele. Wenn der Mensch stirbt, wird er das Titanische in sich los. Er wird frei. Die bisher gefangene, unterdrückte Seele wird befreit.

Die Einstellung zu Leben und Sterben ist nun genau umgekehrt: Nicht mehr der Tod und die Perspektive des Lebens im Jenseits bereiten Kummer, sondern das irdische Dasein ist das eigentliche Elend; das mit dem Tod endet. Das Heil des Menschen besteht nicht mehr darin, dieses irdische Leben mit all seinen Verlockungen bis zur Neige auszukosten oder um weiterzuleben, unsterblichen Ruhm zu ernten, sondern sich von sinnlichen Freuden mehr und mehr freizumachen, sich selbst mit Askese, Fasten, Büßen zu erlösen — Gedanken, die ebenfalls in die christliche Religion Eingang fanden.

Sokrates hat mit Sicherheit auch den Demeter-Kult gekannt, einer Religion, die schon im 8. Jahrhundert vor Christus in Griechenland als eine Art Bund der Erwählten, der Eingeweihten existiert haben dürfte. Demeter, verehrt als Göttin der Fruchtbarkeit, als »Erdmutter« verlieh denen, die sich zu ihr bekannten, im Jenseits Glück und Seligkeit. Im geheimen Ritus mußte der zur Einweihung Zugelassene den nachgebildeten Unterleib der Göttin berühren, um damit zum unsterblichen Leben in Seligkeit wiedergeboren zu werden — eine Vorwegnahme der Taufe, die ja auch eine Wiedergeburt darstellt und »allein seligmachend« den Himmel öffnet.

So stammt aus der Mitte des 7. Jahrhunderts der sogenannte Demeterhymnus, die älteste Seligpreisung der Religionsgeschichte, wie die Wissenschaftler sagen, ein Text, der im krassen Widerspruch zu der in Griechenland üblichen Auffassung steht: »Selig, wer von den Sterblichen ihn (den Mutterschoß der Demeter) geschaut. Wer aber uneingeweiht ist und nicht teilnimmt, er genießt, wenn er tot ist, ein anderes Los im dumpfen Dunkel der Unterwelt.«

Der große griechische Tragödiendichter Sophokles (496—406 v. Chr.) hat schon hundert Jahre vor Sokrates im selben Sinne gejubelt: »Dreimal selig sind die, die nach der Schau dieser Weihen hinabsteigen in den Hades. Ihnen allein ist da unten Leben gegeben. Alle anderen erfahren da unten nur Übles.«

Auch beim Dichter Pindar (518—446 v. Chr.) finden sich ähnliche Verse: »Selig, wer dieses geschaut und dann eingeht unter die Erde. Er kennt des Lebens Ende, kennt auch den von Gott gegebenen Anfang.« In der Lyrik des Pindar findet sich zwar weitgehend die volkstümliche Hadesvorstellung: Die Seele des Normalsterblichen fährt in den Hades, um dort ein kraftloses Schattendasein zu führen. Besser ergeht es nur den Heroen, die sich um die Menschheit verdient gemacht haben. Doch in seinen »Trauergesängen« spricht Pindar von der Seele als dem »Abbild« des Lebens. Sie dämmert im Jenseits nicht dahin, sondern sie lebt. Solange der Mensch auf Erden lebt und wach ist, schläft seine Seele. Wenn er schläft und träumt, wird sie wach und zeigt ihm die Zukunft. Sie ist göttlichen Ursprungs und daher unsterblich.

Pindar glaubt an Strafen in der Unterwelt für Verbrecher und

Übeltäter — und an eine Art himmlischen Lohn für die Frommen und Redlichen:

»Ihnen leuchtet die Kraft der Sonne, wenn auf der Erde Nacht ist. Und auf Wiesen von roten Rosen leben sie vor ihrer Stadt, wo der Schatten der Zeder und von goldenen Früchten schwer.
Die einen erfreuen sich an Pferden und Ringkampf, andere am Brettspiel,
andere an Phormingen. In voller Blüte steht ihnen jedwedes Glück.
Und lieblicher Duft bereitet sich ständig über das Land, und Opfer jeglicher Art verbrennen sie in weitstrahlendem Feuer auf der Götter Altären...«

Und an anderer Stelle:

»Jene aber, die vermochten, dreimal
hier wie dort verweilend durchaus vom Unrecht fernzuhalten die Seele, zogen den Weg des Zeus zu Kronos' Turm. Dort umhauchen
die Insel der Seligen ozeanische Lüfte, Blumen flammen von Gold,
die einen auf dem Land von schimmernden Bäumen,
das Wasser nährt die anderen,
deren Gewinde flechten sie um Arme und kränzende Zweige...«

»Dreimal hier wie dort verweilend...«: Pindar glaubte an die Wiedergeburt: Jeder Mensch mußte seiner Meinung nach dreimal auf Erden und dreimal im Hades verweilen, ehe er auf die »Insel der Seligen« gelangen konnte.
Griechische Jenseitsvorstellungen waren weit vielgestaltiger, farbiger, teilweise auch hoffnungsfroher, als man gemeinhin annimmt.

Sophokles läßt Antigone und Elektra von ihrer Hoffnung auf ein Wiedersehen im Jenseits sprechen.
Der Dichter Melanippides betet schon in 5. vorchristlichen Jahrhundert: »Höre mich Vater, Staunen der Sterblichen, der du die ewig lebenden Seelen verwaltest . . .!«
Selbst Euripides (485—406 v. Chr.), ein aufgeklärter Denker, der sich der Religion seiner Väter gegenüber sehr skeptisch und kritisch verhielt, stellte die Frage, ob das Leben nicht vielleicht doch ein Sterben und das, was wir sterben nennen, nicht doch das wahre Leben ist. Euripides war Pantheist. Er glaubte nicht an eine persönliche Unsterblichkeit, sondern an die Rückkehr des Körpers zur Erde, und an die Rückkehr der Seele in den Äther: »Der Geist der Toten lebt zwar nicht, doch hat er unsterbliches Bewußtsein.«
Es ist alles schon einmal dagewesen!
Diese bunte Vielfalt griechischer Jenseitsvorstellungen aber, das war genau der Boden, auf dem große Philosophen wie Sokrates heranwachsen konnten. Es hätte dem Geist dieses Philosophen völlig widersprochen, hätte er, der von sich sagte: »Ich weiß, daß ich nichts weiß!«, versucht, einen Ewigkeitsbeweis anzutreten. Seine Antwort auf die Frage nach dem Jenseits war einfacher, klarer:

> »Den Tod zu fürchten, Freunde, was wäre das anderes, als sich einbilden, weise zu sein, ohne es zu sein? Es weiß niemand vom Tod, ob er nicht vielleicht sogar das allergrößte Glück für die Menschen darstellt. Und doch fürchtet man sich vor ihm, als wüßte man ganz genau, daß er das größte Übel sei. Auch von folgender Seite her wollen wir uns klarmachen, wieviel Ursache wir haben zu hoffen, der Tod könnte ein Glück sein: Eines von beiden nämlich ist das Totsein: entweder ist es eine Art Nichtsein, so daß der Tote keinerlei Empfindung hat von irgend etwas. Oder es ist, wie der Volksmund sagt, eine Art Verpflanzung und Übersiedlung der Seele von hier nach einem anderen Ort.

Im ersten Fall nun, wo von Empfindungen keine Rede mehr sein kann, sondern bestenfalls von einer Art Schlaf, der so tief ist, daß dem Schlafenden nicht einmal irgendein Traumbild erscheint, wäre der Tod ein wunderbarer Gewinn. Denn ich glaube, wenn einer eine solche Nacht, die ihm einen völlig traumlosen Schlaf gebracht hat, den übrigen Nächten und Tagen seines Lebens gegenüberstellen müßte, um zu entscheiden, wie viele Tage und Nächte in seinem Leben er glücklicher verbracht hat als diese Nacht — ich glaube, nicht etwa nur ein Mann gewöhnlichen Schlages, sondern selbst der Großkönig in eigener Person würde finden, daß diese sehr rasch beisammen wären.

Ist also der Tod von dieser Art, so kann ich ihn nur als Gewinn bezeichnen. Denn die ganze Ewigkeit scheint dann nichts anderes zu sein als eine einzige solche Nacht.

Ist aber der Tod gleichsam eine Art Auswanderung von hier nach einem anderen Ort, und hat es mit dem, was der Volksmund sagt, seine Richtigkeit, daß dort alle Verstorbenen weilen, was für ein größeres Glück gäbe es dann, ihr Richter, als dieses?

Denn findet einer bei seiner Ankunft im Hades, erlöst von diesen sogenannten Richtern, die wahren Richter, die dort, wie es heißt, Recht sprechen, nämlich Minos, Rhadamanthys, Aiakos und Triptolemos nebst den anderen Heroen, die ein rechtschaffenes Leben geführt haben: wäre das etwa eine Verschlechterung unserer Aufenthaltsstätte?

Wieviel würde mancher von euch dafür geben, er könnte mit Orpheus, Musaios, Hesiod und Homer verkehren? Ich jedenfalls wollte gerne oftmals tot sein, wenn diese Begegnungen damit möglich werden.

Für mich hätte der Aufenthalt dort noch einen ganz besonderen Reiz: Könnte ich etwa dem Palamedes begegnen und dem Telamonier Aias oder wer sonst von den alten Helden durch ungerechten Richterspruch den Tod gefunden, dann müßte es für mich eine wahre Wonne sein, mein Geschick mit dem ihren zu vergleichen.

Und dann noch die Hauptsache: Wie faszinierend könnte es sein, seine Aufgabe darin zu sehen, die dort Weilenden auszuforschen und versuchen herauszufinden, wer von ihnen weise ist und wer es nur zu sein vorgibt oder glaubt. Wieviel gäbe mancher darum, wenn er die Führer des großen Heeres vor Troja oder den Odysseus oder den Sisyphos oder tausend andere, die zu nennen wären, Männer wie Frauen, verhören könnte! Welches überschwengliche Glück wäre das! Und so viel wenigstens ist doch ganz sicher: Dort verhängt man nicht wegen solcher Gespräche die Todesstrafe. Wie in anderer Beziehung auch sind nämlich die dort Weilenden glücklicher als die Erdenkinder hier. Sie sind ja die ganze weitere Zeit hindurch unsterblich, wenn der Volksmund recht hat.«

Und zum selben Thema an anderer Stelle:

»Wenn ich nicht glaubte, einerseits zu weisen und guten Göttern zu kommen, andererseits aber auch zu Menschen, die vordem gestorben sind, zu besseren als denen, die hier weilen, würde ich wahrhaftig nicht gern in den Tod gehen. Tatsächlich aber hoffe ich, das könnt ihr mir glauben, zu guten Menschen zu gelangen. Und kann ich dafür auch nicht mit letzter Sicherheit einstehen, so doch dafür, daß ich zu Göttern als Herren gelangen werde, deren Güte über allen Zweifel erhaben ist. Glaubt mir, das steht so fest wie irgend etwas von dieser Art. Aus diesen Gründen denke ich denn freundlicher über den Tod als die meisten und lebe in der frohen Hoffnung, daß den Toten irgendein Sein beschieden ist, und zwar, ganz im Sinne des alten Volksglaubens, den Guten ein viel besseres als den Bösen.

Alle, die sich in rechter Weise mit Philosophie befassen, haben es im Grunde auf nichts anderes abgesehen als darauf, zu sterben und tot zu sein. Ist das aber wahr, dann wäre es doch widersinnig, sein Leben lang nach nichts anderem zu streben als hiernach, um dann aber, wenn es wirklich soweit ist, sich zu sträuben.«

Bemerkenswert an diesen Zitaten, aufgeschrieben von Platon (427—347 v. Chr.), vor rund 2400 Jahren schon, sind die wiederholten Hinweise auf den Volksglauben. Diesen Texten nach war er schon viel mehr von Hoffnungen erfüllt als die alten homerischen Hadesvorstellungen. Die Götter des Sokrates sind auch keine neidischen, eifersüchtigen, sehr »menschlichen« Figuren mehr, die man fürchten müßte, sondern vollkommene, gute Wesen. Im Jenseits bei ihnen ist all das zu finden, was der Mensch auf der Erde vermißt, vor allem die Gerechtigkeit.
Platon selbst ist dann einen Schritt weitergegangen als sein großer Lehrmeister: Er hat versucht, die Unsterblichkeit der Seele zu beweisen und damit das Jenseits als das eigentliche Leben, das irdische Dasein gewissermaßen als Schattenbild jenes Lebens darzustellen: Die Wirklichkeit hier ist der Schatten der Ideale drüben.
Platon stellte folgende Grundüberlegungen an: Zum eigentlichen Wesen der Seele gehört es, lebendig zu sein. Deshalb kann die Seele keinen Augenblick lang als nichtlebend vorgestellt werden. Sie muß unsterblich sein. Unsere Seele ist einfach, nicht zusammengesetzt, unsichtbar, den immer gleich bleibenden, unveränderten Ideen verwandt, ein über den Leib herrschendes Wesen — und als solches unsterblich und unzerstörbar. Jedes Ding, das wir kennen, geht nur vermöge seiner ihm eigentümlichen Schlechtigkeit und Schwäche zugrunde. Die Schlechtigkeit der Seele aber, das Laster, kann die Lebenskraft nicht schwächen. Wenn die Seele überhaupt zugrunde gehen könnte, dann müßte sie an der eigenen Unsittlichkeit zugrunde gehen. Da dies nicht der Fall ist, muß ihr ein unzerstörbares Leben innewohnen. Für Platon muß also die Seele im Gegensatz zum Körper schon immer existiert haben und in alle Ewigkeiten weiterexistieren.

Der dritte Denker in der großen Reihe, Aristoteles (384—322 v. Chr.), zwanzig Jahre lang Schüler von Platon, machte aus der Zweiteilung der Menschen in sterblichen Leib und unsterbliche Seele eine Dreiteilung: Leib, Seele, Geist.
Aristoteles gefiel die Vorstellung der im »Kerker« Körper gefangenen Seele nicht. Er vermochte auch nicht daran zu glauben, die Seele hätte schon vor dem Körper existiert. Für ihn ist die Seele die Form des Leibes — und somit typisch und unverwechselbar für den einen und einzigen Körper. Diese Form konnte nicht nacheinander unterschiedliche Körper beseelen, sonst hätten diese ja immer identisch aussehen müssen. Die Seele, sagte er, ist und bleibt an den Körper gebunden und geht mit ihm unter. Ewig, unsterblich im Menschen ist nur der Geist, die denkende Vernunft. Sie tritt »von außen« her bei der Bildung des Menschen in ihn ein. Sie bleibt in ihm wohnen, als Teil der Seele, aber unvermischt mit ihr:

> »Der Geist scheint ein Wesen zu sein und nicht zugrunde zu gehen...
> Wenn der Geist getrennt und an und für sich ist, ist er allein das, was er ist, und das allein ist unsterblich und ewig...
> Ob aber nachher (nach der Trennung von Form und Materie) noch etwas bleibt, müssen wir untersuchen. Bei einigen Dingen kann das wohl sein. So kann die Seele, wenn sie von solcher Art ist, fortdauern, zwar allerdings nicht die ganze, aber doch die Vernunft. Denn daß die ganze Seele fortdauere, ist wohl unmöglich.«

Sokrates, vor allem aber Platon und Aristoteles haben bis in unsere Tage hinein das Denken des Abendlandes bestimmt und auf die christliche Theologie entscheidenden Einfluß ausgeübt. Vieles, gerade im Hinblick auf Himmel, Gott und Unsterblichkeit, was Christen glauben, ist viel eher griechisch als biblisch. Schon der Evangelist Johannes und der Apostel Paulus waren in diesem griechischen Denken geschult. Augustinus baute seine Theolo-

gie auf Platon, Thomas von Aquin seine Scholastik vorwiegend auf Aristoteles auf.
Ähnlich wie Sokrates verweist auch Aristoteles ausdrücklich darauf, wie alt der Glaube der Griechen an eine ewige Seligkeit ist:

> »Der Glaube, daß die Dahingeschiedenen selig und glücklich sind und es deshalb eine Sünde ist, Unwahres und Lästerliches über sie zu sagen, weil sie bereits in einem reineren und höheren Zustand übergegangen sind — dieser Glaube hat sich bei uns ohne Unterbrechung aus so hohem Alter behauptet, daß schlechterdings niemand den Zeitpunkt seines Entstehens oder einen anderen Stifter desselben kennt als den unendlichen Aeon ...«

Wie sich die Römer ursprünglich den Himmel vorgestellt haben, ist heute kaum mehr feststellbar. Zu beherrschend ist griechisches Denken über Rom hereingebrochen und dort begierig aufgenommen worden.
Vergleicht man jedoch den Glauben, treffender gesagt die verschiedenen Glaubensrichtungen, im letzten vorchristlichen Jahrhundert mit dem, was die griechischen Philosophen lehrten, stellt man alsbald eine unverkennbar stärkere Betonung der Seligkeit im Jenseits fest.
Ein deutliches Beispiel dafür ist der *dies parentales*, der Tag des Totengedenkens, der in Rom am 13. Februar gefeiert wurde.
Einen solchen Tag, entsprechend unserem Allerheiligen/Allerseelen, gab und gibt es in allen Religionen. Im alten Athen feierte man die sogenannten Anthesterien Ende Februar drei Tage lang. Diese Tage galten als unrein; die Tempel blieben geschlossen, damit die aus dem Hades heraufgestiegenen Seelen den heiligen Ort nicht entweihen konnten. Man gedachte der Verstorbenen nicht etwa nur in liebevollem Erinnern. Die Anthesterien waren geprägt von Angst: Die Leute bestrichen die Türpfosten ihrer Häuser mit Pech, um sich auf diese Weise vor den umherschwir-

renden Geistern zu schützen. Denn nach ihrer Vorstellung durften an diesen drei Tagen die Verstorbenen auf Besuch zur Erde heraufsteigen. Und da nicht nur liebe Freunde und Verwandte aus der Dunkelheit ins Licht kamen und an ihr einstiges Leben erinnert wurden, sondern auch ehemalige Feinde und jene, die betrogen worden waren, hatte man ganz einfach Angst. Am Ende der drei Tage schickte man die Geister deshalb wieder unmißverständlich in das Reich der Toten zurück: »Hinaus ihr Seelen! Die Anthesterien sind zu Ende!«

Für die Römer war der *dies parentales* eher ein trautes Familienfest, ein Tag, an dem man sich in der doch angenehmen Gesellschaft der verstorbenen Eltern und Großeltern wußte. Es gab keinen Grund, sich vor der Begegnung zu fürchten, denn der »Himmel«, aus dem sie kamen, war ein Ort der Ruhe, der Sorglosigkeit und des Friedens. Die Verstorbenen fühlten sich drüben glücklich, brauchten also auf die Lebenden nicht neidisch zu sein und kehrten dann, ohne Widerstand zu leisten, ins Totenreich zurück.

Der römische Dichter des Jenseits war Vergil (70—19 v. Chr.), das große Vorbild Dantes. Für ihn ist die Unterwelt kein Ort der Finsternis, die alle gleichermaßen umhüllt, sondern sie ist in recht unterschiedliche Bereiche gegliedert. Die Frevler müssen im Tartarus Sühne leisten, die Tugendhaften dürfen oben im Elysium ihren Lohn entgegennehmen. Des weiteren gibt es einen Zwischenbereich: Kinder, unschuldig Hingerichtete, Opfer von Mordanschlägen, Unfallopfer — allen, deren Leben jäh beendet wurde, weist Vergil — wie später Dante auch — Sonderplätze in der »Vorhölle« an: Für sie gibt es vorerst weder Strafe noch Seligkeit, sie müssen abwarten.

Vergil stellt die Geschichte von Leben und Tod etwa folgendermaßen dar: Die Seele, die sich mit einem Leib zusammenfindet, begeht eine schwere Schuld. Diese muß nach der Trennung vom Körper gebüßt werden. Tausend Jahre, abzüglich der auf Erden verbrachten Lebensjahre, dauert die Läuterung in der Unterwelt. Nach dieser Reinigung wird die Seele noch neunmal ge-

zwungen, in einen Körper einzugehen, um anschließend jeweils tausend Jahre geläutert zu werden.
Sowohl für die Römer als auch für die Griechen lag der Himmel, das Elysium, ganz im Westen der Erde, am oder auch jenseits des Okeanos. In diesen Himmel, in dem die Götter lebten, kamen nur auserwählte Helden, die großen Ausnahmen. Sie starben nicht, sondern wurden — wie der alttestamentarische Prophet Elias — direkt in den Himmel aufgenommen, wo sie fortan in voller Menschlichkeit lebten. Auf diese »Insel der Seligen« gelangten aber auch die Frommen und Tugendhaften des Vergil — nach Ablauf des 10 000jährigen Gesamtlebens. Zuvor lebten die Guten nicht im Himmel, sondern in einem daneben gelegenen Talkessel. Dort tranken sie Vergessen aus der Lethe, dem am Elysium vorbeifließenden Fluß der Unterwelt.
Die Römer, die mit dem jungen Christentum konfrontiert wurden, besaßen längst keinen einheitlichen Glauben und keine verbindlichen Jenseitsvorstellungen mehr. Vom radikalen Atheismus über die Verehrung ausgesuchter Lieblingsgötter bis hin zum Glauben an einen einzigen Gott, vom endgültigen Verlöschen im Tod bis zur Vorstellung einer ewigen Seligkeit mit höchsten leiblichen und sehr irdischen Genüssen gab es alles, was die damalige Welt zu bieten hatte. Die Kaiser duldeten mehr oder weniger großzügig alles, solange ihre eigene »Göttlichkeit« nicht angezweifelt und gewisse staatlich vorgeschriebenen Riten eingehalten wurden.
Am eindringlichsten schildert der römische Dichter Ovid (43 v. Chr. bis 18 n. Chr.) die damalige Verwirrung und Ratlosigkeit. Er rätselt immer wieder: Es gibt nichts auf Erden, das Bestand und Dauer hätte. Man kann keinen einzigen Lebenden seligpreisen, denn in jede Freude drängt sich doch alsbald der Kummer. Und dann ist auch schon alles zu Ende: Wir müssen alle hinab in die gemeinsame letzte Behausung. Keine Frömmigkeit, keine Tugend, keine wie auch immer geartete Leistung vermag vor dem Tod zu schützen. »Und da gibt es noch Leute, die an das Da-

sein waltender Götter glauben!« läßt er Herkules voller Bitterkeit sagen, als er im vergifteten Gewand zu Tode gemartert wird, während die Bosheit triumphiert. Ovid setzt lakonisch hinzu: »Doch es ist nun mal nützlich für die Ordnung der Welt, daß es Götter gibt. Deshalb laßt uns an sie glauben — wohl wissend, daß blindes Schicksal über uns herrscht!«

Zur selben Zeit schrieb Propertius (50—16 v. Chr.) seine berühmte Elegie auf den Tod Cornelias, der Stieftochter des Augustus und Frau des Konsuls Lucius Aemilius Paullus: Die Angehörigen harren in tiefem Schmerz versunken um den niedergebrannten Scheiterhaufen, auf dem die Leiche der Cornelia verbrannt wurde. Vor allem der Ehemann kann es nicht fassen, daß seine Frau so rasch von ihm gegangen ist. Er hadert mit dem Schicksal und klagt laut. Da erscheint »der Schatten« der Verstorbenen und mahnt: »Hört endlich auf damit! Um mich braucht keiner zu weinen.« Cornelia berichtet von ihrem Auftreten vor den Totenrichtern und wie sie sich vor ihnen gerechtfertigt hat. Sie tröstet die verwaiste Familie und erinnert jeden an seine Pflichten. Schließlich spricht sie von ihrer Hoffnung, sie erwarte den Lohn für ihr rechtschaffenes Leben und die Aufnahme in den Himmel, in die Gemeinschaft ihrer edlen Ahnen.

Der Redner und Philosoph Cicero (106—43 v. Chr.) weist darauf hin, daß die großen Denker Roms ebenso wie die Griechenlands niemals daran gezweifelt haben, eine unsterbliche Seele zu besitzen, die »aus der göttlichen Weltseele genommen ist«. Cicero versuchte, ähnlich wie vor ihm Platon und Aristoteles, die Existenz der unsterblichen Seele und damit den Himmel nach dem Tod zu beweisen: »Da die Seele eine so große Schnelligkeit besitzt und so große Erinnerung an das Vergangene und Einsicht in das Zukünftige; da sie so umfangreiche Wissenschaften innehat und so viele Erfindungen gemacht hat: Ein Wesen, das solche Dinge umfaßt, kann nicht sterblicher Art sein. Und weil die Seele sich in ständiger Bewegung befindet, sich dabei aber selbst bewegt, wird sie sich auch ohne Ende bewegen.

Denn sie wird sich selbst nie verlassen. Und weil das Wesen der Seele einfach ist und in sich nichts ihr Ungleiches und Unähnliches beigemischt ist, deshalb kann sie auch nicht geteilt werden. Und wenn das nicht möglich ist, kann sie auch nicht untergehen...«

An anderer Stelle heißt es bei Cicero: »Ich stimme nämlich den Philosophen nicht bei, die unlängst die Ansicht zu entwickeln anfingen, mit dem Körper gehe zugleich die Seele unter und alles werde durch den Tod vernichtet. Eine größere Geltung hat für mich der Glaube der Alten, teils unserer Vorfahren, die den Verstorbenen so heilige Rechte erteilten, was sie in der Tat nicht getan hätten, wenn sie der Meinung gewesen wären, daß diese sie gar nicht berührten; teils der Philosophen, die in unserem Land lebten und Großgriechenland durch ihre Grundsätze und Lehren bildeten; teils des Mannes, der durch Apolls Ausspruch für den Weisesten erklärt wurde (Sokrates), der immer dasselbe behauptete: die Seelen der Menschen seien göttlichen Ursprungs und ihnen stehe, wenn sie aus dem Körper herausgegangen seien, die Rückkehr in den Himmel offen, je besser und gerechter, desto ungehinderter!...«

Am Rande nur sei erwähnt, daß es im alten Rom schon vor dem Christentum aus dem Orient stammende religiöse Bewegungen gab, die sich durch viele Jahrhunderte behaupten konnten und auch innerhalb der christlichen Kirche immer wieder in verschiedensten Formen und unter stets neuen Namen (Gnostiker, Manichäer, Katharer, Mandäer) auftauchten. Bei ihnen war ein Ritual üblich, das Ähnlichkeit mit der Taufe aufwies: Das neue Mitglied der Glaubensgemeinschaft stellte sich in eine Grube unter den Tisch, auf dem das Opfertier geschlachtet wurde. Das Blut floß den Körper herab und wusch alle Unreinheit der Fleischlichkeit ab. Damit wurde das neue Mitglied für die Unsterblichkeit wiedergeboren.

Der Ursprung dieser religiösen Gruppierungen ist heute nicht mehr exakt feststellbar. Doch finden sich in den Glaubensvorstellungen offensichtlich Anklänge an die Philosophie Platons, vermengt mit orientalischen Mysterienbildern: Die Seele ist durch ihre Einkehr in das Fleisch »gefallen«. Nun muß sie in einer Welt leben, die an sich schlecht ist. Sie wurde nicht von Gott, sondern von einem bösartigen Gegenspieler geschaffen. Wer gerettet werden will, der muß alles Irdische, alles, was diese Welt bietet, überwinden. Denn nur damit kann das gefangene »Licht« aus dem Fleisch befreit, das heißt erlöst werden.

Die Jenseitsvorstellungen der alten Griechen und Römer waren, wie aufgezeigt wurde, keineswegs so trübsinnig und so einförmig, wie Homer sie dargestellt hat. In den dunklen und trostlosen Hades muß schon sehr früh zumindest ein Hoffnungsschimmer gedrungen sein. Der Himmel der Antike ist keineswegs für alle Menschen aller Zeiten mit streitsüchtigen, neidischen Göttern bevölkert, wie wir sie aus Homers Dichtung kennen, sondern es gibt auch schon lange vor Christus im klassischen Altertum den guten, gerechten Schöpfergott und damit den Himmel nicht nur als Wohnung der Götter, sondern als Ziel der Sterblichen, die dort im ewigen Glück nach dem Tod weiterleben.

Wie aus den Zeugnissen der Dichter und Philosophen der Antike hervorgeht, ist eigentlich an einer Weiterexistenz niemals gezweifelt worden. Dieses Nochdasein nach dem Tod wurde aber zunächst nicht als Leben verstanden, sondern als eine Art Bewußtlosigkeit, ein Dahindämmern ohne Kraft und ohne Äußerungsmöglichkeit. Die ersten Opfer im religiösen Sinn waren deshalb der Versuch, den Verstorbenen mit dem Blut des Opfertiers neues Leben zu schenken. Man glaubte, daß die Toten nach wie vor existieren, und man wollte mit ihnen Kontakt herstellen, einen Kontakt, der normalerweise nicht möglich war. Das Blutopfer stellte den Kontakt ebenso her wie der Zustand des Rausches. Im einen Fall wurde der Tote lebendig gemacht, im anderen Fall der Lebende »tot« gemacht, das heißt, seine Seele in das Totenreich geschickt. Mit diesem Kontakt war die Möglichkeit gegeben, in die Zukunft zu blicken, Rat und Hilfe von »drüben« zu erfahren.

Auch bei den Griechen gibt es die Vorstellung einer ursprünglichen Katastrophe, die ein »Geschlecht« ausgelöscht hat und für das Elend der Menschheit verantwortlich ist. Im Gegensatz zu anderen Völkern scheint es aber für Griechen und Römer keine Erwartung einer Endkatastrophe zu geben.

Germanen und Kelten: Warten auf das »Goldene Zeitalter«

Die Römer trauten ihren Augen nicht, als sie bei der Eroberung der Länder nördlich der Alpen Zeugen barbarischer Zeremonien wurden: Germanen und Kelten opferten Menschen ihren Göttern!

Nach der Schlacht übergaben die Krieger die Gefangenen alten, grauhaarigen Frauen. Diese trugen Leinenkleider, die über den Schultern geknüpft waren und durch breite Gürtel zusammengehalten wurden. Die alten Frauen traten auf die Gefangenen zu, bekränzten sie mit Blumen und frischen Blättern, nahmen sie an der Hand und stiegen mit ihnen die Sprossen breiter Leitern hinauf, die an mächtigen Metallkesseln lehnten. Oben angekommen schnitten sie den Gefangenen blitzschnell die Kehle durch. Dann beobachteten sie den Fluß des Blutstroms über die Kesselwände hinunter, um alsbald feierlich zu verkünden: »Die Götter zürnen uns. Sie wollen uns ihre Gunst nicht schenken, weil unsere Männer es in der Schlacht an Tapferkeit fehlen ließen ...«

Was ging da vor? Waren hier Hexen am Werk? Wurde ein magischer Zauber zelebriert? Oder sollte das eine Form von Gottesdienst sein? Menschenopfer – noch vor rund 2000 Jahren in Europa?

»Zu bestimmten Zeiten treffen sich die Germanen im Wald und auf Hainen, die dem Andenken der Väter und Vorfahren geheiligt sind. Dort feiern sie von Staats wegen mit einem Menschen-

opfer die grausame Einleitung ihrer barbarischen Riten...«, schreibt ein römischer Geschichtsschreiber.
Es handelte sich nicht um schamlose Übertreibungen, zahlreiche Grabfunde beweisen eindeutig, daß unsere Vorfahren, ähnlich wie die Urvölker Mittelamerikas, das Menschenopfer kannten. Germanen wie Kelten. Der Sinn solcher Opfer wird aus Glaubensvorstellungen verständlich, die viel älter sind als die germanischen und keltischen Völker: In unserer Heimat, in Mitteleuropa, wurden die Toten bereits vor 50 000, möglicherweise sogar 70 000 Jahren, feierlich und pietätvoll bestattet. Gemessen an den 2000 Jahren Christentum sind das beinahe unvorstellbare Zeiträume. Die Toten wurden beigesetzt, als würden sie — in typischer Embryohaltung — mit angezogenen Beinen und über der Brust gekreuzten Armen und Händen schlafen. Man gab den Verstorbenen Steinwerkzeuge, Waffen, Fleisch, Getreide als Wegzehrung mit. Manche uralte Gräber unserer Heimat verfügen außerdem über ein sogenanntes »Seelenloch«: Nach Osten hin, der aufgehenden Sonne entgegen, ist ein kreisrundes Loch mit dem Durchmesser von etwa 30 Zentimetern in den Stein gebohrt. Durch diese Öffnung sollte der »Schatten«, das, was den toten Körper überlebte, entweichen können.
Der Glaube an ein Weiterleben nach dem Tod, an ein Wandern »drüben« in ein anderes Leben ist also mindestens 50 000 Jahre alt! Mehr als deutlich zeigt die Embryo-Haltung, wie jene nach unserer Vorstellung noch so primitiven Menschen wie etwa der Neandertaler, den Tod verstanden haben: als neue Geburt. Ihr bisheriges, irdisches Leben verglichen sie mit dem Leben im Mutterschoß, das mit der Geburt zu Ende ging, damit ein neues, freieres und mit mehr Möglichkeiten ausgestattetes Leben beginnen konnte.
Die Erde, in die man die Toten bettete — später in riesigen Gemeinschaftsgräbern, in denen bis zu hundert Menschen nebeneinander gemeinsam Platz fanden —, wurde als Mutterschoß verstanden: So wie der Same in die Erde gelegt werden muß, damit eine neue Pflanze heranwachsen kann, so muß der Verstorbene

begraben werden. Doch da unten in der Erde ist er nach wie vor gegenwärtig und in irgendeiner Form auch lebendig. Die Verstorbenen gehen »hinunter« zu den mächtigen Ahnen, um mit ihnen einst zurückzukehren und die Herrschaft über die Erde zu übernehmen.

Der Stammvater der Indogermanen, also der arische »Adam«, Yama oder auch Yima, ist der König der Unterwelt. Von ihm stammen alle Menschen ab. Deshalb ist ihre Wurzel in der Unterwelt, im Jenseits, aber nicht im Himmel der Götter. »Sie rechnen ihre Zeit nach Nächten, nicht nach Tagen«, berichtet der Feldherr Cäsar voller Staunen seinen Landsleuten nach Rom. Tatsächlich begriff er, daß die nordischen Menschen sich viel stärker dem Dunkel, der Nacht, dem Boden verbunden fühlen als dem Licht, der Sonne, dem Himmel.

Die germanische, keltische Sippe beschränkt sich nicht auf die Lebenden. Sie umfaßt auch die Toten. Zwischen beiden existiert ein ständiger Austausch, ein Kreislauf: Die Lebenden steigen nach ihrem Tod hinab in die Unterwelt. Gleichzeitig kehrt bei jeder Geburt die Seele eines Vorfahren in ein neues Erdenleben zurück. Die Unterwelt ist also nichts Erschreckendes, sondern die Quelle der Fruchtbarkeit, der Mutterschoß des Lebens. Von daher darf die Fülle der mütterlichen Gottheiten nördlich der Alpen keineswegs verwundern. Die Frau als Abbild der Erde spielte im gesellschaftlichen Leben eine herausragende Rolle.

Der Ausdruck Seele für das, was nach dem Tod weiterlebt, paßt hier allerdings ebensowenig wie der Begriff Wiedergeburt zur Rückkehr der Ahnen in den eigenen Kindern und Enkeln. Germanen und Kelten — beide sind tatsächlich in diesen Vorstellungen kaum voneinander zu trennen — kannten keine Zweiteilung des Menschen in den sterblichen Leib und die unsterbliche Seele. Auch der Begriff Person war ihnen ebenso wie den Asiaten fremd. Man könnte eher sagen: Die nordischen Völker kannten verschiedene Formen und Äußerungen des Lebens. Sie wußten, daß Fische im Wintereis starr und wie tot sind, um im Frühjahr, wenn das Eis taut, wieder lebendig zu werden. Sie hatten beob-

achtet, daß sich viele Tiere im Winter in Erdlöcher und Höhlen verkriechen, um dort »scheintot« den neuen Frühling zu erwarten. Also: Auch etwas Kaltes, Starres konnte noch leben, oder jedenfalls wieder lebendig werden. Das Leben war vielleicht vorübergehend nicht im Körper, oder es lebte auf andere Weise. Außerdem glaubten sie, das Leben (nicht nur der Teil des Menschen) könnte vorübergehend den Körper verlassen, um auf eigene Faust und ohne Körper zu wirken. Die Germanen sagten etwa von Menschen, die schliefen oder bewußtlos waren: »Er ist nicht ganz und gar, wo er gesehen wird.« Womit sie andeuten wollten: Nur der Körper weilt hier. Das Leben ist woanders.
Für die Germanen war es, alten Mythen zufolge, auch geradezu selbstverständlich, daß ein Mensch gleichzeitig an zwei Orten sein, daß er, wie Odin, seine Gestalt wechseln oder daß er gleichzeitig in zwei Körpern weilen konnte. Sie vermochten sich vorzustellen, daß ein einziges Leben in zwei verschiedenen Menschen lebt. Wenn es aber in nordischen Erzählungen etwa heißt: »Dann lag der Rumpf wie schlafend oder tot — und er war da als Vogel oder Tier, Fisch oder Schlange und fuhr in einem Augenblick in ferne Länder«, handelt es sich dabei nicht um ganz natürliche »Jenseitserfahrungen«?
Die Germanen sprachen schon davon, manche Toten könnten keine Ruhe finden. Sie kämen dann, um sich Lebenden zu zeigen. Das Grab war nicht die Ruhestätte des toten Körpers, sondern des unteilbaren ganzen Menschen. Er war tot und doch nicht tot. In einer unbegreiflichen Art lebte er nach wie vor. Doch nicht unbedingt endlos und in alle Ewigkeit. Die Gefahr des zweiten und endgültigen Todes war für die Germanen ebenso selbstverständlich wie für die Ägypter. Nicht zuletzt deshalb waren Opfer nötig. Die Verstorbenen, die verehrten Ahnen, die zu halben Göttern geworden waren, mußten neue Kraft, neue Lebenssäfte bekommen. In den Menschenopfern sahen sie einen Weg, die Ahnen lebendig zu machen und ihre Stimme zu vernehmen.
Es ist in der Vergangenheit immer wieder versucht worden, Kel-

ten und Germanen gleichermaßen als hoffnungslos vom Aberglauben beherrschte Memmen hinzustellen, die ganz unter dem Pantoffel »alter Hexen« und »Kräuterweiber« standen. Sie hätten, so berichtete auch Cäsar, keine Waffe in die Hand genommen und sich widerstandslos überwältigen lassen, wenn ihre »Weiber« ihnen den Kampf eines ungünstigen Orakels wegen verboten hatten. Daran ist wohl richtig, daß diese Völker keinen schwerwiegenden Entschluß faßten, ohne sich vorher mit ihren Ahnen zu besprechen. Denn sie wußten sich mit diesen eins.

Die Kontakt-Versuche mit dem Jenseits nahmen sie keineswegs leicht. Ein Druide beispielsweise — Aristoteles bezeichnete diese Priester der Kelten als die »Erfinder der Philosophie«, die zum erstenmal über den Anfang und das Ende der Menschheit nachgedacht hätten — war eine Art Schamane, ein Zauberer, ein Prophet, ein Hüter des heiligen Hains, ein Opferpriester mit geheimem Wissen. Er verstand viel von der Heilkunst und stellte den Kontakt zum Jenseits her. Wer Druide werden wollte — Frauen hatten wohl ebenso Zugang zu diesem Beruf wie Männer —, der mußte zwanzig Jahre lang Verse auswendig lernen und sich vom Meister in die Weisheiten der Astronomie, der Naturkenntnisse, der Medizin, der Kalenderberechnung und der Theologie einweisen lassen. Der Druide übte sich darin, glückliche und schwierige Tage vorherzubestimmen, die »Vorzeichen« zu deuten. Er war der große Ratgeber der Könige und Stammesfürsten, der Hüter der Weisheiten. Denn aufgeschrieben wurde nichts. Es gab nur die mündliche, die lebendige Überlieferung.

Ihre eigentliche Qualifikation bestand aber in der Fähigkeit, Zugang zum Jenseits zu verschaffen. Der römische Philosoph Cicero war stark beeindruckt von der Tüchtigkeit der Druiden, vor allem von ihrer Prophetengabe. Die Druiden lehrten ihre Völker, daß es nach dem Tod ein Weiterleben und eine Wiedergeburt gibt.

Cäsar erklärte die auffallende Tugendhaftigkeit und Furchtlosigkeit der Germanen mit ihrem Glauben an die Wiedergeburt. Auch der römische Geschichtsschreiber Appian hält noch hun-

dert Jahre nach Christus fest, die Hoffnung auf die Wiedergeburt sei in den Herzen der Germanen fest verwurzelt.
Tatsächlich geht der in unserer Heimat noch weit verbreitete Brauch, einem Kind den Namen des verstorbenen Großvaters oder der Großmutter zu geben, auf die alte germanische Vorstellung zurück, im Enkel würde der Großvater wiedergeboren. Doch darf man sich diese Wiedergeburt nicht so leibhaftig vorstellen, wie das für Ostasiaten und manche Indianer selbstverständlich ist, sondern eher in der Art, wie auch wir heute von einem Kind sagen: »Er ist ganz der Großvater.« Womit gemeint ist: Das Kind sieht seinem Großvater sehr ähnlich, oder es besitzt dessen typische Eigenschaften. Trotzdem ist er nicht der Großvater, sondern ein eigener, ein neuer Mensch.
Im Gegensatz zu sonstigen Reinkarnationsvorstellungen ist die Wiedergeburt bei den Germanen immer auf die Familie, beziehungsweise die Sippe beschränkt. Das heißt: Das Blut der Ahnen wird weitergereicht.
Ähnlich wie die Benennung der Kinder nach den Großeltern auf heidnisches Brauchtum, vorchristliche Glaubensvorstellungen zurückgeht, wird heute noch in manchen Gegenden an Bestattungsriten festgehalten, die ursprünglich in Mitteleuropa allgemein üblich waren — und die eine ganze Menge über die Jenseitserwartungen unserer Vorväter verraten: In Island gibt man Verstorbenen die sogenannten »Totenschuhe« mit ins Grab. Dabei handelt es sich um besonders stabile Wanderschuhe, die den Toten in die Lage versetzen sollen, den langen und schwierigen Marsch ins Jenseits zu bewältigen. In der Bretagne legt man den Toten einen Hammer in den Sarg, »damit er an die Tür des Fegefeuers klopfen kann«. Tatsächlich spielte dieser Hammer ursprünglich eine ganz andere Rolle: Wenn ein Kelte einen sehr schweren Tod hatte, sich das Sterben in die Länge zog, dann holte man die älteste Frau des Dorfes. Sie hielt dem mit dem Tode Ringenden den Hammer, das Symbol des Todesgottes, über den Kopf und sagte zu ihm: »Deine Zeit ist gekommen. Klammere dich nicht länger an das Leben. Bereite dich darauf vor, die Erde zu verlassen!«

Die Iren geben ihren Verstorbenen Briefe mit, in denen sie schriftlich Abschied nehmen, die Toten um Verzeihung bitten und ihnen sogar erlittenes Unrecht verzeihen, damit kein Zwist über das Grab hinaus fortbestehe.

Ursprünglich warfen die Kelten die Briefe auf den Scheiterhaufen, wenn Tote verbrannt wurden. Sie hatten die Vorstellung, die Toten könnten diese Briefe wirklich lesen. Damit nahmen sie aber nicht nur Abschied, sondern erinnerten die Verstorbenen auch daran, bald für die Begleichung der alten Schulden zu sorgen. Tief verwurzelt war nämlich der Glaube, daß einer, der einem noch etwas schuldig ist, im Jenseits keine Ruhe finden kann.

Wenn wir uns heute nach der Beerdigung an einer festlichen Tafel zum »Leichenschmaus« einfinden, setzen wir damit eine altgermanische oder keltische Tradition fort: Unsere Vorfahren waren von der Anwesenheit der Toten in diesem Augenblick fest überzeugt. Wenn man reichlich aß und trank, konnte man sich mit ihnen direkt in Verbindung setzen, sie hören und ihren Willen erfahren. Zu jeder Art Gottesdienst oder Ahnenverehrung gehörte speziell bei den Germanen — ähnlich wie bei den Griechen — der Versuch, in Trance oder wenigstens in Halbtrance zu gelangen. Sie versammelten sich, um schwerverdauliche Speisen und berauschende Getränke im Übermaß zu sich zu nehmen, und legten sich — in der Annahme, leichter den Zugang zum Jenseits zu finden — in das Fell eines frisch geschlachteten Opfertiers, um über dessen noch gegenwärtiges Leben in Verbindung mit Ahnen und Göttern zu gelangen. Schließlich klemmten sie sich den Daumen ein, bis sie vor Schmerz fast verrückt waren, um auf diese Weise weissagen zu können.

So wie später die Jäger ihre Jagdtrophäen zu Hause an die Wände hängten, so nagelten die alten Germanen die Köpfe ihrer getöteten Feinde an den Hausgiebel: Damit ging ihrer Überzeugung nach die Kraft des Getöteten in den Besieger über.

Tacitus versuchte zu erklären, warum Kelten und Germanen im Gegensatz zu allen anderen ihm bekannten Völkern keine Tempel kannten, sondern ihre Gottesdienste im Freien, in geheiligten Wäldern und auf Berghöhen feierten: »Sie erachten es nicht für angemessen, die Götter in Wände einzusperren und sie nach menschlichem Aussehen zu gestalten — wegen der Größe der Himmlischen.« Doch den nordischen Völkern ging es nicht so sehr um das »Einsperren«. Für sie blieb auch ein Standbild etwas Lebloses. Sie hätten nie daran gedacht, die Götter und Ahnen — was stets ineinander übergeht — zu sich zu holen. Sie pflegten zu ihnen hinauszugehen in die freie Natur, dort, wo das Leben besonders lebhaft pulsierte oder sich ungewöhnlich kraftvoll zeigte, wo also die Unsterblichen gegenwärtig sein mußten: zu Quellen, Flüssen, Felsen, Eichen, Ebereschen, Holunderbüschen. Solche Orte des Wunders, der speziellen Fruchtbarkeit der Erde, Orte, in die gelegentlich der Blitz einschlug, mußten ihres Erachtens die Wohnstätten der Götter auf Erden sein. Und nicht nur der Götter, sondern einer fast unvorstellbar vielfältigen Welt von Asen, Vanen, Zwergen, Alfen, Dämonen.

Jedem Menschen war auch eine Art Schutzgeist beigegeben — auch diese Vorstellung ist älter als das Christentum: Fylgie, so hieß der persönliche Begleiter, ein unsichtbares Wesen, wurde gelegentlich im Traum oder von Menschen, die mit seherischen Fähigkeiten ausgestattet waren, wahrgenommen. Er konnte in die Zukunft blicken und vor künftigen Ereignissen warnen (Vorahnungen!). Er konnte einen Menschen aber auch verlassen und, speziell unmittelbar vor seinem Tod, auf einen anderen übergehen — meistens ging er vom Vater zum Sohn.

Wer zum Christentum übertreten wollte, der mußte vor dem Empfang der Taufe all diesen Geistern und Göttern abschwören: »Ich schwöre ab Donar und Wodan und Sachsnot und allen Unholden, die ihre Genossen sind...« Vom heiligen Olaf heißt es: »Er zerstörte jegliche Verehrung der Felsen, Wälder, Wasser und Bäume...« Der Apostel der Deutschen, der heilige Bonifatius (675—754), der von Irland gekommen war, um die Germanen zu missionieren, fällte die Göttereiche der Sachsen, um ihnen zu zeigen, daß sie nichts Heiliges an sich hatte.

Mit solchen Taten ist für die Germanen und Kelten die ganze Natur gewissermaßen »erschlagen« worden. Sie mußten sich in der neuen Religion des Christentums verlassen und allein fühlen, abgeschnitten von den Ahnen, zu denen es fortan keinen Zugang mehr gab.
Bei der Begegnung mit den nordischen Völkern fielen sowohl den Römern als auch den christlichen Missionaren immer nur die grausamen Blutopfer und das »sinnlose Betrinken« während ihrer Riten auf. Unbekannt blieb ihnen, daß diese Völker eindrucksvolle Vorstellungen vom Jenseits und vom Himmel besaßen. Die düstere Unterwelt war wie in allen Religionen schon den Indogermanen geläufig. Das Wort *hel* (das Verborgene), aus dem der Begriff unserer Hölle stammt, kennen alle arischen Völker von Irland bis Indien.
Der Himmel der Germanen und Kelten war weder die Asenburg des wenig geliebten Odin noch die Walhalla, die himmlische Halle, in der die Helden in alle Ewigkeit weiterkämpfen. Die »grünen Wiesen«, die »Gefilde der Unverstorbenen«, das Paradies am Rande der Welt, »der schönste Hain unter Göttern und Menschen« war ein sehr friedlicher Ort, eine liebliche Landschaft im ewigen Frühling, in dem es kein Altern, keine Not, keine Entbehrung gab. Diesen Himmel stellte man sich vor als das »Land der Jugendlichen«, »der Lebenden«. Erreicht wird dieser Himmel hier auf der Erde durch Yama, den Urvater der Menschheit und König der Unterwelt. Er wird der erste König des »Goldenen Zeitalters« sein, das am Ende der Zeiten anbricht. Er kehrt kurz zuvor zur Erde zurück, um das neue Geschlecht hineinzuführen in die neue Zeit. Wenn die Himmelskörper herabstürzen und die Welt im Feuer vernichtet wird, versammelt er sein Volk um sich in der Feste, die er gegen Kälte und Unwetter errichtet hat, um es durch den letzten schweren Winter hindurch zu retten. Bei ihm werden Menschen und Tiere Zuflucht finden.
Das ist eine geradezu modern anmutende Verheißung: Wenn es auf unserer Erde zur Feuerhölle, also zur Atomkatastrophe kommen sollte, würde dem Feuer nach wissenschaftlichen Be-

rechnungen ein unvorstellbarer Winter mit 30 Grad Kälte folgen, weil die Sonnenstrahlen nicht mehr durch den aufgewirbelten Staub zur Erde herabdringen könnten. Sollten die Völker lange vor unserer Zeitrechnung — dank ihrer hellseherischen Fähigkeiten — schon von einer derartigen Katastrophe gewußt haben?

Wieder begegnen wir einer Behauptung, die wir von den Griechen her schon kennen: Die Katastrophe am Ende der Zeiten ist gleichsam eine Wiederholung der Katastrophe, die am Anfang der Menschheit stand. Damals ertrank das Geschlecht der Riesen in Yamas Blut. Bei der Darstellung der Sintflut werden wir erneut auf das »Ertrinken der Riesen« stoßen.

Und noch eine uralte Erzählung. Der dänische Geschichtsschreiber Saxo Grammaticus hat sie um 1150 aufgezeichnet: Hadingus wandert mit einer Begleiterin aus einer anderen Welt unter der Erde. plötzlich kommen die beiden an »sonnenbestrahlte Orte«. Dort wachsen geheimnisvolle Kräuter. Als sie weiterwandern, stoßen sie auf eine Mauer, die sie am Weitergehen hindert. Trotz größter Mühen gelingt es ihnen nicht, über die Mauer zu klettern. Die Begleiterin hat aber einen Hahn bei sich. Dem schneidet sie den Kopf ab und wirft ihn über die Mauer. »Und sogleich zeigt der wieder lebendige Vogel durch klares Krähen, daß er die Atmung wiedergewonnen hat.«

Das ist die nordische Version eines Jenseits-Erlebnisses: dunkler Gang, plötzliche Helligkeit, Mauer, die nur der Tote überwinden kann. Die noch Lebenden müssen vor der Mauer bleiben. Der tote Vogel gelangt hinüber — und beginnt jenseits der Mauer sofort zu leben. Es gibt ein Leben nach dem Tod. Das Leben hinter der Mauer. Das Leben im Licht!

Für Kelten und Germanen war also ein Weiterleben nach dem Tod selbstverständlich. Sie kannten, wie alle indogermanischen Völker, die Unterwelt; sie gaben ihren Toten Waffen, Pferde, Kampfwagen, Nahrungsmittel mit ins Grab, weil sie sich das Leben der Toten recht irdisch vorstellten. Im Gegensatz zu Römern, Griechen, Ägyptern, Babyloniern fühlten sie sich mehr der Erde und der Unterwelt als dem Himmel verbunden: Ihr Herz war bei den Ahnen in der Unterwelt, nicht im Himmel bei den Göttern.

Doch finden sich in nordischen Mythen ganz ähnliche Vorstellungen wie bei den anderen über den Ursprung und das Ende der Menschheit sowie über das Jenseits. Mancher heutige Brauch ist ein Relikt aus vorchristlicher Zeit. Auch für die Germanen gab es einen Himmel. Mit seiner Vorstellung verbanden sich sehr schöne, friedliche, beglückende Bilder: die eines sorglosen, nie endenden Frühlings. Doch dieser Himmel war nicht der Wohnort der gefürchteten, wenig geliebten Götter, sondern das kommende »Goldene Zeitalter« auf der Erde am Ende der Zeiten.

Naturvölker, Indianer: Traum, Rausch, Ekstase — die Wege ins Jenseits

Die Übereinstimmungen der verschiedenen Religionen Europas, Asiens, des Orients sind so groß, daß man vermuten möchte, daß der eine vom anderen Glaubensvorstellungen übernommen habe, oder daß alle vielleicht eine gemeinsame »Urreligion« besaßen. Doch solche Vermutungen sind nicht mehr haltbar, blickt man auf Jenseitsvorstellungen anderer Kulturkreise, Völker, Gruppen, die sich völlig unabhängig von denen der Babylonier, Ägypter, Christen, Mohammedaner, Buddhisten, Germanen und Kelten entwickelt haben.

Es würde den Rahmen des Buches sprengen, wollte man eine vollständige Übersicht aller Religionen anbieten. Die im folgenden ausgewählten Beispiele stehen allerdings exemplarisch für unzählige andere:

Besonders die Völker, die vorwiegend von der Jagd lebten, die also auf Glück und besonderes Geschick angewiesen waren — die Indianer Amerikas ebenso wie Stämme im Urwald Afrikas und in den Steppen Australiens —, fühlten sich ganz stark mit den

Verstorbenen verbunden und versuchten, sich deren Hilfe und Unterstützung zu sichern. Für die meisten Naturvölker gibt es im Leben nichts Wichtigeres — und das gilt auch noch heute — als eine Kontaktmöglichkeit mit den Seelen der Verstorbenen zu finden und zu pflegen.

Ein Weg zu den Ahnen schien der Traum zu sein. Vor allem die Mayas haben ihm unvorstellbar große Bedeutung zugemessen. Sie waren überzeugt, daß sich im Traum alle Seelen, die der Lebenden ebenso wie die der Verstorbenen, begegnen können, miteinander sprechen, sich gegenseitig helfen oder auch schaden. Traum — das war für sie Realität, Möglichkeit, ins Jenseits zu blicken.

Der zweite Weg, noch leichter gangbar, waren der Rausch und die damit verbundenen Visionen. Tabak, Rauschmittel die Ekstase im Tanz, ausgelöst durch Musikrhythmen — das alles war weder ein Mittel, um der Wirklichkeit zu entfliehen, noch diente es zur Steigerung der Lust. Man sah darin vielmehr die »Türöffner« zum Jenseits, zum Reich der Seelen und Geister.

Die Pygmäen im westlichen Zentralafrika zwischen Kamerun und dem Victoriasee benutzen die Droge Iboga, eine Zauberpflanze, die sie vom Gott Zame bekommen zu haben behaupten. Zame sah nämlich eines Tages den Pygmäen Bitamu auf einem Baum sitzen und dort Früchte pflücken. Da ließ er ihn herunterfallen, wobei Bitamu starb. Zame nahm seinen Geist zu sich. Vom toten Körper aber schnitt er die beiden kleinen Finger und die kleinen Zehen ab und pflanzte sie in die Erde. Aus diesem »Samen« wuchs der Iboga-Strauch. Diese Droge wird von Erwachsenen mehr oder weniger regelmäßig in kleiner Dosis zur Steigerung des Wohlbefindens und der Leistungskraft eingenommen. Die eigentliche Rolle spielt sie aber bei den sogenannten Initiationsfeiern, wenn also Heranwachsende in die Gemeinschaft der Erwachsenen aufgenommen werden. Die Jugendlichen bekommen die Droge in starker Überdosis, um so »den Kopf aufzubrechen«. Sie sollen »hinüberblicken« können, den Kontakt mit den Ahnen herstellen.

Ein Einheimischer aus Gabun schilderte die Wirkung der Droge folgendermaßen: »Als ich Iboga aß, wurde ich von der Pflanze eine lange Straße hinauf in einen tiefen Wald geführt, bis ich zu einer Schranke aus schwarzem Eisen gelangte. Diese Schranke konnte ich nicht überwinden. Ich sah eine riesige Menschenmenge, die ebenfalls durch die Schranke aufgehalten wurde. In der Ferne leuchtete eine strahlende Helligkeit. In der Luft konnte ich viele Farben erkennen. Plötzlich stieg mein Vater in Gestalt eines Vogels von oben herab. Er gab mir meinen Namen Eboka und verlieh mir die Kraft, mich hinter ihm in die Luft zu erheben und über die eiserne Schranke zu schweben ...«
Hört sich das nicht ganz genauso an, wie die Schilderungen im Gilgamesch-Epos? Haben wir nicht die »Grundelemente« aller Jenseits-Schilderungen wieder vor uns: dunkler Gang, Schranke, die am Weitergehen hindert, Licht und Farben dahinter, Todesvogel?
Den Missionaren der christlichen Religion hielten die Pygmäen entgegen: »Ihr bietet keine Möglichkeit, den Geistern unserer Eltern zu begegnen. Ihr macht uns nicht glücklich und nicht stark. Ihr könnt nur *über* Jesus reden — wir reden *mit* ihm!«
Sobald einer, der Iboga in großen Mengen zu sich genommen hat, anfängt, starr und mit stierem Blick dazusitzen oder gar völlig zusammenzubrechen, tragen ihn die Angehörigen in ein eigenes Haus oder in ein Versteck irgendwo im Wald, damit er sich dort ungestört mit den Geistern aus dem Land der Toten unterhalten kann. Weil er bewußtlos ist, nimmt man an, seine Seele, der »Schatten«, habe den Körper verlassen, um sich ins Jenseits zu begeben. Anschließend berichten die aus der Trance oder aus dem Vollrausch Erwachten dann auch: »Ich war auf einer großen Reise. Ich flog über eine überaus farbenprächtige, lange Straße, über Flüsse und Wälder ... Ich habe meinen Großvater getroffen. Er hat mir befohlen, zurückzukehren und Iboga zu essen ...« Die vordem Berauschten geben auch immer wieder an, sie hätten sich außerhalb ihres Körpers befunden: »Hier war ich — und dort lebte mein Körper!«

Einbildungen unter der Wirkung der Droge — oder wirkliche Erfahrung? Es geht immer wieder um diese Frage, vielleicht die eigentlich entscheidende Frage überhaupt: Ist die Menschheit — und zwar die ganze Menschheit, in allen Religionen, Stämmen, Kulturkreisen — seit Jahrtausenden von der Überzeugung durchdrungen, daß es ein Jenseits gibt, weil sie es erfahren, also erlebt hat? Oder gibt sie sich seit eh und je einer grausamen Täuschung hin? Hat sie sich alles nur eingebildet?

Religionswissenschaftler, Psychologen, Soziologen haben immer wieder behauptet, zum Glauben an ein Jenseits sei es nur deshalb gekommen, weil der Mensch die irdischen Ungerechtigkeiten nicht ertragen konnte. Er erlebte schmerzlich, daß das Gute keineswegs immer belohnt und das Böse auch nicht zur Rechenschaft gezogen wird. Im Gegenteil. Er mußte erfahren, daß es dem Guten oft recht schlecht, dem Bösen dagegen gut geht. Diese Ungerechtigkeit schrie geradezu nach einer Fortsetzung des Lebens, nach einer anderen Welt, die Lohn und Strafe, also den notwendigen Ausgleich bringt.

Das ist so sicherlich nicht haltbar. Zwar gehört das Gericht zu den Jenseitsvorstellungen aller Religionen, ob man nun an ein förmliches Gerichtsverfahren vor Gott oder den Göttern denkt oder an eine mehr oder weniger automatische Regelung: Wer versagt hat, muß so oder so büßen, sei es in der Hölle oder in einem neuen, beschwerlichen Leben.

Daneben sprechen allerdings viele Jenseitsbilder gegen die reine Wunschvorstellung — beispielsweise die in primitiven Religionen weit verbreitete, aber auch heute noch existierende Angst vor den Verstorbenen, vor deren Rückkehr in ihr ehemaliges Eigentum und vor ihrer Rache an denen, die noch leben dürfen. Diese Angst ist ursprünglich bei allen Völkern zu finden. In manchen Gegenden Ägyptens beispielsweise hat man vor Jahrtausenden die Toten an das andere Ufer des Nils gerudert und dort beigesetzt, um sicher zu sein, daß sie nicht zurückkehren und ihre ehemalige Habe beanspruchen konnten.

In besonders ausgeprägter Form findet sich diese Angst bei den Indianerstämmen Amerikas. Manche Gruppen der Anden-Indianer verbrennen — wie das übrigens auch Völker Ostasiens tun — die gesamte Habe verstorbener Angehöriger, mit Ausnahme des Kanus oder anderer besonders wertvoller Kostbarkeiten, die bei Fremden eingetauscht werden: Es darf nichts mehr geben, das den Toten an den Ort seines früheren Verweilens zurückziehen könnte. Sollte er zurückkehren, um sein Haus, seinen Sitzplatz, sein Bett zu suchen, durfte er nichts mehr davon vorfinden, damit er gerne wieder ins Reich der Toten zurückkehre und nicht länger von der Sehnsucht nach dem früheren Leben gequält werde.

Auch vielen anderen Trauerriten, die teilweise bis heute fortexistieren — wie etwa das Abschneiden der Haare, das Abtrennen von Fingern, das Ausschlagen von Zähnen, die schwarze Kleidung —, liegt diese Absicht zugrunde. Dem Verstorbenen muß sehr deutlich klargemacht werden, daß es sich nicht lohnt, heimkehren zu wollen. Oder wie Professor Preuss es formulierte: »Das sind alles Riten, um sich von dem Toten auf magische Weise abzutrennen und ihn zu verscheuchen, ohne daß er Schaden zufügt, weil er seinerseits gern bei den Angehörigen verweilen möchte und wegen seines Todes in übler Laune und voll Mißtrauen ist.«

Immerhin sind solche Gesten der Angst den Toten gegenüber ein Beweis dafür, daß man an ihr Weiterleben nach dem Tod glaubte. In allen Religionen gibt es einen Tag, der wie das christliche Allerheiligen/Allerseelen den Verstorbenen gewidmet ist. Die Indianer kennen nicht nur diesen einen Tag — oder drei Tage wie die Griechen —, sie feiern eine ganze Reihe von Festen, die nur den einen Sinn haben: den Kontakt zu den Verstorbenen zu pflegen. Die wichtigsten Tage im Leben eines Indianers überhaupt aber waren schon immer — und sind es teilweise auch heute noch — die Initiationsfeiern, der Augenblick, in dem er offiziell den Geistern der verstorbenen Ahnen vorgestellt wird.

Jeder der 370 Großstämme der Urbevölkerung des amerikanischen Kontinents hat seine eigene Vorstellung von Gott, der Schöpfung und vom Sinn des Lebens. In Alaska ist der Glaube an die Wiedergeburt heimisch. Er unterscheidet sich kaum von dem, was ein Buddhist glaubt. In Nord-, Mittel- und Südamerika finden sich alle denkbaren Formen vom Glauben an einen einzigen Schöpfergott Manitu, über den reinsten Pantheismus, über Vielgötterei, Anbetung von Gestirnen als Gottheiten bis hin zur Vorstellung eines Gottes, der zugleich »Vater Gott« als auch »die alte Frau im Himmel« ist, also zugleich Mann und Frau, ein Wesen mit beiden Geschlechtern.

Und doch gibt es eine Gemeinsamkeit, die allen ursprünglichen Indianer-Religionen eigen zu sein scheint: die Vertrautheit mit den Verstorbenen, der Glaube daran, daß sie nach ihrem Tod nicht ausgelöscht sind, sondern in der Harmonie der Schöpfung eine ganz wichtige Rolle spielen, ja daß der irdische Mensch nicht in der Lage wäre, seine Aufgabe zu erfüllen, hätte er nicht die Ahnen, gelänge es ihm nicht, sich ihre Hilfe zu sichern, mit ihnen in ständigem Kontakt zu leben.

In dieser Gemeinsamkeit darf man wohl das Ursprüngliche aller Jenseitsideen vermuten: Der Mensch erlebte den Tod zunächst als Verlust der Angehörigen, der Großeltern, Eltern, Brüder und Kinder. Dieser Tod war stets etwas Gewaltsames, etwas, das jemand zugefügt, verursacht haben mußte. Die Hinterbliebenen stellten dann fest, daß sie sich nach wie vor an den Verstorbenen erinnerten, von ihm träumten, plötzlich an ihn dachten, daß der Tote irgendwie offensichtlich noch gegenwärtig war. Sie fingen an, die Toten beizusetzen, ihnen ein neues Zuhause zu geben und nach Möglichkeiten zu suchen, den jäh abgerissenen Kontakt mit ihnen wieder anzuknüpfen.

Bald kamen neue Beobachtungen hinzu, die solchen Versuchen Auftrieb gaben: Es fanden sich eine ganze Reihe todähnlicher Situationen — Schlaf, Ohnmacht, Bewußtlosigkeit nach einem Sturz oder einem Schlag auf den Kopf. In solchen Augenblicken atmete zwar der Betroffene noch, doch er war nicht voll da, er konnte nicht reden, reagierte nicht auf Reize, besaß kein Bewußtsein. Wenn er nach einiger Zeit wieder »zu sich« kam, wußte er nicht zu sagen, was inzwischen vorgefallen war.

Während es sich in diesen Situationen um einen zeitlich begrenzten Verlust des eigentlichen Lebens, der Seele, handelte, blieb diese beim Tod endgültig vom Körper getrennt. Der Körper verfiel. Aber: War das, was ihn einstmals beseelte, nicht ohne Körper noch gegenwärtig? Konnte man die Seelen nicht hören, etwa im Heulen des Windes? Oder waren sie es vielleicht sogar, die den Wind, den Regen, die Dürre, die Naturkatastrophen, Glück und Unglück verursachten?

Und dann gab es noch eine ungemein aufregende Beobachtung: Es fanden sich aber doch immer wieder Menschen, die behaupteten: »Ich bin meinem Vater begegnet. Ich habe ihn gesehen. Er hat mich vor einem drohenden Unheil gewarnt.« Andere wollten mit der Mutter oder einem verstorbenen Freund gesprochen haben. Solche Behauptungen häuften sich vor allem bei Menschen, die dem Tod schon nahe waren, so daß man — übrigens in allen Religionen — bald davon sprach: »Wer die Geister, die Seelen zu schauen vermag, der wird bald von ihnen abgeholt.«

Wohin? Wo lebten die Seelen? Damit war eine andere Welt, ein Lebensbereich nach dem Leben geschaffen. Oder entdeckt? Plötzlich gab es auch die Möglichkeit, sich eine übermächtige Wesenheit — oder mehrere — vorzustellen, die die Welt erschaffen hat und seither steuert. Gott oder Götter mußten so sein, wie die Seelen der Verstorbenen sind: gegenwärtig, mächtig, aber nicht wahrnehmbar. Wenn es aber hinter der greifbaren Wirklichkeit tatsächlich diesen anderen Lebensbereich gab, erfüllt von Seelen, Geistern, Dämonen, Göttern, vielleicht überragt von einem einzigen, allmächtigen Schöpfergott oder einem Göttervater, dann mußte man versuchen, auf jene Welt einzuwirken, sich mit ihr gutzustellen, in ihr Freunde zu finden und Möglichkeiten zu schaffen, widrige Einflüsse von dort abzuwehren.

Damit war ein neuer Beruf geschaffen, der Priester, der Schamane, der Medizinmann, kurz: die Instanz, die zwischen Diesseits und Jenseits vermitteln und somit dem Stamm Segen und Wohlergehen sichern konnte. Dem Mittler mußte es gelingen, von den Unsichtbaren gehört zu werden und selbst ihre Botschaften und Willenskundgebungen zu vernehmen und dem Volk zu überbringen. Er mußte die Hilfe der guten Geister sichern und den Schaden der bösen abwenden. Dazu gehörte die Sorge um eine gute Witterung ebenso wie die Heilung der Kranken. Denn Krankheiten wurden genau wie der Tod nicht als natürliches Geschehen betrachtet, sondern als Verlust der Seele durch Einwirkung eines Geistes. Der Schamane oder Medizinmann mußte also die Seele zurückholen, sie dem Geist abtrotzen.

Um das bewirken zu können, mußte er nicht nur sehr stark sein, er brauchte auch gute Kontakte zu Schutzgeistern. Seine Kräfte konnte er stärken, indem er möglichst viele »Vitalgeister« in sich aufnahm: In jeder Pflanze befand sich eine solche Lebenskraft, mehr noch in jedem Tier. Nach der Vorstellung mancher Indianer konnte man sich die spezielle Vitalität einer besonderen Tierart sichern, wenn man diese zum persönlichen Schutzgeist erklärt und sie als heilig und unantastbar erklärte und verehrte. Die Tiere verliehen Kraft, die Pflanzen schufen die Kontakte zur anderen Welt.

Vor Jahrtausenden verehrte also die Urbevölkerung Amerikas giftige Pilze als heilig. Noch heute gehören diese Pilze neben anderen Giftpflanzen, Tabak, Drogen und rituellen Tänzen zu religiösen Feiern. Wie spanische Eroberer voller Entsetzen berichteten, nannten die Azteken solche Pilze »Fleisch Gottes«. Andere Pilznamen waren gleichbedeutend mit Unterwelt.

»Es gibt eine andere Welt über der unsrigen, eine ferne und doch nahe, unsichtbare Welt. Dort lebt Gott, leben die Toten und die Heiligen — in der Welt, in der schon alles geschehen ist und alles bekannt ist. Diese Welt spricht. Sie besitzt eine eigene Sprache. Ich berichte, was sie erzählt. Der heilige Pilz nimmt mich bei der Hand und führt mich in die Welt, wo alles bekannt ist. Sie, die heiligen Pilze sind es, die in einer mir verständlichen Sprache reden. Ich befrage sie, sie antworten mir. Wenn ich von der Reise mit ihnen zurückkehre, berichte ich, was sie mir erzählt und gezeigt haben.«

Auf diese Weise beschreibt die berühmt gewordene Mazateken-Schamanin Maria Sabina heute die »göttliche Kraft« der Pilze. Ein Missionar beschrieb die Verwendung der Pilze 1656: »Sie (die Indianer) besitzen eine besondere Methode zur Berauschung, die ihre Grausamkeit verschärft: Sie verzehren kleine giftige Pilze, die sie Teonanacatl nennen und haben bald tausend Visionen, besonders von Schlangen. Auf diese Weise werden sie durch das bitter schmeckende Mittel zu ihrem grausamen Gott geführt.«

Visionen, Halluzinationen, eine, wie man heute sagen würde »Erweiterung des Bewußtseins«, herbeigerufen durch das Gift eines Pilzes und durch gleichzeitige rhythmische Gesänge und Bewegungen öffneten nach der Vorstellung der Indianer die Tür zur anderen Welt.

Die Schamanin Maria Sabina bestätigt: »Je tiefer man in die Welt des Teonanacatl eindringt, desto mehr Dinge sieht man. Man sieht Vergangenheit und Zukunft, die dann vereinigt sind, schon fertig, schon geschehen. Ich sah, wo sich gestohlene Pferde befanden. Ich sah verschüttete Städte, deren Existenz bisher unbekannt war und die nun ausgegraben werden. Millionen Dinge sah und wußte ich. Ich kannte und sah Gott ...«

Ein junger Forscher, der an einer mazatekischen Zeremonie teilnehmen und dabei heilige Pilze verspeisen durfte, schreibt, daß man neue Worte erfinden müßte, um den Rausch zu beschreiben, den man dabei erlebt. Er sei völlig anders als ein Alkoholrausch und nicht mit ihm vergleichbar. Der junge Mann versichert, er habe miterlebt, wie seine Seele sich vom Körper löste und ins All entschwebte.

Im Rausch, in der Ekstase, in der Bewußtlosigkeit wußten sich die Schamanen unterwegs zu den Seelen der Verstorbenen und fähig, Dinge zu erfahren und zu wissen, die dem Menschen verborgen bleiben, solange er dem Fleisch verhaftet ist.

Wie der Christ durch die Taufe aufgenommen wird in die »Gemeinschaft der Heiligen«, so fand der Indianer in allen Stämmen Aufnahme in der Initiationsfeier, bei der es in erster Linie um die Begegnung mit den Ahnen ging. Bei manchen Stämmen Nordamerikas mußte der junge Mensch sich zunächst mit rituellen Reinigungen, Fasten, Gebeten, Stunden ungestörter Besinnung auf den großen Augenblick vorbereiten. Dann wurde er in die totale Einsamkeit geschickt, in die Berge, in unbewohnte Wildnis oder in die Wüste. Dort sollte er sich einige Tage lang ganz allein aufhalten, mit den Pflanzen »sprechen«, mit der Natur eins werden, die Energien der Erde und des Wassers in sich hineinströmen lassen. Vornehmlich aber sollte er lauschen, um die Stimmen der Ahnen zu hören, die ihm sagten, wer er war, wo er hingehörte. Wenn der junge Mensch danach zu seinem Stamm zurückkehrte, wurde für ihn ein großes Fest gefeiert. Jetzt erst »gehörte er zur Gemeinschaft«.

Andere Stämme pflegten die Jünglinge so lange Schmerzen auszusetzen, bis sie das Bewußtsein verloren. Die Bewußtlosen wurden dann in abgetrennte Räume gelegt, damit ihre Seele sich ungestört mit den Verstorbenen unterhalten konnte. Immer ging es um diese Begegnung, um das Überschreiten der Lebensgrenze. Der symbolische Tod des gemarterten jungen Mannes war seine eigentliche Geburt.

Bildeten sich die Indianer die Begegnungen mit ihren verstorbenen Ahnen nur ein, waren sie das Opfer von Halluzinationen und gründete somit ihre Erwartung auf ein Leben »in den ewigen Jagdgründen« auf eine Illusion — oder waren diese Begegnungen im Rausch, in den Visionen, in der Ekstase echte Erlebnisse? Wenn heute beim Versuch, Jenseits-Erlebnisse zu deuten, immer wieder darauf hingewiesen wird, daß ähnliche »Halluzinationen« auch etwa im LSD-Rausch oder unter der Einwirkung von Rauschgiften gegeben sein können, dann kann dieses Argument nicht gegen die mögliche »Wirklichkeit« der Erlebnisse sprechen. Es könnte eben tatsächlich sein, daß manche chemische Stoffe die »Fesseln« körperlicher Kräfte lösen, wodurch die »Seele« frei würde und den Körper verlassen könnte.

Mehr als alle anderen war die Religion der Mayas eng mit der Beobachtung der Himmelsgestirne verbunden. Dieses Volk besaß über 130 Tempelstädte mit Pyramiden, die bis zu 70 Meter hoch sind. Die steinernen Bauwerke verraten ebenso wie der Kalender höchste Präzision der Berechnung: Der Lichteinfall durch bestimmte Öffnungen im Mauerwerk zeigt noch heute sehr genau die Jahreszeiten, Sonnenwenden, bestimmte Los- und Festtage an. Die Sterne waren für die Mayas göttliche Wegweiser durchs Leben. Von ihnen hing Glück und Unglück, Segen und Not ab. Deshalb mußten sie sehr genau betrachtet werden, stellten sie doch den einzigen sichtbaren Teil des »Jenseits« dar.

Für die Mayas war dieses Jenseits so wichtig, daß sie ihm weit mehr Aufmerksamkeit schenkten als dem irdischen Leben. Den Lauf der Venus und des Jupiters sowie Sonnen- und Mondfinsternisse konnten sie exakt berechnen. Doch den Brückenbogen als Baukonstruktion oder, noch einfacher, das Rad hatten sie nicht erfunden.

Es ist viel darüber gerätselt worden, warum dieses Volk mit einer so hohen Kultur, das schon vor unserer Zeitrechnung existierte, vor 1500 Jahren seine erste und vor 1000 Jahren seine zweite große Blütezeit entwickelte, einen derart radikalen Niedergang erlebte: Plötzlich verließen die Mayas ihre Tempelstädte, die vom Urwald überwuchert wurden. Zur Zeit der Eroberung Amerikas wußten die Mayas schon kaum mehr, warum ihre Vorfahren die Pyramiden erbaut hatten. Sie hatten ihr Wissen, ihre Geschichte, nicht zuletzt ihren Glauben verloren.

Warum? Vielleicht nur deshalb, weil das Wissen von Anfang an nur der Priesterkaste gehörte und mit ihr dahingerafft wurde. Vielleicht aber auch, weil die Götter- und Geisterwelt der Mayas von Furcht und Angst geprägt war, eine Angst, die niemand auf Dauer ertragen könnte. Die Mayas glaubten fest daran, daß es ein Leben nach dem Tod gibt. Doch ihr »Himmel« war kein Ort der Freude, des Friedens, der Seligkeit. Er versprach nur Schrecken. Es gab neben einigen guten Göttern zu viele böse und niederträchtige, die diese Welt immer wieder in der Katastrophe enden lassen.

Drei solcher Weltkatastrophen hat es nach Meinung der Mayas

schon gegeben — drei Welten sind jeweils in Flutkatastrophen untergegangen.
Die erste Welt war noch in tiefe Nacht gehüllt. Es gab noch kein Sonnenlicht. Damals lebten noch keine Menschen, sondern Zwerge auf der Erde. Die zweite Welt erlebte das Aufleuchten der Sonne und verwandelte die Zwerge in Steine. Die dritte Welt wurde von den Vorfahren der Menschen bevölkert. Die Menschen selbst tauchten erst mit der vierten Welt auf und sie werden auch mit ihr zugrunde gehen; denn diese Welt wird wiederum in einer furchtbaren Katastrophe enden — mit ihr die meisten Götter und wahrscheinlich auch die Menschen, ob sie nun im Diesseits oder im Jenseits leben. Das Leben nach dem Tod ist nicht unsterblich.
Auch bei den Mayas gibt es die Erfahrung, daß nach dem Tod noch etwas da ist. Die Mayas glaubten nicht nur an eine, sondern gleich an mehrere Seelen, die gleichrangig im menschlichen Körper nebeneinander leben und ihn überleben können. Diese Seelen treffen sich im Traum mit Seelen anderer Menschen und mit Seelen Verstorbener. Mit dem »Überleben« nach dem Tod verband sich für die Mayas allerdings wenig Hoffnung. Zu wenig!
Zusammenfassend läßt sich also sagen, daß allen Jenseitsvorstellungen der westlichen Welt die Annahme einer gewaltigen Katastrophe als Ausgangspunkt kosmischer und menschlicher Geschichte gemeinsam ist: Zum einen stand am Anfang der Verrat und Sturz mächtiger himmlischer Mächte, die Verwandlung besonders strahlender Engel in Teufel und damit das Auftauchen des Bösen in der Welt. Zum anderen haben aber auch die ersten Menschen, vielleicht sogar Vorläufer der Menschen, versagt und eine furchtbare Schuld über die Schöpfung gebracht — eine Schuld, aus der alle Probleme bis in unsere Tage hinein entstanden sind. Oder anders ausgedrückt: Zunächst war die Welt und das Leben in ihr ganz anders konzipiert: paradiesisch schön, unsterblich, ohne Leid und Tod. Doch dann kam die Schuld in die Welt. Und damit wurde das Leben leidvoll, sterblich.
Amerikanische und australische Naturvölker glaubten ganz

Ähnliches. Auch für sie stand am Anfang die große Katastrophe. Auch sie hofften, der ursprüngliche Fehler könnte eines Tages durch irgendeine Erlösungstat wiedergutgemacht werden.
Für kalifornische Indianer beispielsweise hat der große Gegenspieler des Schöpfergottes die Menschen zum leidvollen und sterblichen Leben verführt, indem es ihm gelang, ihnen dieses Leben als abwechslungsreicher und interessanter anzupreisen.
Südaustralische Einheimische glauben: Feuer und Wasser haben einstens die Erde verwüstet, weil Stammesgeheimnisse an Außenstehende verraten wurden.
Bei den Kaffern hat der Schöpfer seine ursprüngliche Meinung ohne erkennbaren Grund geändert. Dem Chamäleon mit der Botschaft: »Der Mensch soll nicht sterben!« schickte er eine Eidechse mit der entgegengesetzten Anordnung nach. Die Eidechse war schneller als das Chamäleon. Sie brachte damit den Menschen den Tod.
Die Urbewohner der Philippinen glaubten, ihre Ahnen hätten eine falsche Wahl getroffen: Als Gott ihnen vom Himmel her einen Stein und eine Banane schickte, griffen sie nicht nach dem Stein, der die Unsterblichkeit bedeutet hätte, sondern nach der süßen Banane der Sterblichkeit.
Die Beispiele ließen sich beinahe endlos weiterführen. Die Gleichartigkeit der Vorstellungen vom Ursprung des Todes bei so vielen Völkern und Volksgruppen läßt vermuten, daß alle Religionen vielleicht doch eine gemeinsame Wurzel in Urzeiten besitzen. Die Ur-Religion muß einen Schöpfergott gekannt haben. Sie ging davon aus, daß nach dem Tod — durch ein Unglück oder Versagen in die Welt gekommen — irgend etwas vom Menschen, sei es nur ein Schatten oder ein Geist, eine Seele weiterexistiert.
Alle Völker kannten Möglichkeiten, den Kontakt mit dem Jenseits herzustellen. Gottesdienst war zuerst immer Ahnenkult, Versuch, zu Lebzeiten *hinüber*zugelangen oder die Jenseitigen *herüber*zuholen.

Jenseitserfahrungen als »Geschichten« der Geschichte

Die Jenseitserfahrungen der verschiedensten Völker sollen abgerundet werden durch drei Berichte, die in die Geschichte eingegangen sind:

Im zehnten Buch seines Dialogs über den Staat erzählt Platon das Erlebnis des Pamphyliers Er, Sohn des Armenios. »Er ist im Krieg gefallen. Als zehn Tage nach der Schlacht die Toten, schon teilweise in Verwesung übergegangen, eingesammelt wurden, fand man auch ihn. Sein Körper war noch so gut erhalten, daß man beschloß, ihn mitzunehmen, um ihn in der Heimat zu bestatten. Zwei Tage später lag er auf dem Scheiterhaufen. Und plötzlich gab er Lebenszeichen von sich. Kaum vom Holzstoß heruntergeholt, begann Er von dem zu erzählen, was er ›drüben‹ gesehen hatte. Er behauptete: Nachdem seine Seele ausgefahren war, sei sie mit vielen anderen gewandelt. Sie kam dabei an einen wundervollen Ort. In der Erde waren zwei aneinander grenzende Spalten. Ihnen gegenüber gab es dieselben Spalten im Himmel. Zwischen den Spalten saßen die Richter. Sie teilten die Seelen durch ihren Richterspruch. Den Gerechten befahlen sie, den Weg rechts nach oben durch den Himmel einzuschlagen, den Ungerechten aber den Weg nach links unten. Alle bekamen vorne ein Zeichen angeheftet, das Auskunft über ihre Taten gab. Als Er vor die Richter trat, teilten sie ihm mit, er solle sich alles gut ansehen und anhören, denn er würde wieder zurückkehren zu den Menschen, um ihnen vom ›Jenseits‹ zu berichten.«

Der gefallene Soldat Er wußte nicht, wie er ins Leben zurückgekehrt war. Als er zu sich kam, lag er auf dem Scheiterhaufen. Der Kommentar des Philosophen zu seiner Geschichte: Mag sein, daß der Verstorbene wirklich »drüben« war. Allzu wörtlich darf man seine Schilderungen trotzdem nicht nehmen. Denn auf der einen Seite lassen sich unsere Sinne täuschen, solange unsere Seele sich nur durch die Möglichkeiten äußern kann, die der Körper vorgibt, zum anderen sind wir mittels unserer menschlichen Sprache nicht imstande, das wahre und eigentliche Leben

hinter dem Tod zu erklären. Alle Bilder und Begriffe, die wir dabei verwenden, verhüllen mehr, als sie enthüllen.
Der griechische Historiker und philosophische Schriftsteller Plutarch (45—125 n. Chr.) weiß ebenfalls von einem Sterbeerlebnis mit »Jenseitserfahrung« zu berichten. In einer seiner Lebensbeschreibungen erzählt er von Aridäus, einem Landmann aus Kleinasien, der im Jahre 79 von Räubern überfallen und niedergeschlagen wurde. Er lag in tiefer Bewußtlosigkeit. Seine Familie hielt ihn schon für tot, als er wieder die Augen aufschlug und den Umstehenden mitteilte: »Ich war drüben! Während mein Körper wie tot hier am Boden lag, ist meine Seele davongeflogen. Ich bin meinem verstorbenen Onkel begegnet, der mir sagte, ich sei noch am Leben und müsse in den Körper zurückkehren.«
Der heilige Augustinus (354—430), Bischof von Hippo in Nordafrika, hat ein ganz ähnliches Erlebnis überliefert: Der Senator Curmas lag schwerkrank darnieder und fiel schließlich in tiefe Bewußtlosigkeit. Als er nach mehreren Tagen wieder zu sich kam, zeigte er sich sehr verwirrt: »Ich habe eine weite Reise gemacht. Ich besuchte die Toten und sprach mit ihnen. Sie haben mir aber klargemacht, daß ich noch nicht gestorben bin und noch einmal ins Leben zurückkehren muß.«

Swedenborgs »Jenseitsvisionen«

Der Stockholmer Naturwissenschaftler Emanuel Swedenborg (1688—1772) beunruhigte ab dem Jahre 1743 die christlichen Religionen. Er behauptete, er verkehre mehr oder weniger regelmäßig mit »Engeln« und »Geistern« im Jenseits. Aufgrund seiner Erfahrungen und des Wissens, das er bei solchen »Reisen« sammelte, versuchte er sogar, eine neue christliche Religion zu gründen, die »Kirche des neuen Jerusalem«.
In seinen Werken sind zahlreiche Jenseitsschilderungen zu lesen:

»Ich versank in einen Zustand der Fühllosigkeit aller leiblichen Sinneswerkzeuge, also beinahe in den Zustand der Sterbenden. Doch mein Innenleben und mein Denken blieben erhalten, so daß ich wahrnehmen konnte und im Gedächtnis zu halten verstand die Dinge, die da geschahen — und wie sie denen geschehen, die wieder erweckt werden von den Toten. Da war zunächst ein Ziehen und Zerren des Geistes, desgleichen meiner Seele, aus dem Leib heraus...

Der Neuankömmling drüben hat oft noch gar nicht verstanden, daß er tot ist. Sein neuer Leib ist dem irdischen so ähnlich, daß die Veränderung nicht auf Anhieb begriffen wird. Der erste Zustand des Menschen nach seinem Tod ist gleich dem Zustand auf der Welt. Daher weiß er es nicht anders, als daß er immer noch auf der Welt ist. Nachdem er sich darüber doch recht verwundert hat, daß er nach wie vor in seinem Leben steckt und zwar ganz und gar so, wie es zuvor auf der Welt gewesen ist, überfällt ihn die Sehnsucht zu erfahren, wie Himmel und Hölle sind...

Alle Fähigkeiten der Verstorbenen sind vollkommener, das betrifft Empfindungsvermögen ebenso wie Wahrnehmungen und Denken.

Der Geist des eben aus der Welt Geschiedenen wird aufgenommen von seinen Freunden, Bekannten, Verwandten. Diese erklären dem ›Neuen‹ das Leben drüben, seine Gesetze und was es mit dem ewigen Leben auf sich hat...

Der Mensch hat bei sich die Erinnerung an alle Dinge, die er jemals gedacht, gesprochen und getan hat, von der frühesten Kindheit an bis ins höchste Alter. Wenn er in das andere Leben gelangt, wird er Schritt für Schritt dahin gebracht, sich daran zu erinnern. Alles wird offenbar vor den Engeln, in einem Licht so klar wie der helle Tag. Es gibt nichts auf der Welt, das so verborgen wäre, daß es nicht offenbar würde nach dem Tod...«

Swedenborg weiß, daß man sich drüben auf Anhieb verstehen kann, weil es eine Art Universalsprache gibt. Er kennt auch, wie all die anderen, die Begegnung mit dem strahlenden Licht.

ZWEITER TEIL

Hier und heute: An der Grenze zum Jenseits

Zwischen Glauben und Wissenschaft

Erfahrungen, Forschungen, Experimente heute

»Ich sterbe jetzt. Und ich bin so glücklich wie niemals zuvor in meinem Leben. Nein, das könnt ihr nicht verstehen. Ihr habt ja keine Ahnung davon, wie wunderschön es drüben ist.« Die zierliche Frau mit den silberweißen Löckchen um das schmale, vom Leid zerfurchte Gesicht wirkt plötzlich völlig entspannt. Ihre Augen strahlen, als hätte sie etwas unbeschreiblich Schönes gesehen. Die höllischen Schmerzen, die sie seit Tagen geplagt haben, sind weg, als sei ein Wunder geschehen. Fassungslos starren Schwester Gerlinde und Irene sie an.

Lydia Konzelmann liegt schon seit mehr als drei Wochen auf der Station V des Kreiskrankenhauses in der Nähe von Mannheim. Die 69jährige hat eine schwere Gallenoperation hinter sich. Kurz nach dem Eingriff wäre sie beinahe an einer Lungenembolie gestorben. Doch seit zwei Tagen geht es ihr wieder wesentlich besser, so daß sie bereits Pläne für die Zukunft schmiedet. Sie freut sich auf die Heimkehr zu ihren Kindern.

Doch dann passierte etwas, das die beiden Krankenschwestern aus der Fassung brachte: Plötzlich richtete sich Frau Konzelmann in ihrem Bett ein wenig auf, streckte die Arme aus und rief aufgeregt: »Franz? Franz, bist du gekommen, um mich abzuholen?« Das Gesicht der Patientin spiegelte Verlegenheit, Freude, Erwartung wider — als wäre sie ein junges Mädchen, das sich zum erstenmal zum Rendezvous mit ihrem Liebsten trifft. Und dann rannen ihr Tränen über die Wangen. Frau Konzelmann packte Schwester Gerlinde am Arm, deutete aufgeregt in die Zimmerecke: »Schauen Sie, das ist mein Mann. Er ruft mich. Er hält die Arme ausgebreitet, wie er es immer getan hat, wenn er von einer Reise nach Hause zurückkehrte. Können Sie ihn denn nicht sehen? Mein Gott, warum habe ich dich so lange warten

lassen! Wie wunderschön ist es drüben! Hört ihr diese herrlichen Klänge? Seht ihr die Blumen? Überall Blumen. Oh, ist das wunderbar! Franz, ich bin gleich soweit. Gedulde dich noch ein paar Minuten. Dann komme ich.«
Noch in derselben Stunde stirbt Frau Konzelmann. Sie ist in diesem Augenblick unbeschreiblich glücklich, ja voller Sehnsucht nach dem, was drüben auf sie wartet. Diese Sehnsucht ist so stark, daß selbst Kinder, Enkel und die Aufgaben hier auf Erden sie nicht mehr zurückhalten können. Alles, was das irdische Leben bieten konnte, ist durch einen einzigen kurzen Blick nach »drüben« bedeutungslos geworden. Frau Konzelmann verwendet die letzten Minuten ihres Lebens dazu, den Schwestern ein paar Mitteilungen an die Familie aufzutragen. Sie verteilt ihr kleines Vermögen und bittet ihre Kinder, froh und glücklich zu sein und nicht mehr unnötig zu streiten. Dann legt sie sich mit einem tiefen Seufzer in die Kissen zurück. Sie sagt: »Danke schön, Schwester Gerlinde! Danke, Schwester Irene.« Und dann, geradezu jubelnd: »Franz, ich bin soweit. Ich komme.« Sie schließt die Augen und ist tot.
Diese Schilderung stammt von den beiden Krankenschwestern, den Zeuginnen der Sterbeszene. Das Erlebnis läßt sie nicht mehr los. Irene bekennt: »Das war irgendwie unheimlich. Ich bin nicht gerade ein gläubiger Mensch. Doch wenn man so etwas sieht und absolut sicher ist, daß das Bewußtsein nicht durch Drogen verändert wurde, muß man zugeben: Da ist wohl doch etwas dran! Den Gesichtsausdruck dieser Frau werde ich niemals vergessen. Alle Falten waren geglättet. Frau Konzelmann lächelte derart glücklich, heiter. Unfaßbar! Eigentlich schade, daß die Angehörigen dieses schöne Sterben nicht miterleben durften. Sie würden um ihre Mutter nicht weinen. Und vermutlich hätten sie auch keine Angst mehr vor dem Sterben.«
Ist Frau Konzelmann tatsächlich von ihrem sechzehn Jahre zuvor verstorbenen Mann »abgeholt« worden? Durfte sie schon vor ihrem Tod einen Blick nach »drüben« werfen?

Sterben — ist ganz anders

Kurz vor dem Ende des 20. Jahrhunderts vollzieht sich etwas ungemein Aufregendes und Tröstendes zugleich: Die Menschheit ist dabei, zu Sterben und Tod das einstmals so vertraute Verhältnis zurückzugewinnen: Der Tod ist wieder ein Thema geworden, über das man sprechen darf. Das verdanken wir in dieser Zeit weitverbreiteter Ungläubigkeit nicht irgendeiner religiösen Schwärmerei, auch nicht der Angst vor dem Weltuntergang, sondern seriösen wissenschaftlichen Bemühungen.

Die wichtigste Vorarbeit dazu haben Sterbensforscher wie die Basler Psychiaterin Prof. Dr. Elisabeth Kübler-Ross geleistet, eine Frau, die sich seit vielen Jahrzehnten in Amerika dem Thema »Sterben« widmet. Sie konnte nicht länger mitansehen, wie Sterbende in Krankenhäusern belogen und mit falschem Trost systematisch daran gehindert werden, zu begreifen, was mit ihnen geschieht und was das Sterben für sie bedeutet. Frau Kübler-Ross ging in die Sterbezimmer und sprach mit den Todkranken. Sie wollte herausfinden, was in einem Menschen vorgeht, wenn er erfährt, daß es mit ihm unabänderlich zu Ende geht.

Anfang der 70er Jahre war es geradezu eine Sensation, als sie ihre ersten Forschungsergebnisse veröffentlichte: Sterben ist ganz anders, als wir uns das weithin vorstellen. Es stimmt überhaupt nicht, daß Sterbende voller Bangen und Trostlosigkeit in ein dunkles Loch fallen. Im Gegenteil, sobald der Kranke sich damit abgefunden hat, daß der Tod unvermeidlich ist, wird er, nach einem ersten, gewaltigen Aufbäumen dagegen und nach einer Phase tiefer Resignation nicht nur gefaßt, sondern sogar heiter. Er legt alle Angst ab — wie Frau Konzelmann.

Nicht immer ist der Tod so schrecklich wie bei Lungenkrebs-Patienten, die unter entsetzlichen Erstickungsanfällen sterben, oder bei von qualvollen Schmerzen geplagten Leukämie-Kranken. Die meisten Menschen sterben sehr viel leichter. Wir erfahren aber vom Sterben so gut wie nichts mehr, weil wir die Sterbenden und den Tod aus unserer unmittelbaren Umgebung entfernt haben. Wer vom Tod gezeichnet ist, kommt im Krankenhaus ins Sterbezimmer, notfalls auch in eine Abstellkammer, auf die Toilette oder ins Badezimmer, einfach weg, damit keiner durch seinen Anblick und das Todeserlebnis erschreckt wird. Stirbt aber jemand zu Hause, wird er schon Minuten später abgeholt. Niemand wird mehr zugemutet, einen Raum mit einem Toten zu teilen. Deshalb wissen wir auch nicht mehr, was auf dem Totenbett vor sich geht.

Die Sterbenden aber werden in aller Regel so lange über ihren Zustand getäuscht, daß sie vom Tod völlig überrumpelt werden. Sie finden keine Zeit mehr, mit sich und mit der Tatsache, daß das irdische Leben zu Ende ist, ins reine zu kommen. Meistens nimmt ihnen der Arzt auch noch die letzte Chance, indem er ihnen in den letzten Lebensstunden starke Beruhigungs- oder gar Betäubungsmittel gibt in der wohlgemeinten Absicht, ihnen den Schrecken des Sterbens zu ersparen. In diesem Dämmerzustand kann ihnen gar nicht zu Bewußtsein kommen, was wirklich geschieht. Früher war es ganz anders. Die Leute hingen zwar genauso am Leben wie heute, doch wenn ihnen eines Tages die letzte Stunde schlug, sträubten sie sich nicht lange. Wenn der Rechtschaffene wußte, daß er dem Tod nahe war, legte er sich mit der größten Selbstverständlichkeit hin, versammelte die Familie um sich, nahm Abschied und starb. Er folgte dem »Gevatter Tod«, einem guten Freund, der gckommen war, ihn abzuholen.

Noch vor hundert Jahren war es mancherorts üblich, möglichst viele Leute im Augenblick des Todes um sich zu versammeln. Nachbarn, Freunde, selbst Fremde drängten in das Sterbezimmer, denn der Dahinscheidende hatte nur eine Angst, er könnte in diesem Augenblick allein sein. Der plötzliche, unvorbereitete Tod durch Unglücksfall oder Verbrechen war verpönt. Er wurde durch viele Jahrhunderte als etwas Schimpfliches und Schändliches empfunden — mit Ausnahme des Heldentodes, der ähnlich dem Märtyrertod bewußt glorifiziert wurde. Dem durch einen

Unfall aus dem Leben Gerissenen und dem Ermordeten nützte es wenig, an seinem Tod unschuldig zu sein. Man hielt ihn für verflucht und verloren. Auch im Jenseits. Schon der römische Dichter Vergil (70—19 v. Chr.) verbannte ihn in den hintersten Winkel der Unterwelt. Er mußte das böse Schicksal mit den »Schatten weinender Kinder, die an der Schwelle des süßen Lebens verstorben sind, die der Tod der säugenden Brust der Mutter entriß« teilen.

Noch im letzten Jahrhundert galt derjenige, der eines plötzlichen Todes verstarb, als unselig. Die christlichen Kirchen hatten vor allem im Mittelalter viel Mühe, der Volksmeinung entgegenzutreten und den Leuten klarzumachen, daß Ermordete und Verunglückte in geweihter Erde beigesetzt werden dürfen.

Das »letzte Glück«: Halluzinationen oder Erfahrungen?

Ärzte und Krankenschwestern haben schon immer von den sogenannten »Sterbevisionen« zu berichten gewußt, von der unerklärlichen Aufhellung der Stimmung Sterbender, verbunden mit Schmerzfreiheit unmittelbar vor dem Tod. Man hat versucht, dieses Phänomen als »gnädigen Mechanismus« zu erklären: Vielleicht schüttet der Organismus dann, wenn er merkt, daß keine Rettung mehr möglich ist, glücklichmachende Drogen aus, die den Sterbenden davor bewahren, seine aussichtslose Lage mit all ihren Schrecken zu erkennen. Wenn man sehr schwer verletzt wurde, verspürt man in aller Regel auch kaum Qualen. Von einer bestimmten Zentrale im Gehirn aus werden die schmerzausstrahlenden Nerven blockiert. Ist das vielleicht im Augenblick des Sterbens grundsätzlich so?

Zum Teil mag es sogar stimmen. Die ganze Erklärung kann es allerdings nicht sein. Halluzinationen, wie etwa das überschäumende, frische Glas Bier, das der Verdurstende in seiner Not vor

sich sieht, sind anders geartet als das, was Sterbende zuletzt so glücklich macht.
Neuerdings gibt es auch immer überzeugendere Beweise dafür, daß das, was sie erleben, echt ist.
Schon seit 1960 befassen sich die Forscher Dr. Karlis Osis aus Riga in Lettland und der Isländer Dr. Erlundur Haraldsson — beide Philosophen und Psychologen, beide haben an deutschen Universitäten studiert — mit solchen »Beweisen«. Mittlerweile haben sie über 100 000 Sterbefälle gesammelt und untersucht — und zwar in den verschiedensten Kulturkreisen, in hochzivilisierten Ländern ebenso wie bei primitiven Volksgruppen. Sie befragten Ärzte und Krankenschwestern als »Zeugen« und zogen alle nur denkbaren Erklärungsversuche in Betracht: Haben die Kranken Schmerzmittel oder Drogen bekommen? Wußten sie, daß sie sterben müssen, oder glaubten sie sich geheilt? Handelte es sich um gläubige Menschen, oder hielten sie nichts vom Leben nach dem Tod?
Das überraschende Ergebnis: Alle diese Umstände scheinen überhaupt keine Rolle zu spielen. Im Augenblick des Todes zeigt sich, gleichgültig, um wen es sich handelt, was er denkt und fühlt, immer wieder dasselbe Bild: Der Sterbende scheint irgendwie zu wissen, daß es nach dem Tod weitergeht. Er besitzt eine Ahnung davon, wie es drüben aussieht — und er freut sich auf das, was kommt. Er wird von den verstorbenen Eltern, Geschwistern, Verwandten, von einem »Engel« oder einer Lichtgestalt abgeholt und hinübergeleitet. Die Zeugen hören, wie sie sich mit diesen »Boten« unterhalten und bemerken ihr glückliches Aussehen.
»Als ich in das Krankenzimmer kam, führte die Patientin, eine 50jährige Frau mit Unterleibskrebs, gerade eine lebhafte Unterhaltung mit ihrem längst verstorbenen Mann: ›Unsere Kinder sind wohlgeraten. Du hättest deine Freude an ihnen. Und Enkelkinder haben wir auch. Nein, das Geschäft mußten wir schon lange aufgeben ...‹ Es hörte sich an, als würde sie ihren Mann über den neuesten Stand des Familiengeschehens informieren. Sie beantwortete ihm offensichtlich Fragen«, so heißt es in einem Bericht.

Und in einem anderen: »Plötzlich öffnete sie die Augen. Sie rief erregt ihren Mann bei seinem Namen und sagte: ›Ich komme.‹ Und dann lag das schönste und friedlichste Lächeln auf ihrem Gesicht. Man mußte sich vorstellen, sie würde in die Arme eines lieben Menschen eilen ... Es war fast, als wäre sie in einer anderen Welt. Als wenn sich ihr etwas Wunderschönes offenbart hätte. Sie muß in diesem Augenblick etwas Herrliches erlebt haben.«
Ähnlich ist das Erlebnis einer Ärztin mit einer sehr jungen Patientin, die nach der Geburt ihres Kindes im Sterben lag: »Plötzlich sah Doris angespannt in eine Ecke des Krankenzimmers, während ein strahlendes Lächeln ihr Gesicht erhellte. ›Oh, wie schön! Eine wundervolle Herrlichkeit! Allerliebste Geschöpfe!‹ Dann, während sie noch immer ihre ganze Aufmerksamkeit einem bestimmten Punkt im Zimmer zuwandte, stieß sie einen geradezu glücklichen Schrei aus und rief: ›Wirklich, es ist mein Vater! Er ist froh, daß ich komme. Er ist so froh. Schade, daß Erwin (ihr Mann) nicht mitkommen kann.‹ Als man ihr in gewisser Bestürzung das Kind brachte, um sie in die Wirklichkeit zurückzurufen, sah sie es mit Aufmerksamkeit an und fragte: ›Glauben Sie, Frau Doktor, daß ich des Kindes wegen noch bleiben muß?‹ Ohne die Antwort abzuwarten, wandte sie sich wieder ihrer Vision zu: ›Ich kann nicht. Nein, ich kann nicht bleiben.‹ Ganz offensichtlich sah die junge Mutter etwas so Reales, so Wertvolles, daß sie ihr Leben und ihr eigenes Kind aufzugeben bereit war. Als ihr Mann ans Krankenbett geeilt kam, schob sie ihn sanft zur Seite: ›Laß mich das liebliche Licht sehen‹, sagte sie.«
Schließlich das Sterben eines 14jährigen Mädchens: »Es hatte seine Mutter schon bei der Geburt verloren, also niemals kennengelernt. In der Todesstunde war die Mutter zur Stelle: ›Sie hat ein weißes Kleid an und hält das gleiche Kleid für mich parat. Laßt mich aufstehen und zu ihr hinübergehen. Meine Mutter will mich mit auf die Reise nehmen.‹ Das Mädchen war sehr glücklich und lächelte.«
Das sind nur einige von vielen tausenden fast willkürlich ausgewählten Beispiele eines »guten Todes«, die Dr. Osis und Dr. Ha-

raldsson gesammelt haben. Über 2000mal stießen sie auf »Begegnungen mit Boten von drüben«. Alle Sterbenden, die von Visionen oder gar von einem leibhaftigen »Besuch« von drüben gesprochen hatten, waren von diesem Augenblick an gefaßt, ja glücklich. Alle starben noch am selben Tag, 27 Prozent sogar in derselben Stunde, weitere 20 Prozent innerhalb von sechs Stunden.
Am Ende ihrer Untersuchungen kommen die Wissenschaftler zu dem Ergebnis: »Diese Erlebnisse an der ›Schwelle des Seins‹ sind zwar keine endgültigen Beweise für ein ewiges Leben, doch kein Gericht der Welt würde angesichts einer solchen Fülle von Indizien zögern, ein klares Urteil zu fällen: ›Der Tod ist ein neuer Anfang.‹«

Die Erlebnisse der »klinisch Toten«

Der kleine Georg Belizier war beim Spielen gestürzt und hatte sich am Bordstein des Gehwegs die Stirn aufgeschlagen. Die Mutter bettete den achtjährigen auf die Couch, reinigte die Wunde und legte kalte Kompressen auf. Zunächst sah es wie einer der vielen Zwischenfälle aus, mit denen Eltern täglich rechnen müssen. Doch dann ging es plötzlich um Leben und Tod: das Kind wollte aufstehen, um zur Toilette zu gehen — und brach an der Tür bewußtlos zusammen. Der herbeigerufene Notarzt ließ den Jungen sofort mit Blaulicht und Martinshorn ins Krankenhaus bringen. Unterwegs sagte er zur besorgten Mutter: »Wir müssen mit allem rechnen. Es besteht die Gefahr einer Gehirnblutung. Ob Ihr Kind überleben wird, das werden wir erst nach 36 Stunden wissen. Es muß jetzt ganz ruhig liegen und ständig beobachtet werden.«
Georg überlebte. Doch als die Eltern ihn im Krankenhaus besuchen durften, erzählte er ihnen aufgeregt eine merkwürdige Geschichte: »Heute nacht bin ich geflogen. Ja, Papa, du brauchst gar nicht zu lachen. Ich bin wirklich geflogen. Wie ein Luftballon.

Mitten in der Nacht war ich auf einmal hellwach. Und da habe ich gemerkt, daß ich oben an der Decke schwebte. Ich schaute nach unten und zählte die Betten. Alle Kinder schliefen. Ich auch. Ich habe mich gesehen. Aber ich war auch an der Decke oben. Und dann hat mich jemand bei der Hand genommen und fortgeführt. Wir sind ganz rasch davongeflogen. Und dann stand Oma vor mir. Sie sah mich sehr lieb an, schüttelte aber den Kopf, als ich auf sie zugehen wollte. Ich weiß nicht, was dann passiert ist. Aber ich war plötzlich wieder in meinem Bett. Bei Oma war es schöner als hier.«

Die Mutter strich ihrem Jungen zärtlich über die Haare: »Das war aber ein schöner Traum!« Doch Gregor protestierte heftig: »Nein, ich habe nicht geträumt. Ich bin wirklich geflogen.« Da wurde den Eltern erst bewußt, wie nahe ihr Kind dem Tod gewesen war. War sein »Flug« kein Traum, sondern ein bewußtes, wirkliches Erlebnis?

Die Welt hat aufgehorcht, als Ende der siebziger Jahre der amerikanische Forscher Raymond A. Moody die Berichte von 150 Menschen veröffentlichte, die ihren eigenen Tod überlebt und geschildert hatten, was ihnen drüben begegnet war. Diese Jenseitserfahrungen waren nicht nur vollkommen anders als alles, was man bis dahin vom Leben nach dem Tod zu wissen glaubte, anders vor allem als die im Religionsunterricht gelernten Bilder — sie verrieten auch alle, von Kleinigkeiten abgesehen, dasselbe Muster: Wenn das Herz stehenbleibt, legt der Mensch seinen Körper ab, als wäre er nicht mehr als ein unbrauchbar gewordenes Kleidungsstück. Er zwängt sich hinaus, kriecht dabei durch einen dunklen, engen Tunnel — und ist dann plötzlich draußen in einer unbeschreiblichen Lichtfülle. Alles um ihn herum singt und klingt, ist niegehörte Musik, ein einziger wohltuender, beglückender Klang. Ein tiefes Gefühl des Friedens und des Glücks und der absoluten Freiheit durchströmt den Körper. Denn ihn besitzt der Verstorbene nach wie vor. Er kann hören, sehen, empfinden, denken. Und er weiß: Ich bin es, der das alles erlebt. Ich möchte, daß dieses Glück nie wieder endet.

Zum eindrucksvollsten Augenblick wird dann aber die Begegnung mit einem Lichtwesen. In den Schilderungen heißt es immer wieder: »Das Licht ist viel heller als die Sonne — und doch kann man hineinblicken, ohne geblendet zu sein.« Der Verstorbene fühlt sich stark zu diesem Licht hingezogen, von dem er weiß, daß es nicht nur irgendein Licht ist, sondern ein sehr gütiges, wenn auch strenges Wesen. Im Augenblick der Begegnung, die so überaus glücklich macht, erkennt man sich selbst, wie man sich nie zuvor gesehen hat. Sekundenschnell spult sich das bisherige Leben ab. In diesem Augenblick gibt es keine Beschönigungen, keine Ausreden, keine Selbsttäuschungen mehr. Und doch ist man in der Lage, die ganze, unverhüllte Wahrheit zu ertragen. Vielleicht ist gerade das der bewegendste, befreiendste Augenblick: Vor dem »Licht« gibt es kein Bestehen — aber auch keinen Grund, vor Scham und dem Gefühl der Minderwertigkeit in den Boden zu versinken. Man weiß sich verstanden — mehr noch: geliebt!

An dieser Stelle brechen in der Regel die Jenseits-Schilderungen ab. Der vorübergehend Tote, der noch nicht endgültig gestorben ist, erfährt, daß er wieder ins Leben zurückkehren muß. Er sträubt sich dagegen. Freiwillig würde er unter keinen Umständen seine irdische Existenz wiederaufnehmen. Doch er verspürt einen sanften Zwang, dem er sich nicht zu widersetzen vermag. Er muß Abschied nehmen vom »Licht«, durch die dunkle Röhre in den hinfälligen Leib zurückkehren. Und schon hört er den Arzt sagen: »Wir haben es geschafft. Er lebt wieder!« Die Umstehenden aber wundern sich, wenn sie vom Geretteten statt eines dankbaren, frohen Lächelns nur den bitteren Vorwurf hören: »Warum habt ihr mich nicht sterben lassen?« Nicht wenige der Kranken, die wiederbelebt wurden, fanden sich in der Welt nicht mehr zurecht. Sie hatten nur noch Heimweh nach drüben. Sie haben erfahren, daß dieses irdische Leben nicht das eigentliche Leben ist, sondern daß danach etwas viel Bedeutenderes, Beglückenderes kommt — das, wonach man zeitlebens eine deutliche Sehnsucht verspürt hat.

Wissenschaftler wissen, daß es ein Weiterleben nach dem Tod gibt

Die Fortschritte moderner Medizin haben eine inzwischen unübersehbare Fülle solcher Berichte möglich gemacht. Was vor 2000, 3000 Jahren als »einmalige Sensation« bestaunt und festgehalten wurde, das ist heute schon beinahe alltäglich. Immer mehr Menschen sind während einer Operation oder nach einem Unfall »klinisch tot«, das heißt, ihr Herz bleibt stehen, das Gehirn wird nicht mehr durchblutet — ehe es dem Arzt gelingt, das Leben wieder in Gang zu setzen.

Dr. Elisabeth Kübler-Ross hat etwa tausend reanimierte Patienten befragt. Sie ist oft selbst Zeuge erster »Jenseits-Berichte« gewesen und bekennt nun: »Wir können heute mit absoluter Sicherheit sagen, daß der Tod in der Art, wie wir ihn bisher verstanden haben, in Wahrheit nicht existiert. Es gibt für mich nicht den geringsten Zweifel, daß unser Geist den Tod des physischen Körpers überdauert. Ich glaube nicht nur an ein Weiterleben nach dem Tod, ich weiß mit Bestimmtheit, daß es eine solche Existenz gibt.«

Diese sehr kühnen Behauptungen sind keineswegs aus der Luft gegriffen. Frau Kübler-Ross hat miterlebt, daß Patienten, die seit vielen Jahren völlig blind waren, nach dem »Erwachen aus dem Tod« genau schildern konnten, was sie in der Zeit, in der sie klinisch tot waren, »gesehen« haben. Mit blinden Augen! Sie konnten angeben, wie die Umstehenden aussahen, wie sie gekleidet waren, welches Muster die Kleidungsstoffe hatten, welchen Schmuck sie trugen — lauter Einzelheiten, die sie einfach nicht wissen konnten.

Es gibt schon zu denken, wenn ein von Geburt an blinder und tauber Mensch, ausgerechnet nachdem er einige Minuten lang klinisch tot war, sagt: »Jetzt weiß ich endlich, was rot und grün ist, wie Musik klingt. Ich habe es gesehen und gehört.« Ohne Gehirnfunktion und ohne sinnliche Wahrnehmung! Der Innsbrucker Theologe Professor Dr. Dr. Andreas Resch, Leiter eines Instituts für Grenzwissenschaften und Beauftragter des Vatikans

für parapsychologische Fragen, kam bei seinen Studien zum Ergebnis: »Was er wirklich vermag, das zeigt der menschliche Geist oft gerade dann, wenn die Funktionen des Körpers zum Stillstand gekommen sind. Vorübergehend klinisch Tote besitzen manchmal eine derartige Klarheit der Gedanken, eine Fülle an Wissen und so unbegrenzte Wahrnehmungsmöglichkeiten — Fähigkeiten, die weit über die normalen Fähigkeiten hinausgehen —, daß man mit Recht fragen muß, ob es im Menschen nicht ein energetisches Prinzip gibt, das voll intakt bleibt, wenn der Körper zu funktionieren aufhört. Auch bei Gehirngeschädigten ist wiederholt beobachtet worden, daß sie in der Todesstunde plötzlich volle Klarheit besitzen. Solche Erfahrungswerte sind zumindest ein Indiz für die geistige Seele.« Und selbstverständlich auch für ihr Weiterleben nach dem Tod. Im »Tibetanischen Totenbuch« hieß es ja auch: »Der Verstand des Verstorbenen ist neunmal klarer als zu Lebzeiten«!
Psychiater und Psychologen geben heute zu, daß es sich nicht um Träume handeln kann. Es wäre mehr als ein Zufall, sollten alle klinisch Toten immer den einen Traum oder die eine Halluzination haben.

Prominente und Kinder erzählen von »drüben«

Längst haben sich auch mehrere prominente Zeitgenossen zu eigenen »Jenseits-Erlebnissen« dieser Art bekannt, etwa der französische Star Daniel Gélin, Charles Aznavour, der Schauspieler Curd Jürgens, der amerikanische Psychiater Dr. Georg Ritchie und viele andere. Sie alle sagen von sich: »Ich habe nach drüben geblickt. Ich war für einen Augenblick im Jenseits. Seitdem habe ich keine Angst mehr vor dem Sterben.«
Gerade weil über solche Erfahrungen viel geschrieben und gesprochen wurde, ist die wissenschaftliche Forschung auf diesem Gebiet heute praktisch unmöglich geworden. Wer wollte noch

überprüfen können, was nur nachgeplappert und was wirklich echt ist? Allenfalls können noch Erzählungen von Kindern, wie die von Gregor, akzeptiert werden, weil diese Kinder unbeeinflußt sind, nichts von der Arbeit eines Moody und einer Kübler-Ross gehört haben.

Deshalb suchte auch der Freiburger Professor Hans Bender Kinderaussagen als »Beweise«. Er stieß auf das Erlebnis von Mariam, der mit acht Jahren beim Baden ertrank, aber nach ein paar Minuten wieder ins Leben zurückgerufen werden konnte. Er erzählte: »Ich sah meinen Körper im Wasser liegen und hinuntersinken. Ich selbst befand mich währenddessen über der Wasserfläche und beobachtete das von außen. Dann sah ich Episoden aus meinem Leben. Es folgten Begegnungen mit Leuten, die bereits verstorben waren. Ich erinnere mich nicht mehr daran, wer es war. Ich glaube, ich sah Tanten und meine Urgroßmutter. Ich kam wieder zu mir, als mich zwei Leute aus dem Wasser zogen.«

Soviel scheint sicher: Gregor und Mariam und all die anderen, die vom Jenseits erzählen, waren keineswegs im »Himmel«. Sie begegneten den Verstorbenen hier auf der Erde, in den Himmel selbst durften sie nicht, weil sie von einer »Barriere« am Weitergehen gehindert wurden. Besonders deutlich empfand diese Grenze im Jenseits der französische Sänger Serge Lama. Im Sommer 1965 hatte Lama einen Autounfall. Dabei wurde er schwer verletzt, seine Verlobte Madeleine kam ums Leben. Serge Lama spürte noch, wie er aus dem Wagen geschleudert wurde, dann verlor er das Bewußtsein. Im selben Augenblick erlebte er, wie er sich von seinem Körper löste, um sich als Zuschauer den Unfallort anzusehen. Er betrachtete fast neugierig seinen blutenden Körper — ohne jedes Bedauern und jeden Schmerz. Und dann schwebte er davon. Plötzlich erinnerte er sich an seine Verlobte. Wo war Madeleine? Er sah sie über sich schweben, aber nur wie durch einen dichten Schleier. Er konnte sie hören, doch er vermochte nicht, ihr zu folgen. Eine Schranke hinderte ihn daran. Da wurde ihm klar: »Madeleine ist tot, ich lebe.«

Aber wo befand sich Serge Lama, wenn er tot und doch nicht tot war, getrennt von seinem Körper und doch noch am Leben? Diesem Problem ist Professor Kübler-Ross gegenwärtig auf der Spur. Ihre Arbeit vermag verblüffende Antworten auf viele bisher ungeklärte Fragen zu geben.

Die Out-of-body-Reisen des Mister Monroe

An einem Sonntagnachmittag im Frühjahr 1958 war Robert A. Monroe, ein Geschäftsmann aus Afton, Virginia (USA), allein zu Hause. Er wollte sich entspannen und legte sich auf die Couch im Wohnzimmer und lauschte einer Tonbandaufzeichnung.
Plötzlich schüttelte eine krampfartige Vibration seinen Körper, als hätte er eine defekte Stromleitung berührt. Monroe befürchtete das Schlimmste und versuchte, einen Arzt herbeizurufen. Doch in der kleinen Stadt war am Feiertag keiner erreichbar. Das unangenehme, schmerzhafte Rütteln und Schütteln, das seinen Körper wellenartig von den Füßen bis zum Kopf überflutete, dauerte bis gegen Mitternacht, ehe es endlich verebbte. Doch damit war die Sache keineswegs ausgestanden. Denn fortan stellte sich das Vibrieren immer wieder ein, sobald Monroe sich entspannt hingelegt hatte. Das Tonband mit den Melodien und Rhythmen war dazu nicht mehr nötig.
Ein paar Wochen nach dem ersten Auftreten des rätselhaften Phänomens standen Monroe buchstäblich die Haare zu Berge. Während sein Körper wieder einmal geschüttelt wurde, machte er eine erschreckende Entdeckung: Seine rechte Hand, die über den Bettrand zum Boden hing, sank tiefer und tiefer durch den Teppich und die Bretter in den Boden hinein. Monroe konnte deutlich das Sägemehl, Holzstückchen und einen verbogenen Nagel ertasten. Plötzlich wurde ihm bewußt, was er tat. In panischer Angst, seine Hand könnte steckenbleiben, zog er sie zurück und sprang aus dem Bett, um den Boden zu untersuchen. Doch da gab es kein Loch, in das er hätte seine Hand stecken können. Hatte er nur geträumt?

Ein paar Wochen später lag Monroe abends im Bett und wartete geduldig darauf, daß die Vibrationen aufhörten. Er versuchte sich abzulenken und dachte, wie schön es wäre, am nächsten Tag einen Segelflug zu unternehmen — als er auch schon schwebte. Vollkommen wach hing er unter der Zimmerdecke. Er sah hinunter und erblickte seine Frau und sich selbst im Bett liegend. Sein erster Gedanke: »Nun bist du also tot! Du bist gestorben. Diese Schüttelkrämpfe haben dich umgebracht!« In seiner Not begann er zu beten: »Nein, ich will leben!« Im selben Augenblick schoß er hinunter in seinen Körper.
Am nächsten Morgen ging Monroe zu seinem Arzt — und gleich anschließend zu einem befreundeten Psychiater, um sich gründlich auf seinen körperlichen und geistigen Zustand untersuchen zu lassen. Doch ihm wurde versichert: »Alles in bester Ordnung. Sie sind völlig gesund und normal.« Der Psychiater fügte dieser Diagnose gelassen hinzu: »Machen Sie sich wegen des nächtlichen Erlebnisses keine Sorgen. Wiederholen Sie es getrost, falls Sie das können.«
Monroe erwiderte erschrocken: »Aber ich bin noch nicht bereit zu sterben.« Der Psychiater schüttelte den Kopf: »Das würden Sie auch nicht. Haben Sie noch nie von denen gehört, die Yoga praktizieren? Sie behaupten, sie könnten sich jederzeit von ihrem Körper trennen und im losgelösten Zustand überall hinreisen. Das müßten Sie einmal versuchen!«
Robert A. Monroe versuchte es. Und es gelang ihm, wie er versichert, immer perfekter. Er flog in seinem »zweiten Körper« durch verschlossene Türen und Wände hindurch, besuchte seine Freunde — und manchmal sahen diese ihn sogar. Er hing wie ein graues Gewebe unter der Decke ihres Wohnzimmers.
Um Beweise dafür zu sammeln, daß das alles wirklich passierte und nicht nur Einbildung war, kniff und zwickte er gelegentlich die Leute, die er besuchte, um am nächsten Tag festzustellen, daß sie tatsächlich blaue Flecke davongetragen hatten. Manchmal dauerten solche »Reisen« nur ein paar Minuten, manchmal war er aber vier, fünf Stunden unterwegs, ohne daß sich sein Körper

auch nur einen Meter vom Bett oder der Couch, auf der er lag, fortbewegt hätte.
Monroe ließ sich in Kliniken an Kontroll- und Meßgeräte anschließen, wenn er sich von seinem Körper trennte. Doch die Ärzte konnten nicht viel mehr feststellen, als daß der Körper ganz normal funktionierte, was immer auch mit der »Seele« vor sich gehen mochte.
Diese »Reisen« sind für Monroe nicht einfach ein verrücktes Hobby, sondern, wie Elisabeth Kübler-Ross sagt, eine ganz phantastische, zukunftsweisende Sache. Monroe behält sein Geheimnis auch nicht für sich, sondern er versucht, seine Fertigkeit, sich vom Körper zu trennen, auch anderen beizubringen. Zu diesem Zweck hat er ein Gerät konstruiert, einen sogenannten »Signalgenerator«, der im wesentlichen aus Tonbändern mit ganz bestimmten Rhythmen und Tonfrequenzen besteht, die das vollkommene Entspannen ermöglichen. Auf suggestive Texte, die in eine Art Trance oder Hypnose versetzen könnten, wird bewußt verzichtet. Mit Hilfe dieses Gerätes versucht nun Monroe, schwerkranken Menschen das Sterben zu erleichtern. Sie sollen erfahren, wie es im Jenseits aussieht, damit sie die Angst vor dem Tod verlieren, und in die Lage versetzt werden, den Schmerzen zu entfliehen, indem sie den kranken Körper einfach verlassen. Bei vielen hundert Menschen soll das schon gelungen sein.
Auch Elisabeth Kübler-Ross soll sich in die Technik der »Out-of-body-Reisen«, wie diese Experimente genannt werden, haben einweisen lassen. Sie erzählte im US-Fernsehen: »In dem Augenblick, als ich dessen gewahr wurde, daß ich mit Lichtgeschwindigkeit horizontal davonflog, zog ich auch schon eine Kurve um einen großen Hügel und schoß davon. Ich wußte, daß ich wahrscheinlich in einen Bereich vorgedrungen war, in dem bisher keiner gewesen ist. Ich fühlte mich riesig.« Und sie versicherte, mehrfach solche Reisen unternommen zu haben. Dabei sollen ihr hilfreiche »Geist-Führer« begegnet sein, die ihr vom Leben nach dem Tod berichteten. Sie soll auch schon Besuch von verstorbenen Patienten bekommen und sogar einen Brief eines Be-

suchers aus dem Jenseits besitzen. Solche ganz persönlichen Erfahrungen und Erlebnisse haben die Forscherin letztlich in der Gewißheit bestärkt: Es gibt das Jenseits. Der Tod existiert überhaupt nicht.
Doch gibt es denn nun auch Einblicke in das Leben »drüben«, die über das hinausgehen, was wir bereits vom »Gilgamesch-Epos«, vom »Ägyptischen Totenbuch« und vom »Tibetanischen Totenbuch« her wissen?

Jeder dritte stand schon neben sich

Es gibt diese Einblicke. Robert A. Monroe hat seine Erfahrungen zusammengefaßt, die durch zahllose andere ergänzt werden. Der englische Forscher Robert Crookall will allein über tausend Menschen gefunden haben, die sich wenigstens einmal außerhalb ihres Körpers wähnten. Bei Untersuchungen an englischen und amerikanischen Universitäten mit Befragungen einiger hundert Studenten ergab sich sogar: Etwa jeder dritte behauptet, er hätte schon einmal auf seinen Körper herabgesehen oder neben ihm gestanden.
Der amerikanische Schriftsteller Herbert Greenhouse weist nach, daß es in nahezu allen Sprachen der Welt eigene Bezeichnungen für den »zweiten Körper« gibt, der nicht mit der Seele oder dem Geist gleichgesetzt werden darf, sondern für die Out-of-body-Existenz eines noch lebenden oder schon verstorbenen Menschen steht. Er schreibt: »Die Hebräer nannten ihn (den ›zweiten Körper‹, mit dem der Mensch seinen irdischen Leib verlassen kann) ›ruach‹. In Ägypten war er als ›ka‹ bekannt, eine genaue Nachbildung des materiellen Körpers, jedoch nicht so dicht wie jener. Die Griechen hatten die Bezeichnung ›eidolon‹, die Römer ›larva‹, während man in Tibet immer noch vom ›bardo‹-Körper spricht. In Deutschland war es der ›Jüdel‹ oder ›Doppelgänger‹, in Norwegen der ›fylgja‹. Die vorgeschichtli-

chen Briten hatten gleich mehrere Namen dafür: ›fetch‹, ›waft‹, ›task‹ und ›fye‹. In China verließ der ›thanki‹ während des Schlafs den Körper. Er konnte von anderen wahrgenommen werden. Die alten Hindus nannten den zweiten Körper ›pranamaya-kosha‹, die Buddhisten ›rupa‹. Berichte über ›Out-of-body-Erlebnisse‹ haben uns aus primitiven Gesellschaften der ganzen Welt erreicht, von den Eingeborenen Australiens, den Indianern Nord- und Südamerikas, aus Zululand, Sibirien, Neuseeland, Tahiti und anderen Ländern. Das Muster ist überall nahezu gleich ...«

Frei — aber noch Naturgesetzen unterworfen

Nach den Schilderungen Monroes und nach dem, was der bekannteste und erfahrenste Forscher auf diesem Gebiet, Professor Dr. Hans Holzer, in mühevoller Kleinarbeit aus den Erfahrungen vieler tausend Menschen zusammengetragen hat, müßte es im Jenseits in etwa folgendermaßen aussehen:
Wenn ein Mensch stirbt oder sich, wie Monroe, von seinem irdischen Körper trennt, dann ist er nach wie vor in unserer Welt gegenwärtig, doch er hat den Zugang in eine neue Dimension gefunden, die uns sonst verschlossen ist. Er besitzt drüben einen Körper, der dem physischen Leib gleicht, der aber, ganz nach Wunsch und Vorstellungskraft, auch jede beliebige andere Gestalt annehmen kann. Man ist im Jenseits so, wie man zeitlebens gerne gewesen wäre: frei von allen Beschwerden und Behinderungen. Man nimmt das Alter an, das im Leben das beste gewesen ist: der eine wählt darum die Jugend, der andere das reife Alter. Entsprechend wird auch die Kleidung ausfallen, entweder schlicht oder prächtig. Unter gewissen Bedingungen wird der »zweite Körper« für noch Lebende sichtbar. Er besitzt ein minimales Gewicht. Ließe man ihn fallen, würde er wie eine Feder zu Boden schweben. Das heißt: die physikalischen Gesetze dieser Welt sind auch in der neuen Lebensdimension noch gültig.

Bewegt und gelenkt wird der »zweite Körper« von den Gedanken. Denken heißt handeln. Sobald ein Wunsch oder eine Vorstellung Gestalt angenommen hat — Gestalt im wahrsten Sinn des Wortes —, ist sie bereits Wirklichkeit.
Solange man noch einen lebendigen irdischen Leib besitzt, bekommt man im Jenseits keinen Platz zugeordnet. Man kann sich offensichtlich fast unbegrenzt bewegen — bis zu jener bereits erwähnten Schranke hin, die sich nicht überschreiten läßt. Verstorbene werden von Verwandten, Freunden und »guten Geistern« dagegen an den Ort geleitet, an den sie hingehören. Sie finden sich in einem Haus wieder, das den irdischen Wunschvorstellungen des idealen Zuhause entspricht. In ihm ist man umgeben von Gleichgesinnten. Das müssen also nicht unbedingt die Eltern, der Mann, die Frau, die eigenen Kinder oder Freunde sein. Falls diese nämlich eine andere Vorstellung vom Glück besitzen, sind sie anderswo gelandet. Dann kann man sie zwar besuchen, doch es gibt kein gemeinsames Leben mehr.
Leben im Jenseits heißt nicht untätig dasitzen, unentwegt beten oder sich pausenlos unterhalten oder gar langweilen. Ganz im Gegenteil: Jeder darf endlich völlig unbehindert das tun, wonach sein Herz sich sehnt. So schafft der eine Kunstwerke, die ihm zeitlebens unmöglich waren, weil ihm Zeit, Talent und andere Voraussetzungen fehlten. Ein anderer dirigiert ein großes Orchester. Der dritte betätigt sich — genau wie zuvor im irdischen Leben — mit Geldgeschäften.

Hölle und Fegefeuer — es gibt sie doch!

Doch nun zeigt sich, was man aus dem eigenen Leben gemacht und was man zu tun versäumt hat: Da jeder Gedanke sofort zur Wirklichkeit wird, kann diese erste Stufe des Jenseits für den einen oder anderen zur Hölle werden. Angenommen, jemand hatte einstmals nichts anderes im Sinn, als Geld und

Reichtum zusammenzuraffen. Er würde im Jenseits beispielloses Glück damit haben, es rasch zu großem Reichtum bringen. Sogar mit den gewohnten Betrügereien käme er voran. Aber bei der leisesten Sorge, die Schätze könnten ihm gestohlen werden, würde er sie auch bereits verlieren. Wie die Wünsche, so erfüllen sich die Befürchtungen und Ängste, die man mitgebracht hat, weil sie im Leben nicht überwunden wurden. Augenblicklich.

Wenn jemand in seinem irdischen Dasein nur das eine Glück kennengelernt hat, sich Vergnügen und Lust zu verschaffen, so könnte er sich den Himmel nur als ein üppiges Festmahl oder ein einziges Freudenhaus vorstellen. Das würde allerdings nur so lange auch drüben der Fall sein, bis die ersten Bedenken auftauchen, daß es vielleicht doch noch ein größeres Glück geben könnte.

Die erste Stufe im Jenseits könnte man deshalb als eine Art Fegefeuer verstehen: Die Unvollkommenheiten müssen erst ausgemerzt werden, ehe man in das wahre Glück hineinwachsen kann — Stufe um Stufe, bis sich endlich das Paradies und zuletzt der wahre Himmel auftut. Alles Bisherige war nur Zwischenstation, Vorbereitungsaufenthalt, trotz so vieler Möglichkeiten und Glücksempfinden noch nicht die Seligkeit.

Robert A. Monroe verrät dazu noch ein paar interessante Einzelheiten: Wenn ein Mensch in seinem »zweiten Körper« den irdischen Leib verläßt, bleibt die verlassene Hülle mit ihm durch eine Art unendlich dehnbarer »Nabelschnur« verbunden. Monroe will sie gesehen und abgetastet haben. Der erste Körper, der zurückbleibt, funktioniert normal weiter, als würde er schlafen. Er atmet, sein Herz schlägt. Nur bewegen oder sich äußern kann der »leere« physische Leib nicht. Sobald ihm irgendeine Gefahr droht — weil ein Arm eingeschlafen ist, auf dem er liegt —, wird der »zweite Körper« sofort zurückgerufen.

Der »zweite Körper« kann praktisch durch jede Wand hindurch — auch durch schwere Metalle. Und doch ist es möglich, ihn einzusperren: Monroe mußte bei seinen Reisen bald merken, daß ihn etwa Hochspannungsleitungen stets zu einem Umweg zwangen. Er konnte nicht einfach unten durch oder darüber hinweg schweben. Elektrischer Strom scheint ein unüberwindbares Hindernis darzustellen. Gerät der »zweite Körper« — wie es Monroe einmal widerfuhr — in einen Faradayschen Käfig, also in einen Raum, der rundum durch einen Stromkreis abgeschirmt wird, gibt es kein Entrinnen mehr.

Diese Entdeckung hat schon dazu geführt »Geisterfallen« zu bauen: Man lockt ein Gespenst in einen Raum und setzt ihn unter Strom. Oder man schützt sich vor unliebsamen Besuch aus dem Jenseits, indem man sich selbst in einen Faradayschen Käfig begibt.

Jeder fünfte Europäer ist davon überzeugt, schon einmal mit Spuk oder Geistererscheinungen zu tun gehabt zu haben.

Die Existenz der Geister glauben Professor Hans Holzer und Robert A. Monroe auf sehr einfache, fast plausible Weise erklären zu können: Sobald sich ein Mensch außerhalb seines irdischen Körpers befindet, erfährt sein Bewußtsein eine umgehende Erweiterung. Er sieht alles viel klarer und hat sein ganzes Wissen verfügbar.

Aber nicht nur Denkkraft und Gedächtnis sind hellwach, auch die Emotionen sind freier. Nach Ansicht der Forscher ist es, als lägen alle Nerven ungeschützt auf der Oberfläche des Körpers. Alles wird viel direkter, unmittelbarer empfunden. Es gibt keine Hemmungen, kein Verdrängen, kein sittliches Gebot. Liebe, Haß, Zuneigung, Abneigung, Angst und Begierde werden übermächtig. Alle zeitlebens mühsam unterdrückten Wünsche und Sehnsüchte brechen geradezu orkanartig hervor, man ist ihnen hilflos ausgeliefert.

Monroe berichtet beispielsweise von sehr heftigen sexuellen Be-

gierden, die ihn häufig überfallen haben, sobald er sich »out-of-body« befand, verbunden mit dem unwiderstehlichen Drang, auf der Stelle Liebe zu praktizieren — sei es mit einem anderen »zweiten Körper«, sei es mit einem schlafenden Menschen. Treffen sich im Jenseits zwei »zweite Körper« mit dem Wunsch nach sexueller Betätigung, seien es Verstorbene oder noch lebende Menschen, dann — so Monroe — treten sie nahe aneinander heran, als wollten sie sich die Hand reichen. Und schon funkt es im wahrsten Sinn des Wortes, es ist, als würde sich die Energie eines jeden einzelnen Atoms des Körpers mit der des Partners austauschen. Angeblich soll das ein unvorstellbares Glücksgefühl schenken — weit größer als der schönste Orgasmus.
Besucht ein Mensch in seinem »zweiten Körper« einen Schlafenden, dann findet, ohne daß auch nur ein einziges Wort nötig wäre, ein lebhafter Gedankenaustausch statt. Jeder weiß, was der andere denkt, beabsichtigt, wünscht. So kann es angeblich auch zur Liebesvereinigung eines »zweiten Körpers« mit einem irdischen Leib kommen. Der Schlafende glaubt am nächsten Morgen, einen schönen Traum gehabt zu haben.
Dieses Thema hat seit alters her die Menschen immer wieder stark beschäftigt. Der »incubus«, ein Dämon in Männergestalt, und der »succubus«, die Hexe, die Schlafende heimsuchen, um mit ihnen »Unzucht« zu treiben, waren schon den alten Römern bekannt. In den Hexenprozessen des Mittelalters und noch im 17./18. Jahrhundert spielten sie die eigentlich verhängnisvolle Rolle, wurde den gequälten Frauen doch stets vorgeworfen, sie hätten sich nachts, vor allem im Schlaf und in ausschweifenden Träumen, mit bösen Dämonen oder gar mit dem Teufel eingelassen. Ohne diesen sexuellen Hintergrund wäre die Massenhysterie der Hexenprozesse, die fast ein halbes Jahrtausend andauerten, nicht denkbar.
Monroe erzählt, er sei bei seinen Out-of-body-Reisen tatsächlich gelegentlich bösartigen Gestalten, Gespenstern, Dämonen begegnet. Wenn — was die alten Ägypter schon zu wissen glaubten — der »zweite Körper« gedankenschnell jede Form und jede Gestalt

anzunehmen imstande ist, dann kann einer im Jenseits auch als Untier, als Kobold, als Poltergeist existieren, wenigstens vorübergehend. Womit sich einem automatisch die Frage aufdrängt: Liegt hier vielleicht die Erklärung der alten Mythen und Sagen um »Werwolf« und »Vampir«? Sind Poltergeister Verstorbene (oder womöglich gar noch Lebende!), die den Unsinn, den sie zeitlebens nicht anstellen konnten und durften, nun drüben nachholen?

Läßt sich so die »Besessenheit« erklären?

Auch das Rätsel »Besessenheit« ist bislang nicht zufriedenstellend geklärt worden. Auch hier bieten die Out-of-body-Reisen eine einleuchtende Erklärung. Am 17. August 1960 notierte Robert A. Monroe nach der Rückkehr von einer nächtlichen »Reise« folgendes in sein Tagebuch:
»Dies war ein fehlgeschlagener Versuch — und das ist noch viel zu gelinde ausgedrückt ... Es war gegen halb zwölf. Ich machte mich auf den Weg mit dem Gedanken, Agnew Bahnson zu besuchen, und begann eine Exkursion stürmischer Art. Doch ich kehrte fast sofort in meinen Körper zurück. Wenigstens glaubte ich das. Aber ich lag nicht im Bett, ich stand. Das Zimmer war nicht mein Zimmer. Ein großer rundschultriger Mann stützte mich auf der linken Seite. Er war viel größer als ich. Auf der rechten Seite hielt mich ein junges Mädchen. Sie zwangen mich, im Zimmer umherzugehen. Mir bereitete das Gehen Schwierigkeiten, deshalb stützten sie mich unter den Armen. Ich hörte, wie sie Bemerkungen machten über meine Hände, daß irgend etwas mit ihnen nicht in Ordnung sei. Die beiden waren nicht unfreundlich, aber ich wußte sofort, daß ich mich am falschen Ort befand. Glücklicherweise verlor ich nicht den Kopf. Ich benutzte die Ausstreckmethode und schoß aufwärts davon, wo und was ich auch sein mochte. Nach wenigen Augenblicken verschmolz ich abermals mit einem physischen Körper. Ich sah mich vor-

sichtig um (physisch), ehe ich mich bewegte. Ich war wieder in meinem Schlafzimmer. Es dauerte sehr lange, ehe ich es fertigbrachte, mich umzudrehen und einzuschlafen.«

Angenommen, Monroe hätte die Technik des Sich-Lösens vom irdischen Körper nicht beherrscht: Hätte er im fremden, kranken Körper, der vielleicht gerade leblos geworden war, bleiben müssen? Hätte er in einem falschen Leib weiterleben müssen? Seinen Berichten zufolge sind solche »Fehler« Monroe drei-, viermal unterlaufen.

Kann ein »zweiter Körper« auch einen noch lebenden Leib »besetzen«, so daß in einer irdischen Hülle zwei oder gar mehr Persönlichkeiten nebeneinander leben?

Der berühmte amerikanische Psychiater und Reinkarnationsforscher Professor Jan Stevenson von der Universität Virginia hat über 1500 Zeugnisse von Wiedergeburten gesammelt und mit wissenschaftlicher Gründlichkeit überprüft. Dabei fand er, daß die angeblich Wiedergeborenen im Schnitt rund fünf Jahre zuvor gestorben waren. Gelegentlich fielen Tod und Geburt unmittelbar im selben Augenblick zusammen.

Stevenson stieß aber auch auf Fälle, in denen Kinder von sich behaupteten, Personen zu sein, die im Augenblick ihrer Geburt noch gelebt hatten. Einmal überschnitten sich die beiden Leben um zweieinhalb Tage, einmal um 18 Stunden, ein drittes Mal — es handelte sich um ein deutsches Kind — um fünf Wochen. Die Grenzen zwischen Wiedergeburt und Besessenheit verwischen sich. Doch beide Phänomene scheinen plötzlich beinahe selbstverständlich zu sein.

Die Geschichte des kleinen »Jasbir« paßt beispielsweise genau zu dem, was Robert A. Monroe erzählt. Stevenson hat den Fall in Indien untersucht:

Im Frühjahr 1954 verstarb Jasbir, der dreieinhalbjährige Sohn von Lal Jat aus Rasulpur, an den Pocken. Der Vater wollte mitten in der Nacht seinen Bruder und Nachbarn holen, um den Jungen sofort zu begraben. Er hatte Angst, jemand könnte von der bösen Krankheit infiziert werden. Doch die Angesprochenen wehrten ab. »Warte bis morgen früh, jetzt in der Nacht kann nicht viel passieren.« Gegen Morgen aber, als sie kamen, um das Kind beizusetzen, lebte es wieder. Und es wurde sogar wieder gesund.

Sobald Jasbir aber sprechen konnte, gab er mit großem Nachdruck zu verstehen: »Ich bin nicht Jasbir. Ich bin Sobha Ram, der Sohn von Shankar aus dem Dorf Vehdi. Bringt mich nach Hause.« Gleichzeitig lehnte der Junge die vorgesetzten Speisen ab: »So etwas darf ich nicht essen. Ich bin Brahmane!« Die Brahmanen bilden in Indien die oberste Kaste. Diese Elite beachtet strenge Essensvorschriften. Jasbirs Eltern dagegen gehörten als einfache Landarbeiterfamilie einer sehr niedrigen Kaste an, die solche Vorschriften und Verbote nicht kannte. Der Junge hätte unweigerlich verhungern müssen, wäre nicht eine Nachbarsfrau bereit gewesen, für ihn nach Brahmanenart zu kochen. Jeder Versuch der Täuschung wurde von Jasbir sofort durchschaut. Er kannte sich bestens aus, obwohl das Kind zuvor niemals mit den Lebensgewohnheiten der Brahmanen in Berührung gekommen war. Nach und nach erzählte er Einzelheiten aus seinem »anderen Leben«: Bei einem feierlichen Hochzeitszug sei er mit Pralinen vergiftet worden, vom Wagen gefallen, mit dem Kopf aufgeschlagen und gestorben.

Verständlich, daß solche Geschichten ihres Kindes den Eltern mehr als peinlich waren. Sie versuchten, ihr Kind von den »Phantasien« abzubringen und nichts davon nach außen dringen zu lassen. Doch in einem kleinen Dorf spricht es sich rasch herum, wenn ein Kind plötzlich nach Brahmanenkost verlangt. Die Leute wurden neugierig und stellten Nachforschungen an. Tatsächlich, in Vehdi, einem 30 Kilometer entfernt liegenden Dorf, war ein junger Mann vom Hochzeitswagen gestürzt und bei dem Unfall ums Leben gekommen. Das Unglück hatte sich am selben Tag ereignet, an dem der kleine Jasbir an den Pocken starb. Der 22jährige Hochzeitsgast hieß, wie von Jasbir angegeben, Sobha Ram und war der Sohn von Sri Shankar.

Die Verwandten des verstorbenen Sobha Ram besuchten Jasbir

— und wurden von ihm freudig begrüßt, ausnahmslos erkannt und sogar mit ihren Kosenamen angesprochen. Man nahm Jasbir mit nach Vehdi. Freudig erregt lief das Kind zu seinem angeblichen Elternhaus.
Professor Stevenson überprüfte diese Geschichte. Er fuhr zweimal — 1961 und 1964 — nach Indien, sprach mit allen wesentlichen Zeugen und fand wenigstens vierzig Punkte in Jasbirs Aussagen bestätigt. Seine Schlußfolgerung: »Wenn die interviewten Personen die Wahrheit gesagt haben, sehe ich keinen Weg, auf dem Jasbir normal die Tatsachen hätte erfahren können, die er über das Leben von Sobha Ram wußte. Auch habe ich keinen Grund anzunehmen, daß die Zeugen, mit denen ich sprach, nicht die Wahrheit gesagt haben.«
Hat Sobha Ram, nach seinem Tod unterwegs im »zweiten Körper«, den sterbenden Körper des pockenkranken Kindes »besetzt«, ihn geheilt, um wieder im »Diesseits« zu leben? Ist die Reinkarnation, wenn vielleicht auch nicht die Regel, so vielleicht doch eine gelegentliche Möglichkeit, ins irdische Leben zurückzukehren?
Betrachten wir noch einen Hinweis, den Monroe aufgrund seiner Erfahrungen mit dem Jenseits gibt: Alle Fähigkeiten, die der »zweite Körper« im Jenseits besitzt, sind zum Teil auch im irdischen Leben schon vorhanden, wenn meistens auch »vergraben«, verschüttet. So wie die Menschen im »zweiten Körper« im Jenseits sich unterhalten können, ohne zu sprechen, so findet auch ein ständiges Gespräch zwischen Menschen statt, die sich noch im irdischen Körper befinden. Gedankenübertragungen, Ahnungen, ein dunkles Wissen von dem, was im anderen vorgeht, sollen Anzeichen dafür sein. Monroe schreibt: »Es ist durchaus möglich, daß solche Kommunikation auf einer Ebene, die höher liegt als die bewußte Wahrnehmung, auch zwischen lebenden Menschen im physischen Zustand stattfinden, ohne daß diese sich dessen bewußt werden.«

Drei »Schauplätze« und viele Ebenen

Werfen wir schließlich noch einen Blick auf Monroes Schilderungen der »Schauplätze« im Jenseits.

Monroe unterscheidet drei grundsätzlich voneinander verschiedene Jenseitsebenen. Den Flug als »Geist« in der materiellen und realen Welt nennt er den Aufenthalt im Schauplatz I. »Reisen« zu Bekannten und Verwandten, in andere Städte sind seiner Meinung nach nicht unbedingt der Normalfall. Professor Hans Holzer nimmt an, daß Poltergeister und Gespenster Verstorbener im »zweiten Körper« sind, die sich im Jenseits nicht zurechtfinden, aus irgendeinem Grund auch keine Hilfe erfahren und deshalb umherirren. Monroe selbst hat solche Reisen, die nur einen kleinen Teil seiner Experimente ausmachen, nur unternommen, um dabei Beweise für die Wirklichkeit seiner Unternehmungen zu sammeln. Sehr viel häufiger als dorthin führten ihn seine »Reisen« zum Schauplatz II — dem »Reich der Toten«. Er hat Mühe, diesen Ort zu beschreiben, weil dort alles so anders ist: »Er scheint in unsere Welt hineinzuragen, erstreckt sich jedoch über grenzenlose Weiten, die unser Fassungsvermögen überschreiten ... Auf der untersten Ebene setzt sich die Realität aus tiefsten Begierden und rasenden Ängsten zusammen. Denken ist Handeln, und keine verhüllenden Schichten der Konditionierung oder der Hemmung schirmen das innere Ich von den anderen ab ... Ein unbeschreiblicher Ausbruch nach dem anderen muß unter Qualen und Mühen gezügelt werden.«

Auf dieser untersten Ebene des Schauplatzes II will Monroe jene angetroffen haben, die zeitlebens nur von Emotionen geleitet wurden. Zu ihnen sollen sich aber auch alle noch lebenden Menschen im Schlaf gesellen — und die Drogenberauschten.

Über dieser untersten, dem Diesseits nächsten Etage befindet sich ein paradiesartiger Ort, an dem die geläuterte Seele des Verstorbenen von Angehörigen erwartet wird, um an den passenden Ort gebracht zu werden. Allerdings scheint auch dieses Paradies noch kein absolut friedlicher und konfliktfreier Ort zu sein. Monroe will »Uniformierten« begegnet sein, vor denen man sich in acht nehmen muß. Auch soll es Städte geben, die zu meiden sind. Man muß mit bedrohlichen Stürmen und Unwettern rechnen. Hinter diesem Paradies schließlich ist die Schranke, die der Sterbliche nicht passieren darf.

Robert A. Monroe glaubt, dreimal auf seinen Reisen zumindest in die Nähe des »Himmels« gelangt zu sein. Er erlebte so etwas wie das reine Glück im Schweben in der Lichthülle rubinroter Strahlen, eingehüllt in die absolute Harmonie: »Hierher gehört man. Hier ist man zu Hause. Es ist, als ob man selbst Musik und Harmonie wäre. Es ist die Reinheit einer Wahrheit, von der man vorher nur einen flüchtigen Schimmer hatte. Das ist das große Festmahl, auf das einen die winzigen Bissen, die man hier bei uns gekostet hat, hoffen ließen. Das merkwürdige Ziehen, Heimweh und Schicksalsgefühl, das man auf der Erde verspürt, wenn man auf den Sonnenuntergang starrte, wenn man still unter den hohen sich wiegenden Bäumen eines schweigenden Waldes stand, wenn man sich an einen Ort sehnte, wohin man gehörte — dies alles ist nun erfüllt. Man ist zu Hause. Man ist, wohin man gehört. Wo man immer schon hätte sein wollen. Niemals bin ich freiwillig zurückgekehrt. Jemand mußte mir bei der Rückkehr helfen. Und jedesmal habe ich tagelang unter intensivem Heimweh und unter Einsamkeit gelitten. Ich fühlte mich wie ein Fremder in einem Land, in dem die Dinge nicht richtig sind, wo alles so anders und so falsch ist. Bittere Einsamkeit, Verlangen und Heimweh waren so stark, daß ich immer wieder versuchte, dorthin zurückzukehren.«

Monroe will noch einen Schauplatz III kennengelernt haben. Er soll weder Erde noch Himmel, noch irgendeinen Zwischenbereich darstellen, sondern eine andere reale Welt. Gewissermaßen durch ein »Loch« hindurch, so sagt er, sei er etwa ein dutzendmal da hineingeraten. Er behauptet, dort eine Welt vorgefunden zu haben, in der die Natur im großen und ganzen derjenigen der irdischen Natur gleicht, und Wesen begegnet zu sein, die uns Menschen ähnlich sind. Doch scheint Monroe nicht nur in einer anderen Zeit, sondern auch in der Welt einer anderen Dimension gelandet zu sein. Dort gibt es zwar auch eine Art Eisenbahn, doch sie fährt auf einer ganz engen Spur. Sie wird nicht mit Dampf oder Strom angetrieben, sondern mit einer uns unbekannten Strahlenart. Die Autos sind viel größer als auf der Erde und haben keine Motoren, sondern eine Antriebsart, die Monroe nicht verstand. Weil es in der Welt des Schauplatzes III keinen Strom gibt, kennt man dort auch kein Radio, kein Telefon, kein Fernsehen, ist jedoch auf anderen Gebieten unserer Zivilisation weit voraus.

Gibt es in unserer Welt, auf irgendeiner anderen Ebene, noch eine, die sich parallel zur unseren entwickelt?

In unserer momentanen Situation, geprägt von einem völlig anderen Denken, fällt es nicht gerade leicht, solche Aussagen und Behauptungen nicht einfach als Traumgespinste abzutun. Wir sind es gewohnt, nur harte, beweis- und belegbare Fakten anzuerkennen und alles andere den Außenseitern zu überlassen. Von der »Seele« oder vom »Jenseits« spricht man seit mehr als hundert Jahren nicht mehr, wenn man Wert darauf legt, ernst genommen zu werden.

Wissenschaftler messen und »wiegen« die Seele

Was vielen Zeitgenossen — auch Wissenschaftlern — verborgen blieb: Schon 1935 vollzog sich für die Wissenschaft eine bedeutsame Kehrtwendung: Die Seele wurde damals wiederentdeckt.

Dieser Augenblick, den man vielleicht eines Tages mit den großen Wendepunkten der Geschichte durch Kopernikus und Einstein gleichsetzen wird, ist vor allem zwei Psychologen zu verdanken: Professor William MacDougall, lange Jahre an den Universitäten Oxford und Harvard tätig, holte den jungen Forscher Professor J. B. Rhine nach Durham, Nordkarolina. Zusammen mit ihm gründete er an der Duke-Universität ein Institut, das die seelischen Kräfte der menschlichen Natur ergründen sollte. Damals entstand der Begriff Parapsychologie als Bezeichnung einer neuen Fachrichtung im akademischen Lehrplan.

Die beiden Wissenschaftler untersuchten Wahrträume, Hellsehen, Telepathie, Psychokinese und Gedankenübertragung. Doch je tiefer sie in diese geheimnisvolle Welt eindrangen, desto drängender wurde die Frage: »Wenn es Fähigkeiten gibt, die mit den Sinnesorganen, mit einem funktionierenden Gehirn und sonstigen ganz normalen Leistungen nicht zu erklären sind — woher kommen dann diese ›übersinnlichen Talente‹? Verfügt der Mensch, wie seit alters her geglaubt, vielleicht doch über so etwas wie eine Seele, die dem Körper gegenüber eine gewisse Unabhängigkeit besitzt, so daß man etwas wissen kann, ohne daß Gehirnzellen tätig werden? Wenn das so ist, läßt sich diese Seele nachweisen? Kann sie sich vom Körper trennen?«

Im Parapsychologischen Institut der Duke-Universität wurden Spukgeschichten gesammelt und in allen Einzelheiten überprüft. Man notierte Träume und Prophezeiungen und ging mit wissenschaftlichen Methoden allen Dingen nach, die sich ungewöhnlich anhörten. Die beiden Professoren entwickelten Labor-Spiele zur Ermittlung der sogenannten paranormalen Fähigkeiten. Und es gelang ihnen tatsächlich, für alle Welt und gültig für alle Zeiten den Nachweis zu liefern: Es gibt Menschen, die gelegentlich Dinge »sehen«, die sich an weit entfernten Orten oder auch erst in der Zukunft ereignen. Manchmal vermag sich einer ganz offensichtlich über Zeit und Ort hinwegzusetzen. Scheinbar auch über die Naturgesetze. Doch wenn so etwas sich ereignet, ist es kein Wunder, sondern etwas völlig Natürliches. Wir wissen heute, daß es übersinnliche Fähigkeiten gibt, auch wenn uns der Schlüssel noch fehlt, ihr Wesen voll zu erfassen.

Doch solche Erkenntnisse und Beweise genügten MacDougall und Rhine noch nicht. Sie wollten auch die Kraft, die dahintersteckt, die Seele oder das »Energieprinzip«, aufspüren. Sie wußten: Diese Seele ist zu allen Zeiten wenigstens von einzelnen wahrgenommen worden. Schon weit vor unserer Zeitrechnung haben Menschen in unserer Heimat große Löcher in die Steinplatten ihrer Gräber gebohrt, damit die Seele entweichen konnte. Noch heute gibt es, speziell im Alpenraum und im Schwarzwald, Bauernhäuser mit sogenannten »Seelenfenstern«, kleinen unverglasten Öffnungen im Mauerwerk. Die Seele der Verstorbenen sollte durch sie ungehindert das Sterbezimmer verlassen können. Alte Sterbedarstellungen aus Ägypten, aus dem Mittelalter und von Indianern zeigen immer wieder, daß ein kleiner Vogel oder ein puppenartiger Mensch im Augenblick des Todes den Körper verläßt. Sollte hinter solchen Darstellungen vielleicht doch mehr stecken als nur Aberglaube?

Nach langwierigen Verhandlungen mit großen Kliniken und zahllosen Gesprächen mit unheilbar kranken Patienten, die um ihr Schicksal wußten, unternahm Professor MacDougall folgendes Experiment: Es wurden in die vier Beine von Betten sehr genaue Waagen eingebaut. Arzt und Krankenschwestern konnten also jederzeit und ohne jede Belästigung der Patienten deren Gewicht ablesen. Das Ergebnis: Wie erwartet verloren die Kranken in den letzten Lebenstagen langsam an Gewicht. Das war normal. Nicht normal war ein ganz plötzlicher, sekundenschneller Gewichtsverlust jeweils im Augenblick des Todes. Immer wenn ein Patient starb, gingen die Zeiger der Waagen deutlich zurück. Der tote Körper war um etwa 8 Gramm leichter als der kurz zuvor noch lebende. Gibt es also eine Seele — und wiegt sie ca. 8 Gramm? Ist sie etwas ganz Reales?

Kurz nach dieser erstaunlichen Entdeckung vermeldeten Professor James Bedford, Immun-Biologe, und der Kybernetiker Walt B. Kensington, sie hätten eine bis dahin unbekannte Energie entdeckt, die nur im Augenblick des Todes eines Menschen meßbar wird. Die beiden Wissenschaftler mutmaßten aufgrund ihrer wissenschaftlichen Erfahrung: Die menschliche Persönlichkeit, also das, was man gewöhnlich als Seele bezeichnet, muß aus einem Code von Quadrillionen Energie-Quanten bestehen. Beim Tod eines Menschen verlassen diese Energie-Teilchen mit der gebündelten Kraft eines Laser-

strahls den Körper. Unsere Seele ist ein mächtiges Energie-Bündel. Energie aber, so lehrt die Physik, ist unvergänglich.
Dieselbe Energie glaubt auch der deutsche Ingenieur Professor W. Peschka 1973 nachgewiesen zu haben. Er konstruierte ein Gerät, das sich zu drehen begann, sobald ein Licht eingeschaltet wurde oder ein Blitz niederging. Verblüffend ist aber, daß das Gerät sich auch dann dreht, wenn ein Mensch den Raum betritt. Die Stärke des menschlichen Kraftfeldes, so ergaben die Berechnungen von Professor Peschka, liegt zehnfach höher als die aller anderen bekannten Energieformen. Seit dieser Entdeckung bemühen sich die Techniker, diese enorme Energie etwa als Antriebskraft nutzbar zu machen.
An solchen wissenschaftlichen Ergebnissen kommen heute auch sehr skeptisch eingestellte Naturwissenschaftler nicht mehr vorbei. Die Zeiten, in denen jeder als hoffnungsloser Dummkopf galt, der an eine unsterbliche Seele glaubte, sind endgültig vorbei. Philosophen, Physiker, Mediziner, Biologen müssen zumindest zugeben: Es gibt keinen einzigen Beweis gegen eine Seele, gegen Gott und die Ewigkeit. Nach allem, was wir über das Diesseits wissen, ist ein Jenseits sogar wahrscheinlicher als das endgültige »Aus« im Sterben.
Das ist in der Tat eine Wende, die noch bis vor kurzem kaum einer für möglich gehalten hätte.

Eine vorläufige Zusammenfassung

1. Seit jeher »wußte« der Mensch, daß das, was wir als Welt erleben und wahrnehmen, nicht die ganze Wirklichkeit sein kann. Es muß »dahinter« noch etwas geben, das wir in unserer irdischen Begrenztheit zumindest erahnen. Gelegentlich darf einer vorzeitig einen Blick ins Jenseits werfen. Manchmal macht sich auch ein Verstorbener vom Jenseits bemerkbar. Auf alle Fälle scheint das Leben mit dem irdischen Tod nicht zu Ende zu sein.

2. Das Wissen und Hoffen, daß das Leben nach dem Tod weitergeht, verdankt die Menschheit ursprünglich nicht göttlichen Offenbarungen. Die Sehnsucht nach der ewigen Seligkeit entstammt offensichtlich auch nicht menschlichem Wunschdenken und nicht der Unfähigkeit, sich mit dem Ende abzufinden, sondern leibhaftiger Erfahrung. Das, was die ältesten literarischen Zeugnisse der Menschheit vom Jenseits berichten, stimmt in den wesentlichen Einzelheiten überein mit dem, was Menschen unserer Tage vom Jenseits erzählen. Man darf deshalb davon ausgehen, daß alles, was wir vom Jenseits wissen oder glauben, geschaut und »erlebt« wurde. Alle Religionen sowie die Annahme, daß es ein ewiges Leben gibt, und die Vorstellungen über die Existenz nach dem Tod dürften ihre Wurzeln in Sterbeerlebnissen haben und in der Erfahrung, daß die Toten noch gegenwärtig sind.

3. Es gibt menschliche Fähigkeiten, die den Schluß nahelegen, daß Denken und Bewußtsein nicht nur das Ergebnis eines funktionierenden Organismus sein können, sondern daß im menschlichen Körper ein geistiges, energetisches Prinzip existiert, das sich vom Körper lösen, ohne ihn leben und geistige Leistungen vollbringen kann. Es sieht so aus, als könnte diese »Seele«, oder wie immer man das geistige Prinzip nennen mag, nach dem Tod des Körpers weiterleben, in neue Dimensionen eindringen und dort befreiter fortexistieren.

4. Es hat schon immer Menschen gegeben, die sich von ihrem materiellen Leib trennen und somit an verschiedenen Orten gleichzeitig auftreten konnten. Sie reisten in ihrem »zweiten Körper«. Früher sprach man von der sogenannten »Bilokation«. Von einer ganzen Reihe heiliggesprochener Menschen früherer Zeiten gibt es glaubhafte Zeugenaussagen: Sie wurden gleichzeitig an weit voneinander entfernt liegenden Orten gesehen. Heute behaupten viele Menschen, sie beherrschten die Technik der Out-of-body-Reisen (was Yogi immer schon beherrscht haben wollen). Andere glauben, zumindest gelegentlich und mehr oder weniger zufällig neben ihrem eigenen Körper gestanden oder darüber geschwebt zu haben.

5. Das erfahrene Jenseits ist nicht irgendwo über oder hinter dem Universum, nicht außerhalb der Welt. Jenseits kann aufgrund der Erfahrungen nur bedeuten: eine neue Dimension in unserer Welt — aber jenseits des normalen irdischen Erfahrungsbereichs. Dieses Jenseits ist nicht der Himmel. Ihn hat noch keiner schildern können. Es handelt sich bei allen Erfahrungen um einen Zwischenbereich, der offensichtlich verschiedene Ebenen besitzt. Das drüben erlebte Glücksgefühl ist entsprechend der erklommenen Ebene unterschiedlich, doch es stellt noch nicht die ewige Seligkeit dar, sondern bestenfalls eine Vorstufe.
6. Nun folgt das große enttäuschende »Aber«: Mögen alle Erfahrungen auch noch so überzeugende Indizien für ein Weiterleben nach dem Sterben sein, ein Beweis für das ewige Leben, für die Unsterblichkeit, sind sie noch nicht. Damit müssen wir uns abfinden. Wenn tatsächlich so etwas wie die Seele den Tod überdauern sollte, oder, anders ausgedrückt, wenn der ganze Mensch in seinem »zweiten Körper« den irdischen Leib überlebt, den sterblichen Körper nur abstreift wie einen alten, unbrauchbar gewordenen Anzug, der letztlich nur beengte und die freie Entfaltung behinderte, wenn das alles stimmt, dann ist damit noch nicht mit absoluter Sicherheit gesagt, daß das Leben im Jenseits überhaupt kein Ende hätte. Es könnte immerhin sein, daß das geistige, energetische Prinzip im Körper, also die Seele, lediglich stabiler ist als der materielle Organismus, langsamer stirbt, nicht ganz so leicht wie jener zerstörbar ist und deshalb eine Zeitlang nach seinem Zerfall fortexistiert. Energie ist unzerstörbar. Gewiß. Aber sie ist wandelbar, veränderbar. Sie könnte auch wie ein ursprünglich dichter Nebel langsam auseinanderfließen und sich verlieren. Wenn auch Menschen im Jenseits ihren schon seit Jahrzehnten toten Eltern begegnet sein wollen — selbst dann wenn jemand Abraham oder Noah treffen würde —, wäre das bestenfalls ein Hinweis auf eine enorme Stabilität und Lebenskraft des »zweiten Körpers«, aber noch kein Beweis dafür, daß er absolut unzerstörbar und unsterblich ist.
So läßt sich tatsächlich nicht ganz ausschließen, daß die Mensch-

heit, seitdem sie denken kann, einer bösen Täuschung zum Opfer gefallen ist: Sie hat erfahren, daß der Tod nicht das letzte Ende ist und daraus auf Unsterblichkeit geschlossen. Moderne Biologie und Medizin wissen aber, daß der Tod sich kaum mehr definieren und bestimmen läßt. »Klinisch tot« ist noch lange nicht tot. Der Verstorbene kann wieder ins Leben zurückgerufen werden. Denn der Tod ist mit dem Stillstand des Herzens noch nicht gegeben — letztlich wohl auch nicht mit dem Verebben des letzten Gehirnstroms. Er vollzieht sich in einem langwierigen Prozeß. Solange noch eine einzige der vielen Milliarden Körperzellen lebt, ist ein Organismus noch nicht tot. Es wäre also durchaus vorstellbar, daß ein Mensch nicht in einer Stunde, nicht an einem Tag, sondern jahrzehntelang oder gar jahrhundertelang stirbt. Schon für die alten Ägypter war der Mensch im Jenseits noch nicht automatisch unsterblich. Er mußte sich diese Unsterblichkeit erst erwerben. Sind wir damit am Ende der Jenseits-Vorstellungen angelangt? Bleibt der »Himmel« also doch nur ein schöner Traum, eine unerreichbare Utopie?

Keineswegs. Mag auch alles, was wir bisher zusammengetragen haben, noch kein Beweis für die Unsterblichkeit darstellen und uns nur bis in den Vorraum des Jenseits geführt haben, so zeigt es doch eine überzeugende Zielstrebigkeit, ein ständiges Wachsen. Das, was den sterblichen Körper überlebt, ist offensichtlich nicht weniger, sondern mehr als dieses irdische Leben. Es findet weit größere, bessere Lebensumstände vor. Das deutet aber nicht auf ein langsames Verlöschen hin, sondern eher im Gegenteil auf ein Aufflammen. Auf neue Chancen und Möglichkeiten. Das Leben nach dem Tod ist, so muß man doch annehmen, ein entscheidender Schritt auf etwas Größeres hin.

Ein Schritt auf dem Weg zum Himmel der ewigen Glückseligkeit?

Schweigen — verschweigen — leugnen

Die Wissenschaft wird zum Gegensatz des Glaubens

Es ist unfaßbar, wie lange sich Irrtümer in unserer Welt halten können, oder treffender gesagt, wie sehr der Mensch an Vorstellungen festhält, auch wenn sich längst herausgestellt hat, daß sie völlig falsch sind.

Bereits im 3. Jahrhundert vor Christus hat der griechische Astronom Aristarch von Samos aufgrund seiner Berechnungen erkannt, daß nicht die Erde, sondern die Sonne der Mittelpunkt und die Achse unseres Sonnensystems ist, daß die Sonne also weder auf- noch untergeht, sondern die Erde sich um sie herum dreht. Aristarch war aller Wahrscheinlichkeit nach nicht einmal der erste, der auf diese Wahrheit stieß. Doch er hatte ebenso wie seine Vorgänger Pech. Seine wissenschaftliche Theorie paßte überhaupt nicht in das Weltbild seiner Zeitgenossen. Auch sprachen die Glaubensvorstellungen eindeutig dagegen. Also wurden seine Überlegungen abgelehnt, sein Name praktisch vergessen. Geblieben ist offensichtlich ein Zwiespalt — nicht nur unter den Astronomen, sondern auch bei den Hütern religiöser Wahrheit: Wahrscheinlich hatte der alte Grieche doch recht! Daß das geozentrische Weltbild offensichtlich falsch war, das ahnte man nicht nur, man war sich ziemlich sicher, durfte das aber unter keinen Umständen zugeben.

In den folgenden Jahrhunderten gab es immer wieder kluge Köpfe, wie etwa Kardinal Nikolaus von Kues (1401—1464), die dieses heikle Thema ganz vorsichtig anschnitten und noch vorsichtiger formulierten:

Vielleicht ist die Erde doch ein Stern unter Sternen! Die anderen anerkannten die Theologie als die Mutter aller Wissenschaften, als letzte Instanz für jede wissenschaftliche Theorie. Sie quälten sich damit ab, vom falschen Weltbild ausgehend, die Bahnen der

Planeten zu berechnen, ihre Vorwärts- und Rückwärtsbewegungen zu verstehen. Dabei entwickelten sie eine solche Meisterschaft — noch ohne Fernrohr —, daß sie vor 500 Jahren imstande waren, trotz der falschen Voraussetzungen und eines fehlerhaften Kalenders beispielsweise die Sonnenfinsternis vom 11. August 1999 auf die Stunde genau vorauszuberechnen!
Aber es ging bei dieser Frage ja auch um sehr viel mehr als nur um eine wissenschaftliche Einsicht oder um eine Streitfrage zwischen Theologen und Naturwissenschaftlern. Es ging um den Standpunkt des Menschen in dieser Welt — und um sein Heil.
»Am Anfang schuf Gott den Himmel und die Erde«. So beginnt die Heilige Schrift des Alten Testaments. Das wurde ganz wörtlich verstanden: Unten ist die riesige Erdscheibe, die Welt der Sterblichen. Darüber spannt sich der Himmel, die Wohnung Gottes, die Ewigkeit. In den Sternen wird ein Teil dieser Ewigkeit sichtbar, denn das Firmament, die Gestirne am Himmel gehörten nicht mehr zum Diesseits, sondern bereits zum Jenseits.
So kam ursprünglich auch die Astrologie zustande. Als der Mensch entdeckte, daß es am Himmel »Lichter« gibt, die sich bewegen, die wandeln, da konnte das für ihn nur eines bedeuten: Der Himmel gibt dem, der zu schauen vermag, wichtige Hinweise, um die Sterblichen auf Gefahren und schicksalhafte Ereignisse hinzuweisen.
Der französische Arzt und Seher Michel Nostradamus hat das vor rund 450 Jahren so zu erklären versucht: »Wir Menschen können aus natürlicher Einsicht die verborgenen Geheimnisse Gottes des Schöpfers nicht automatisch erkennen, weil es nicht unsere Sache ist, ›die Zeit und den Augenblick zu kennen‹. Gleichwohl gibt es jetzt und in Zukunft Männer und Frauen, durch die der Schöpfergott in bildhaften Impressionen einige Geheimnisse der Zukunft enthüllen will (Hellsehen, Wahrsagen). Diese Geheimnisse stehen im Einklang mit der berechenbaren Astrologie... Tatsachen lassen nämlich auf Ursachen rückschließen, die von sich aus nicht erfaßbar wären. Sie werden begriffen unter der Wölbung des Himmels, der greifbaren Ge-

genwart der ganzen Ewigkeit. Die Ewigkeit des Himmels hält alle Zeit umarmt. Dank dieser unteilbaren Ewigkeit aber und durch die kreisförmigen Bewegungen sind die Ursachen der Vorgänge (auf der Erde) erkennbar.«
Genauso hatten die Scholastiker Albert Magnus (1193—1280) und Thomas von Aquin (1225—1274) das schon verstanden und zur kirchlichen Lehrmeinung gemacht: Die Sterne sind »Werkzeuge Gottes«, der sie in Gang gesetzt hat. »Die Figuren des Himmels waren vor allen übrigen erschaffenen Dingen da. Und eben deshalb haben sie einen Einfluß auf alles, was nach ihnen entstanden ist... Die Vorhersage künftiger natürlicher Dinge, die zwangsläufig eintreten, wie Finsternisse, Seuchen, Katastrophen, sind nicht nur erlaubt, sondern verdienstvoll! Unerlaubt und verwerflich und sündhaft ist nur die Vorhersage, die vom Geburtshoroskop eines Menschen ausgeht und versucht, dessen Zukunft vorherzusagen.« Zu ihrer Rechtfertigung zitierten die alten Astrologen den Psalmvers: »Auf das Werk Gottes blicken sie nicht. Und das Werk seiner Hände sehen sie nicht.« Anders gesagt: Wer nach oben, zu den Sternen blickte, der sah zum »Himmel« — dorthin, wo er hoffte, nach seinem Tod bei Gott wohnen zu dürfen.
Ist das nicht weithin auch heute noch so? Leben wir Menschen nicht auch im 20. Jahrhundert noch mit dem alten, falschen Weltbild? Der Himmel ist oben, die Hölle unten, unter der Erde. Die Seligen fliegen empor zum Himmel, die Verdammten werden hinab in die Hölle gestürzt.

Galilei und Darwin »widerlegen« die Bibel

Nach der Entdeckung des Aristarch hat es mehr als 1700 Jahre gedauert, ehe Kopernikus (1473—1543) es wagte, die Erde endgültig aus dem Mittelpunkt der Schöpfung zu stürzen und in die Schar der Planeten einzureihen. Galileo Galilei (1546—1642)

hat, wiederum fast hundert Jahre später, nicht viel mehr getan, als die kopernikanische Idee öffentlich zu vertreten. Er besaß mittlerweile ein Fernrohr und konnte damit die Kugelgestalt der Planeten deutlich wahrnehmen. Trotzdem mußte er noch einmal widerrufen und um sein Leben bangen. Die Kirche sah zwar ein, daß er recht hatte, doch sie fürchtete, der »Himmel« würde einstürzen, der Glaube an die Ewigkeit und an die Wahrheit der Heiligen Schrift ginge endgültig verloren.
Machen wir uns nichts vor: Auch heutzutage sind die Vorstellungen vom Jenseits im christlichen Abendland noch immer auf das alte ptolemäische Weltbild gegründet. Wohl ein Großteil der Christen sieht sich nach wie vor im Zentrum der Schöpfung und erwartet den Himmel jenseits des Universums. Gleichzeitig hat aber dieser erste große Triumph der Naturwissenschaftler über die Theologen (nicht der Naturwissenschaft über die Theologie!) unaufhaltsam zum Atheismus geführt, genauso wie es die Päpste befürchtet hatten.
Das Ende des Glaubens an ein Jenseits schien endgültig gekommen zu sein, als der englische Biologe Charles Robert Darwin (1809—1882) seine Evolutionstheorie veröffentlichte: Alles irdische Leben, auch der Mensch, hat sich nach und nach aus ersten Anfängen entwickelt. Treibende Kraft dieser Entwicklung war der »Kampf ums Dasein«: Nur die tüchtigsten Exemplare einer Art hatten Aussichten, sich veränderten Bedingungen anzupassen und zu überleben. Deshalb wurden die biologischen Arten immer vielfältiger, die Organismen immer komplizierter.
Wie sehr die Menschheit von dieser Botschaft Mitte des letzten Jahrhunderts getroffen wurde, zeigt die Tatsache, daß es auch Ende des 20. Jahrhunderts noch immer viele — auch Wissenschaftler — gibt, die den Darwinismus mit großer Entschiedenheit ablehnen. Die volle Enttäuschung der entzauberten Menschheit steckt in der vereinfachten — und falschen — Formulierung: Der Mensch stammt vom Affen ab.
Auch einfachere Geister verstanden Darwins Lehre in etwa so:

Wenn es stimmt, daß unsere Vorfahren Tiere, Fische, Einzeller waren, dann stellen wir auf dieser Erde überhaupt nichts Besonderes dar. Bestenfalls sind wir die höchstentwickelte Art unter vielen anderen. Dann muß das, was in der Bibel von der Erschaffung des ersten Menschenpaares, Adam und Eva, berichtet wird, falsch sein. Dann — und das war der eigentliche Punkt — wird es unendlich schwer, weiterhin an ein Weiterleben nach dem Tod zu glauben. Wenn wir Menschen aus einer ganz natürlichen Entwicklung hervorgegangen sind — warum sollten wir dann, nur weil wir ein Stückchen weiter gekommen sind als alle anderen, unsterblich sein, während Hund und Katze und selbst der »Vetter« Affe mit dem Tod enden?
Selbstverständlich waren die Theologen auch in diesem Fall versucht, wie seinerzeit bei Galilei zu handeln, nämlich die Evolutionstheorie als Irrtum anzuprangern und jeden, der sie vertritt, aus der Glaubensgemeinschaft auszuschließen. Sehr schnell mußte aber auch der Vatikan einsehen, daß das angesichts der überzeugenden Beweise für die Evolutionstheorie unmöglich ist. Ein zweiter Fall Galilei wollte und konnte man nicht mehr riskieren.
Leitete Darwin also das Ende der Unsterblichkeit ein?
Nein. Die Theologen fanden einen Ausweg. Sie unterbreiteten der Welt folgende Lösung:
1. Die Bibel ist kein naturwissenschaftliches Lehrbuch. Nicht alle ihre Texte dürfen wörtlich genommen werden. Trotzdem bleibt sie göttliche Offenbarung. Manches, wie etwa die Erschaffung des Menschen, ist sinnbildlich zu verstehen: Gott hat ihn aus der Tierwelt herausgehoben, ihm etwas mitgeteilt, was ihn unsterblich macht.
2. Der menschliche Geist hat sich nicht aus anderen biologischen Fähigkeiten entwickelt. Die Seele des Menschen ist also nicht das Ergebnis der Evolution. Sie entstammt dem göttlichen Schöpfungsakt.
Solche Äußerungen durch höchste Instanz kamen speziell für alle jene Menschen zu spät, die sich der Wissenschaft verschrieben

hatten. Längst hatte sich zwischen ihr und der Theologie eine scheinbar unüberbrückbare Kluft aufgetan: entweder wissen oder glauben.
Sobald sich die Wissenschaften von der Oberhoheit der Theologie befreit hatten und damit keine Richtschnur mehr besaßen, legten sie sich eine lobenswerte Selbstbeschränkung auf: Nichts darf mehr gelten, was sich nicht nachprüfen, messen, objektiv beweisen läßt.
Nach diesen Grundsätzen konnten sich die empirischen Wissenschaften befreit entfalten. In kürzester Zeit haben Wissenschaft und Technik einen ungeahnten Aufschwung erlebt.
Wohlgemerkt: Gott und die Ewigkeit wurden ursprünglich von der neuen Wissenschaft nicht geleugnet — aber strikt ausgeklammert: »Solange man über etwas nicht reden kann, soll man darüber schweigen.« Eine sehr vernünftige geistige Haltung.

Wissenschaftler leugnen Gott — und verstoßen damit gegen ihr »Grundgesetz«

Die Folgen der pragmatischen Forschungen, der Selbstbeschränkung auf das Erfahrbare, waren allerdings verhängnisvoll: Aus dem Verschweigen des Jenseits, der Ewigkeit und Gottes wurde alsbald ein ebenso entschiedenes Leugnen: Hinter dieser Welt gibt es nichts mehr. Wir müssen uns damit abfinden, daß mit dem Tod alles zu Ende ist. So wie Adam und Eva nichts anderes sind als ein frommes Märchen, so ist auch der Glaube an das, was die Religionen versprechen, nichts anderes als Aberglaube, von der Wissenschaft abgelöst. Entweder glauben oder wissen. Beides läßt sich nicht länger miteinander vereinbaren. Diese Welt ist im »Urknall« vor Jahrmillionen entstanden und hat zufällig zum Leben gefunden. Gott wurde überflüssig. Wir durchschauen doch die natürlichen Vorgänge. Es gibt keine Wun-

der. Das Weiterleben nach dem Tod muß abgeschrieben werden.
Niemand schien zu bemerken, daß die Wissenschaftler, die so sprachen, gegen ihr heiligstes Gesetz verstießen: Sie sprachen über etwas, worüber sie hätten schweigen sollen. Denn die Behauptung: »Es gibt keinen Gott und keine Ewigkeit« ist rein pragmatisch, wissenschaftlich ebensowenig belegbar wie das Gegenteil. Die Wissenschaftler hatten ihre Kompetenz weit überschritten und leugneten sogar nachweisbare Tatsachen, die nicht in ihr Konzept paßten.
Nehmen wir als Beispiel die Medizin. Seit jeher war es für einen Arzt völlig selbstverständlich, daß es nur einen einzigen »Heiler« gibt: die Selbstheilungskräfte des Körpers. Wo diese versagen, ist alle ärztliche Kunst machtlos. Medikamente und medizinische Maßnahmen sollten stets darauf ausgerichtet sein, diese rätselhafte »innere Intelligenz«, die normalerweise so perfekt und ohne jedes Zutun funktioniert, im Notfall aufzuwecken und zu stärken. Den alten ägyptischen Ärzten war unter schärfsten Androhungen verboten, einen Kranken vor Ablauf einer Frist von drei Tagen zu behandeln. Erst wenn diese Zeit verstrichen war und sich keine Besserung zeigte, griffen sie ein.
Mit der Emanzipation der Medizin zur empirischen Wissenschaft trat jedoch eine Änderung ein. Jetzt war der Organismus nur noch ein biologisches »Labor«, verwaltet von chemischen und physikalischen Gesetzen. Krank wurde ein Körper, sobald eine chemische Substanz fehlte, gegen ein physikalisches Gesetz verstoßen oder der Körper von außen von Krankheitserregern angegriffen wurde. Heilen hieß demzufolge: Ausgleich der chemischen und physikalischen Kräfte, Wegschneiden eines kranken Teils, Vernichtung der Krankheitserreger. Damit schien nahezu alles machbar geworden. Die Chirurgen wurden immer perfektere Künstler auf ihrem Gebiet, die pharmazeutische Industrie entwickelte Wundermedikamente, medizinische Geräte schafften es, auch das Innerste des Körpers sicht-

bar zu machen und winzigste Teilchen des Blutes zu analysieren.

Die Anstrengungen schienen denn auch die moderne Medizin zu bestätigen: Die Lebenserwartung der Menschen schnellte in die Höhe — obwohl die Menschen mehr denn je gegen ihre Gesundheit verstießen. Mit Heilen hat das, was Ärzte heute vielfach tun, nichts mehr zu tun. Ihre Arbeit ist eher ein Notdienst zur Verhinderung des Schlimmsten, des Todes! In den riesigen Krankenhäusern wird in erster Linie »Pannenhilfe« geleistet: Man schneidet den bösartigen Tumor weg. Es bleibt weder Zeit noch Möglichkeit zu fragen, warum er eigentlich entstanden ist und wie diese Ursache ausgeschaltet werden könnte, damit nicht ein neuer Tumor heranwachse. Patienten mit erhöhtem Blutdruck werden unter Dauermedikation gesetzt, obwohl es kaum einen Zweifel mehr daran geben kann, daß zumindest in vielen Fällen die lebensbedrohende Störung von einer inneren Unruhe, Verkrampfung, von Angst und seelischer Zerrissenheit stammen dürfte.

Sollte man die Ärzte deswegen tadeln? Wer von ihnen könnte auf die Medikamente verzichten, indem er herauszufinden sucht, was seinen Patienten quält und bedrückt? Selbstverständlich wußten die Mediziner zu jeder Zeit, daß es gar nicht so sehr die äußeren Einwirkungen sind, die krank machen, sondern die innere Reaktion darauf.

Die Einstellung zum Leben ist für die Gesundheit entscheidender — wenigstens ab einem bestimmten Alter — als der Inhalt aller Apotheken zusammengenommen. Das wußten alle Naturvölker, die Indianer ebenso wie die Ureinwohner von Neuguinea und Australien, die Kelten wie die Chinesen. Ein Großteil der ursprünglichen Riten innerhalb der Stammesgruppen diente der Bewältigung der Lebenskrisen, der Lösung innerer Verkrampfungen, der Bannung der Angst. Medizin war in erster Linie Seelsorge, die medizinische Behandlung Gruppentherapie. In einem modernen Industriestaat verfügen die Ärzte über keinerlei Möglichkeit mehr, ihre Patienten auf den rechten Weg zur Gesundheit zurückzuführen. Sie können ihnen nicht beibringen, wie man mit einer Trennung, mit dem Verlust des Arbeitsplatzes, mit Unglück und Tod fertig wird. Deshalb steckt hinter der Gesundheitsmisere unserer Tage letztlich das Fehlen einer Antwort auf die einzig wichtigen Fragen unseres Lebens: Welchen Sinn hat mein Dasein? Und was kommt danach?

Das krampfhafte Festhalten an diesem Leben — und nur an ihm —, das Nichtwahrhabenwollen des Alterns und das Leugnen des Todes sind die eigentlichen Krankmacher. Die empirischen Wissenschaften haben unser Leben aus seiner Verankerung in der Ewigkeit losgerissen.

Theologen stellen die Unsterblichkeit der Seele in Frage

Und wo blieben die Kirchen, die Religionen, die Glaubensgemeinschaften?

Sie haben wacker mitgemacht. Die Theologen wollten auch Wissenschaftler sein und sich nicht länger herabsetzen lassen. Lange genug mußten sie mitanhören, wie andere verächtlich spotteten: »Glauben an Gott und ein Leben in Unsterblichkeit? Verzeihen Sie, ich bin Wissenschaftler!«

Das Wort des großen französischen Mathematikers, Philosophen und Theologen Blaise Pascal war vergessen: »Die letzte Schlußfolgerung der Vernunft ist doch, daß sie einsieht, daß es eine Unzahl von Dingen gibt, die ihr Fassungsvermögen übersteigen. Sie ist nur schwach, wenn sie nicht zu dieser Einsicht gelangt.« Die Vernunft vieler Theologen ist schwach geworden. Sie wollten die Geheimnisse des Glaubens erklärbar machen — und haben sie verloren.

Den Anfang machte der evangelische Theologe Rudolf Bultmann (1884—1976). Die »Wunder« in der Heiligen Schrift — größtenteils Vorgänge, die man mittlerweile als natürliche Ereig-

nisse erklären kann, vor allem aber die Auferstehung Christi, mußten als Ärgernis ausgeräumt werden: »Man kann nicht elektrisches Licht und Radioapparat benützen, in Krankheitsfällen klinische Mittel in Anspruch nehmen und gleichzeitig an die Geister- und Wunderwelt des Neuen Testaments glauben. Wer aber meint, es für seine Person tun zu müssen, muß sich klarmachen, daß er, wenn er das für die Haltung christlichen Glaubens erklärt, damit die christliche Verkündigung in der Gegenwart unmöglich macht.«
Bultmann formulierte es so: »Jesus ist auferstanden in die Verkündigung hinein.« Das heißt doch: Niemand hat ihn leibhaftig nach dem Tod am Kreuz gesehen. Aber er lebt in seiner Botschaft weiter.
Dieser Anfang führte direkt zur Theologin Dorothee Sölle: »Wenn wir in der Liturgie der Osternacht uns zurufen: ›Christus ist auferstanden, er ist wahrhaftig auferstanden!‹, so rufen wir: ›Befreiung‹ und sind mit den geschundenen, zerstörten Menschen, den Armen zusammen. ›Er ist auferstanden‹, sagen wir und meinen, wir werden satt, wir lieben unsere Mutter, die Erde; wir bauen Frieden mit unserem ganzen Leben. Wir machen aus den Schwertern Pflugscharen. Man muß diese Kraft dessen, was Auferstehung heißt, in unserem Leben spüren. Wir müssen diese Worte wie ›Auferstehung, Leben aus dem Tod, Gerechtigkeit‹ wieder in Besitz nehmen und sie an unseren eigenen Erfahrungen als wahr erkennen. Wenn wir unsere Erfahrungen als benennbar gemacht haben, so können wir unser Leben im Rahmen der großen Symbole unserer Tradition beschreiben: Auch wir waren in Ägypten, auch wir wissen, was Exodus bedeutet, auch wir kennen den Jubel des Freiwerdens — das Auferstehen aus dem Tod. Nur was wir selber an christlicher Erfahrung zu einem Teil unseres Lebens gemacht haben, das läßt sich auch weitersagen, das wird auch für andere kommunikabel.«
Damit werden Gott und das ewige Leben noch nicht unbedingt geleugnet — aber sie werden außer acht gelassen, aus der erfahr-

baren Welt herausgedrängt. Sie verschwinden aus allen Überlegungen, weil sie nicht erfahrbar, nicht belegbar, nicht wissenschaftlich faßbar sind. Das Augenmerk der Gläubigen wird auf ihr Leben in dieser Welt gerichtet. Religion wird zur Ethik und mehr noch zur Soziallehre. Sehr groß ist der Unterschied zwischen dem so verstandenem Christentum und der Lehre des Karl Marx nicht mehr.

Diese »wissenschaftliche Theologie« haben nach dem Zweiten Weltkrieg auch katholische Theologen übernommen. Sie versuchten, die Religionswahrheiten an wissenschaftliche Tatsachen wie die Evolutionstheorie anzupassen, um Widersprüche aus der Welt zu schaffen.

Professor Gerardus van der Leeuw, der den sogenannten »holländischen Katechismus« entscheidend beeinflußte, verkündete schon 1956: »Der Glaube an eine unsterbliche Seele ist ebensowenig christlich wie das der Glaube an einen unsterblichen Leib sein würde. Er ist griechisch. Allein Gott ist unsterblich (1 Tim. 6,16). Den Menschen gab Gott die Verheißung auf Auferstehung.« Und weiter: »Gott hat es mit dem ganzen Menschen zu tun, mit dem menschlichen Leben in seiner unteilbaren Einheit. Die Kirche hat, wie hellenisiert sie auch in Lehre und Praxis sein mag, nichtsdestoweniger immer die Auferstehung des Fleisches und damit ihren israelitischen Charakter festgehalten. Das bedeutet natürlich nicht, daß dieser Leib, der ich jetzt bin, nachher noch besteht. Der Leib stirbt. Der Tod wird gerade nicht geleugnet. Auch der Geist, die Seele, die ich jetzt bin, wird nachher nicht sein. Auch die Seele stirbt. Doch wird das ganze Leben des Menschen durch Gott erneuert. Gott weckt mich auf ›am Jüngsten Tag‹.«

Diese These hat auch der Tübinger Theologe Professor Hans Küng übernommen. Er schreibt: »Alles Weiterkommen gelingt nur bei Strafe unwissenschaftlicher, metaphysisch restaurierter Hypothesen, die den Gesprächspartner für den seriösen wissenschaftlichen Diskurs unglaubwürdig machen: Diese Warnung zeitgenössischer Philosophen ist nicht zu überhören. Vorbei ist die Zeit der Meta-Physik, und dies nicht nur aus erkenntnistheoretischen Gründen.« Küng zitiert den Tübinger Philosophen Walter Schulz: »Die Metaphysik mit ihren Vorstellungen vom Fortleben und persönlicher Unsterblichkeit liegt hinter uns. Für uns ist die biologisch orientierte Vorstellung vom natürlichen Tod grundlegend.«

Küng verweist weiter auf den evangelischen Theologen Wolfhart Pannenberg, der sagt, die moderne Anthropologie hätte es doch längst aufgegeben, den Menschen als »aufgebaut aus zwei verschiedenen Stoffen« zu beschreiben. »Kein lebendiges Verhalten läßt sich säuberlich auf Seele und Körper verteilen. Ja, mehr noch: Die Unterscheidung von Körper und Seele setzt im menschlichen Verhalten selbst eine ursprüngliche Einheit voraus... Es gibt keine dem Leibe gegenüber selbständige Wirklichkeit Seele im Menschen, ebensowenig aber auch einen bloß mechanischen oder bewußtlos bewegten Körper. Beides sind Abstraktionen. Wirklich ist nur die Einheit des sich bewegenden, sich zur Welt verhaltenden Lebewesens Mensch.«

Küng zieht daraus die Folgerung: »So ist nun offenkundig, daß biblisches und heutiges anthropologisches Denken in der Auffassung vom Menschen als einer leib-seelischen Einheit konvergieren, was auch für die Frage eines Lebens nach dem Tod von entscheidender Bedeutung ist. Wenn das Neue Testament von Auferweckung spricht, dann nicht von der natürlichen Fortdauer einer von unseren leiblichen Funktionen unabhängigen Geist-Seele. Er meint dann vielmehr — auf der Linie der jüdischen Theologie — die Neuschaffung.« Das heißt aber auf eine knappe Formel gebracht: Wir können nur darauf hoffen, daß uns Gott nach dem Tod ein zweitesmal — seinem Versprechen entsprechend — neu, anders, diesmal unsterblich im Jenseits in einem Schöpfungsakt »zur Welt bringt«.

In diesen Gedankengängen scheint ein logischer Bruch zu sein. Um der Wissenschaft Hilfe zu leisten, wird einerseits nicht länger an der Metaphysik und an übernatürlichen, geheimnisvollen Erklärungen festgehalten. Zum anderen aber zaubern die Theologen das eben noch verdammte Wunder doch wieder aus dem Hut: Gott wird uns am Jüngsten Tag, also am Ende aller Zeiten, neuschaffen.

Wie? Etwa in einer neuen Evolution? Und wo? Vielleicht im Jenseits, das eben noch als unrealistisch, als Irrtum abgetan wurde?

Kann und darf man Gott und die Ewigkeit, solange man daran glaubt, kurzerhand aus unserem irdischen Dasein herausnehmen und an den Anfang und das Ende der Welt verbannen? Woher wollen wir denn noch wissen, daß es den Schöpfer überhaupt gibt, wenn er in den Ablauf der Welt nicht eingreift?

Auch Küng weiß selbstverständlich von den Sterbeerlebnissen, die seit Jahrtausenden auf gleichbleibende Weise bezeugt werden. Er führt jedoch an, daß auch Lebende Ähnliches wie die klinisch Toten erfahren haben: »Erfahren haben die von Moody und jetzt auch von vielen anderen examinierten ehemaligen Todkranken vielleicht das Sterben, aber sicher nicht den Tod. Sterben und Tod gilt es demnach strikt zu unterscheiden. Sterben — das sind die physisch-psychischen Vorgänge unmittelbar vor dem Tod, die vom Eintreffen des Todes unwiderruflich gestoppt werden. Sterben ist also der Weg, der Tod das ›Ziel‹. Und durch dieses Ziel ist kein einziger der Untersuchten gegangen.« Nach Küngs Ansicht beweisen solche Sterbeerlebnisse »für ein mögliches Leben nach dem Tod nichts. Denn hier geht es um die letzten fünf Minuten vor dem Tod und nicht um ein ewiges Leben nach dem Tod.« Auch die Lichtphänomene seien kein Beweis für den »Eingang in ein freundliches, ewiges Licht«. Immerhin räumt Küng ein, machen die positiven Sterbeerlebnisse Hoffnung, daß das Sterben in der allerletzten Phase möglicherweise doch nicht so angstbesetzt verlaufe, wie oft befürchtet. Die entspannten Gesichtszüge der biologisch und nicht nur klinisch Toten seien vielleicht ein Zeichen dafür, »daß ein neues Sein nicht von vornherein auszuschließen ist: ein Zeichen für eine Transzendenz im Tod«.

Strittig ist auch die Frage nach einer Passion oder Aktion Jesu zwischen Tod und Auferweckung.
Im Neuen Testament heißt es im ersten Petrusbrief: »Auch Christus mußte einmal der Sünde wegen sterben, der Gerechte für die Ungerechten, um euch zu Gott hinzuführen. Den Tod erlitt er dem Leibe nach. Zum Leben aber wurde er dem Geiste nach erweckt. In ihm ging er auch hin und predigte den Seelen im Gefängnis. Diese waren einst ungläubig gewesen, als Gottes Langmut in den Tagen Noahs wartete, indes die Arche gebaut wurde, in der nur acht Seelen vor der Flut gerettet.« (1 Pet. 3,18) — Küng hält diesen Brief, der sehr spät verfaßt wurde, für nicht authentisch. Seiner Überzeugung nach ist die Geschichte von der »Höllenfahrt« — dem damaligen Zeitgeist entsprechend — erfunden worden, um den Tod Christi noch etwas dramatischer zu gestalten. Aber da es keine unsterbliche Seele gibt, die sich irgendwo zwischen Himmel und Erde aufhalten könnte, kann Jesus auch nicht im »Reich der Toten« gewesen sein.
Im Glaubensbekenntnis heißt es aber ausdrücklich: »Abgestiegen in das Reich des Todes, am dritten Tag wiederauferstanden von den Toten«. Ist dieses Glaubensbekenntnis, das die Grundwahrheiten des christlichen Glaubens kurz zusammenfaßt, nicht verbindlich für alle Christen?
Professor Küng beruft sich auf die späte Einfügung dieses Glaubensartikels in das Apostolikum und betont, die Höllenfahrt Jesu »im qualifizierten Sinn einer Tätigkeit zwischen Tod und Auferweckung« sei im Neuen Testament überhaupt nicht bezeugt. »Nicht alle Sätze des Apostolikums können auf die gleiche Stufe gestellt werden. Es gibt, wie die katholische Theologie seit dem Zweiten Vatikanum sagt, eine ›Hierarchie der Wahrheiten‹. Es gibt, wie die neuere evangelische Theologie sagt, eine ›Mitte der Schrift‹.«
An dieser Stelle sei noch einmal auf vier Formulierungen im Petrusbrief hingewiesen, die für unsere späteren Erörterungen relevant sind. Es heißt dort: Während sein Körper tot war, »ging er im Geiste hin« (in das Reich der Toten). Sodann: »Er predigte

den Seelen.« Diese Seelen stammten aus der Zeit des Noah. Es waren jene Geschöpfe, die in der Sintflut ums Leben kamen: »Sie waren ungläubig, als Gottes Langmut in den Tagen Noah wartete, indes die Arche gebaut wurde.« Schließlich, etwas später: »Deswegen wurde auch den Toten das Evangelium verkündet, damit sie, wenn sie auch nach Menschenschicksal dem Leibe nach gerichtet sind, doch der Seele nach leben, wie Gott es will.«

Der Vatikan hält an der Unsterblichkeit der Seele fest

Die Theorie von der Sterblichkeit und dem Tod des ganzen Menschen ist nicht die offizielle Lehrmeinung der katholischen Kirche, die sie als Irrtum zurückgewiesen hat und nach wie vor die traditionelle Lehre vertritt: Der Mensch besteht aus zwei Substanzen, aus Leib und Seele, wie es das Zweite Vatikanische Konzil (1962—65) zusammenfassend formulierte: »In Leib und Seele einer, vereint der Mensch durch seine Leiblichkeit die Elemente der stofflichen Welt in sich: Durch ihn erreichen diese (die Elemente) die Höhe ihrer Bestimmung und erheben ihre Stimme zum freien Lob des Schöpfers... Der Mensch irrt aber nicht, wenn er seinen Vorrang vor den körperlichen Dingen bejaht und sich selbst nicht nur als Teil der Natur oder als anonymes Element in der menschlichen Gesellschaft betrachtet; denn in seiner Innerlichkeit übersteigt er die Gesamtheit der Dinge. In diese Tiefe geht er zurück, wenn er in sein Herz einkehrt, wo Gott ihn erwartet, der die Herzen durchforscht, und wo er selber unter den Augen Gottes über sein eigenes Geschick entscheidet. Wenn er daher die Geistigkeit und Unsterblichkeit seiner Seele bejaht, wird er nicht zum Opfer einer trügerischen Einbildung, die sich von bloß physischen und gesellschaftlichen Voraussetzungen herleitet, sondern erreicht er im Gegenteil die tiefe Wahrheit der Wirklichkeit.

... Während vor dem Tod alle Träume nichtig werden, bekennt die Kirche, belehrt von der Offenbarung Gottes, daß der Mensch von Gott zu einem seligen Ziel jenseits des irdischen Elends geschaffen ist ... Gott rief und ruft nämlich den Menschen, daß er ihm in der ewigen Gemeinschaft unzerstörbaren göttlichen Lebens mit seinem ganzen Wesen anhange ...«
In einer Erklärung der päpstlichen Kongregation für die Glaubenslehre, der kirchlichen Behörde des Vatikans, die über die Reinheit der Glaubenslehre wacht, herausgegeben am 17. Mai 1979, heißt es noch deutlicher und klarer: »Die Kirche hält an der Fortdauer und Subsistenz eines geistigen Elementes nach dem Tod fest, das mit Bewußtsein und Willen ausgestattet ist, so daß das ›Ich des Menschen‹ weiterbesteht, wobei es freilich in der Zwischenzeit seiner vollen Körperlichkeit entbehrt.« Das haben die Christen seit nunmehr 2000 Jahren geglaubt. Es gibt nirgendwo etwas Tröstlicheres als das, was die Bibel für das Jenseits verspricht: Der Mensch ist dazu berufen — und Gott will, daß ausnahmslos alle in dieses Glück hineinfinden —, sein geliebter Partner zu sein, der ihm »von Angesicht zu Angesicht« begegnen darf und den er beglückt in seine Arme schließen wird. Das ist das Evangelium, die frohe Botschaft, die Jesus der Menschheit gebracht hat.
Hier zeigt sich wieder besonders deutlich der Unterschied zwischen westlichem und östlichem Denken: Nach östlicher Vorstellung besteht das höchste Glück in der Verschmelzung mit dem Vollkommenen. Man wird praktisch selbst zum Glück. Der westliche Geist sieht die Vollendung in der unübertreffbaren Selbstverwirklichung, im höchsten, was die Person finden kann, in der Partnerschaft. Doch wiederum liegt der Unterschied nur in der Betonung. Im Grunde geht es um ein und dieselbe Sache: Eins werden mit Gott in unendlicher Vollkommenheit und unüberbietbarer Zuneigung.

Kein Platz für Reiche im Himmel?

Warum nur hat diese Botschaft nicht viel mehr Glück in die Welt gebracht? Weil es im christlichen Jenseits neben dem Himmel die fürchterliche Hölle gibt.
Jesus hat seinen Jüngern die Geschichte des reichen Prassers und des armen Lazarus erzählt. Und sie kann schon gehörigen Schreck einjagen:

»Es war ein reicher Mann, der kleidete sich in Purpur und feine Leinwand und hielt alle Tage glänzende Gelage. Vor seiner Tür lag ein armer Mann namens Lazarus. Er war über und über mit Geschwüren bedeckt. Wie gerne hätte er sich von dem, was vom Tisch des Reichen abfiel, gesättigt. Sogar die Hunde kamen und leckten an seinen Geschwüren. Da starb der Arme und wurde von den Engeln in den Schoß Abrahams getragen. Doch auch der Reiche starb und ward begraben. Als er in der Hölle mitten in den Qualen seine Augen erhob, sah er in der Ferne Abraham und in dessen Schoß den Lazarus. Da rief er: ›Vater Abraham! Erbarme dich meiner. Sende den Lazarus, damit er seine Fingerspitze ins Wasser tauche und meine Zunge kühle. Ich leide große Qual in dieser Glut.‹
Abraham erwiderte jedoch: ›Kind, bedenke, dir ist es in deinem Leben gut ergangen, dem Lazarus hingegen schlecht. Jetzt wird er hier getröstet, du aber wirst gepeinigt. Zu alledem gähnt zwischen uns und euch eine weite Kluft, damit keiner von hier zu euch hinüber kann und keiner von dort zu uns, selbst wenn er wollte.‹
Darauf sprach jener: ›Dann bitte ich dich, Vater, sende ihn in mein väterliches Haus. Ich habe nämlich noch fünf Brüder. Sie soll er warnen, damit nicht auch sie an diesen Ort der Qual kommen.‹
Abraham indes entgegnete: ›Sie haben Moses und die Propheten. Auf sie sollen sie hören.‹
Doch er widersprach: ›Nein, Vater Abraham. Wenn einer von den Toten zu ihnen käme, dann würden sie sich bekehren.‹

Abraham aber sprach: ›Wenn sie auf Moses und die Propheten nicht hören, werden sie sich auch nicht überzeugen lassen, wenn einer von den Toten auferstünde‹.«

(Lukas 16, 19—31)

Dieses Gleichnis verrät einen tiefen Einblick in das Jenseits:
1. Es gibt ein Leben drüben, und es ist nicht nur ein undefinierbares Geisterdasein, nicht ein Dahindämmern in der Dunkelheit, sondern ein Leben voller Glück — oder Unglück.
2. Ob der Mensch nach seinem Tod im Jenseits glücklich oder unglücklich sein wird, das hängt von seinem irdischen Leben ab. Wer zeitlebens viel Not und Unglück ertragen mußte, scheint im Jenseits dafür reichlich entschädigt zu werden. Wer es sich dagegen gut gehen ließ, die Freuden der Welt auskostete, erleidet nach dem Tod schwerste Pein, so daß sogar ein Tropfen Wasser eine Wohltat darstellen würde. »Wie schwer ist es doch für die Reichen, in das Reich Gottes einzugehen! ... Wie schwer ist es doch für die, die auf ihr Geld vertrauen, in das Reich Gottes zu kommen! Viel leichter geht ein Kamel durch ein Nadelöhr als ein Reicher in das Reich Gottes!« (Markus 10,25)
3. Zwischen den Seligen und den Verdammten ist ein unüberbrückbarer Graben, so daß ein Herüber oder Hinüber unmöglich ist.
4. Niemand soll sich auf die Ausrede berufen, er habe nichts vom Jenseits gewußt. Wer sich von den Glaubensaussagen der Heiligen Schrift nicht überzeugen läßt, der fände selbst dann keine Gewißheit von einem Leben nach dem Tod, stünden Verstorbene leibhaftig vor ihm und erzählten sie von ihrem Dasein drüben.

An kaum einer anderen Aussage Jesu ist so viel Anstoß genommen worden wie an dieser: Der Reiche kommt in die Hölle, der Arme in den Himmel.
Interessanterweise hat das Gleichnis vom armen Lazarus im Laufe der Geschichte nur ganz wenige davon abgehalten, nach Reich-

tum zu streben, Schätze anzusammeln, es sich gut gehen zu lassen. Zu Recht: Nicht der Reichtum an sich ist verwerflich und gefährdet die Seligkeit im Jenseits, wie auch die Armut an sich und das ertragene Leid noch keine Garantie dafür sein können, drüben einmal selig zu werden. Es geht, wie später noch ausführlicher gezeigt werden wird, um die Tatsache, daß ein Mensch, der nur auf Wohlergehen und Lust und Genuß ausgerichtet ist, allzu leicht sein Ziel und das Ziel der Menschheit aus den Augen verliert; daß er nichts zum Vorwärtskommen der Menschheit beiträgt und somit das Reich Gottes aufhält. Der reiche, in Purpur und Leinen gekleidete Prasser scheint ja kein durch und durch schlechter Mensch gewesen zu sein. Selbst in der Hölle denkt er noch an seine Brüder und versucht sie zu retten. Sie sollen erfahren, daß es wirklich eine Hölle gibt, damit sie ihr Leben ändern und davor bewahrt bleiben.
Aber vor lauter Lebensgier übersah der Prasser, was es heißt, menschlich zu sein. Der arme und kranke Bettler vor seinem Haus rührte ihn nicht. Er lebte in den Tag hinein, vergeudete sein Talent und verfehlte seine Berufung. »Wo dein Schatz ist, da ist auch dein Herz« (Matthäus 6,21) — das ist das Risiko der Reichen.
Der reiche Mann im Gleichnis ist nicht verdammt worden, weil er reich war, sondern weil er die Sünde wider den Geist beging, von der Jesus sagte, sie allein würde niemals vergeben werden. »So sage ich euch: Den Menschen wird jede Sünde und jede Lästerung vergeben werden. Die Lästerung des Geistes wird nicht vergeben. Wer ein Wort sagt gegen den Menschensohn, dem wird vergeben werden. Doch wer ein Wort sagt gegen den Heiligen Geist, dem wird nicht vergeben werden — nicht in dieser Welt und nicht in der kommenden.« (Matthäus 12,31)
Zur Erläuterung sei ein Beispiel aus der Geschichte angeführt. Vom 12. Jahrhundert an glaubten viele reiche Christen, den Durchschlupf durch das Nadelöhr gefunden zu haben — nämlich reich und sorglos leben und trotzdem bettelarm sterben zu können: Man machte schon in jungen Jahren ein Testament, un-

terzeichnet vom Notar und vom Pfarrer. Darin war genau festgehalten, daß das ganze Vermögen im Falle des Ablebens verteilt würde, ein Teil an die Erben, ein Teil für wohltätige Zwecke – und ein Teil selbstverständlich auch für die Kirche. So besaß man im Augenblick des Todes nachgewiesenermaßen und amtlich beglaubigt nichts. Man bestahl die eigenen Erben und kaufte sich damit den Passierschein für den Himmel. Andere machten das noch deutlicher: Sobald sie fühlten, daß das Leben sich dem Ende zuneigte, überließen sie ihre Güter den Erben und gingen in ein Kloster, wurden also zu Bettlern, die getrost vor Gottes Thron treten konnten.
Eine solche Haltung ist die Perversion des Geistes des Evangeliums. Das ist die Sünde wider den Geist, die nicht verziehen wird. Das Evangelium ist keine Trauerbotschaft, die vom Gläubigen den Verzicht auf Glück in dieser Welt verlangen würde. Doch es weist in aller Deutlichkeit darauf hin, wie schwer es ist, im Wohlergehen und vor allem im Luxus das Lebensziel im Auge zu behalten.

Die tragische Lehre von der ewigen Höllenpein

Mehr noch als diese Verdammung des Reichen hat die Gläubigen aller Zeiten die Tatsache bedrückt, daß es überhaupt einen Gegenpol zum Himmel geben soll, die Hölle, einen Ort ewiger Qual.
Die Hölle ist übrigens keine Erfindung Jesu. Die Juden seiner Zeit machten ebenso wie viele andere Völker einen deutlichen Unterschied zwischen der Schéol, der Unterwelt, dem Reich der Toten, und der Gehénna, dem Ort der Verdammnis, an dem das ewige Feuer brennt.
Die Angst vor der Hölle und die Möglichkeit der Geistlichkeit, stets mit ihr drohen zu können –, »Wem ihr die Sünden nachlasset, denen sind sie nachgelassen. Wem ihr sie nicht vergebt,

dem sind sie belassen!« (Johannes 20,22) — hat das denkbar schlimmste Leid über die Menschheit gebracht. Nicht nur, daß während nunmehr 2000 Jahren unzählige Menschen unter Schuldkomplexen und Angstpsychosen seelisch zusammenbrechen, man hat jeden, der es wagte, einen Zweifel an Glaubenssätzen zu äußern, der sich den Lehren der Kirche nicht bedingungslos unterwarf und deshalb die Taufe verweigerte, ebenso erbarmungslos und grausam zu Tode gefoltert wie angebliche Hexen. Ganze Völker sind im Namen des christlichen Glaubens und in der vielleicht sogar ehrlichen Absicht, die Seelen der verblendeten Menschen vor der Hölle zu retten, ausgerottet worden. So beispielsweise die Indianer durch die spanischen Eroberer und die Inquisition in ihrem Gefolge: Verbrennt, tötet ihre Leiber, damit ihre Seelen nicht im ewigen Feuer der Hölle leiden müssen!

Die katholischen Theologen Thomas und Gertrude Sartory haben sich folgendermaßen über ihre Religion geäußert: »Keine Religion der Welt (keine einzige der Menschheitsgeschichte) hat so viele Millionen Andersdenkender und Andersglaubender auf dem Gewissen. Das Christentum ist die mörderischste Religion, die es je gegeben hat. Damit müssen die Christen heute leben, eine solche Vergangenheit haben sie zu ›bewältigen‹. Und die eigentliche Ursache dieser Perversion christlichen Geistes ist der Höllenglaube. Wer überzeugt ist, daß Gott einen Menschen aus keinem anderen Grund, als weil er ein Heide, Jude oder Ketzer ist, für alle Ewigkeit in die Hölle verdammt, der konnte gar nicht anders, als auch seinerseits alle Heiden, Juden und Ketzer für ›keinen Schuß Pulver wert‹ zu halten, für daseinsunwürdig und lebensunwert ... ›Taufe oder Tod‹ ist unter dem Aspekt des Höllendogmas eine verständliche Devise.«

Viele, vor allem junge Menschen unserer Tage, haben Christus letztlich deshalb den Rücken gekehrt, weil dieser Gott für sie unfaßbar skandalös, anstößig ist. Sollte ausgerechnet das Wesen, das alle Vollkommenheit in sich vereinigt, sich die Liebe oder wenigstens Verehrung seiner Geschöpfe unter Androhung ewiger, also niemals endender und zudem maßlos grausamer Strafen erpressen? Ist es möglich, daß ein souveräner Gott, der über alle Macht und Möglichkeiten verfügt, der uns als erstes und wichtigstes Gebot die Liebe und gegenseitige Verzeihung aufgetragen hat, eine Hölle androht, aus der es kein Entrinnen gibt?

Die christliche Kirche hält weiterhin an den Aussagen der Heiligen Schrift und damit an der Existenz der Hölle fest. Doch ihre Interpretation hört sich heute wesentlich anders an. Monsignore Johannes Günther erklärt Himmel und Hölle so: »Niemandem wird von Gott Gewalt angetan. Gott respektiert die Freiheit des Menschen, auch wenn sich dieser gegen Gott entscheidet. Wenn wir sagen, daß der Mensch in seiner Todesstunde vor das Gericht Gottes tritt, so bedeutet das im Grunde nichts anderes, als daß er das endgültige Ziel findet, das er sich selbst erzählt hat: ein ewiges Leben in Gott (Himmel) oder ein ewiges Leben ohne Gott (Hölle). Der Mensch ›richtet‹ sich selbst. ›Wer an ihn glaubt, wird nicht gerichtet, wer nicht glaubt, ist schon gerichtet‹ (Johannes 3,18). Die Bilanz unseres Lebens entscheidet also über das Erreichen oder Verfehlen unserer ewigen Vollendung ... Der Mensch, der sich ein Leben ohne Gott gewählt hat, wird dies in ewigem Scheitern erreichen ... Er wird in Ewigkeit nichts anderes wollen. Würde er sich zu Gott bekehren wollen, so würde er dies gewiß auch tun können. Aber — das ist das Wesen der Hölle — er ist in seiner Lebensrichtung versteinert. Die Uhr ist stehengeblieben ... Ganz gewiß schlittert keiner in die Hölle hinein. Dem steht die Liebe Gottes entgegen.«

Ähnlich äußert sich Kardinal Ratzinger über das Fegefeuer: »Es ist nicht eine Art von Konzentrationslager ..., in dem der Mensch Strafen verbüßen muß ... Es ist vielmehr der von innen her notwendige Prozeß der Umwandlung des Menschen, in dem er christus-fähig, gott-fähig und so fähig zur Communio sanctorum wird ... Die Begegnung mit dem Herrn ist diese Wandlung, das Feuer, das ihn umbrennt zu jener schlackenlosen Gestalt, die Gefäß ewiger Freude werden kann.«

Kommt uns das alles nun nicht doch sehr bekannt vor — bekannt aus dem, was »Jenseits-Erfahrungen« schon erzählten? Gab es nicht auch dort die Begegnung mit dem »Licht«, die zur Einsicht führt, und die verschiedenen »Etagen«, die man je nach Verhalten im irdischen Leben zugewiesen bekommt, um nach und nach hineinzuwachsen in die stets vollkommenere Seligkeit? Erzählten jene, die glaubten, im Jenseits gewesen zu sein, nicht genauso vom Eindruck der Hölle? Wer seine Angst, seine Gier, seine Sehnsucht zeitlebens nicht in Griff bekam, wird im Jenseits von seinen falschen Gedanken gepeinigt. Er befindet sich in der Hölle. In ihrer Angst vor der Hölle haben die Christen das vielleicht wichtigste und tröstlichste Wort Jesus völlig übersehen: »Wahrlich, wahrlich ich sage euch: Wer auf mein Wort hört und dem glaubt, der mich gesandt hat, hat das ewige Leben. Er kommt nicht ins Gericht. Vielmehr ist er bereits vom Tod zum Leben übergegangen. Wahrlich, wahrlich ich sage euch: Die Stunde kommt und sie ist jetzt da, in der die Toten die Stimme des Sohnes Gottes hören werden. Wer sie hört, wird leben.« (Johannes 5,24)

Wohlgemerkt: Es heißt nicht: Wer an mich glaubt, wird irgendwann einmal das ewige Leben bekommen. Nein, es heißt: »Er hat es schon.« Er braucht kein Gericht mehr zu fürchten, denn für ihn findet es nicht mehr statt. »Er ist bereits vom Tod zum Leben übergegangen.«

Das bedeutet aber — und die Schrift belegt das immer wieder: Mit Jesus hat etwas ganz Neues begonnen: die Ewigkeit des Menschen, die vorher nicht gegeben war. Er hat sie gebracht. Wer daran glaubt, besitzt sie schon. Die Ewigkeit voller Glückseligkeit.

Die Angst vor der Hölle aber ist ein Zeichen für schwachen oder gar fehlenden Glauben, mangelndes Vertrauen in Gott, der keineswegs rachsüchtig, sadistisch, erpresserisch ist. »Er will, daß alle Menschen gerettet werden« (1 Timotheus 2,4) — und er hat jedem die Chance gegeben, es auch zu schaffen. Er muß nur selbst wollen.

Wie sieht der christliche Himmel wirklich aus?

Wie müßte man sich das unendliche Glück im Jenseits vorstellen?
Jesus hat dem, der ihm nachfolgt, die Rückkehr in die Heimat versprochen, wonach sich des Menschen Herz zeitlebens sehnt: »Euer Herz sei nicht bange. Ihr glaubt an Gott, glaubt auch an mich. Im Hause meines Vaters gibt es viele Wohnungen. Wäre es nicht so, dann hätte ich es euch gesagt. Ich gehe hin, euch eine Heimstatt zu bereiten.« (Johannes 14,4). Oder »Ihr werdet in meinem Reich an meinem Tisch essen und trinken«. (Lukas 22,30)
Und an anderer Stelle heißt es: »Vater, ich will, laß jene, die du mir gegeben hast, bei mir sein, wo ich bin, damit sie meine Herrlichkeit schauen, die du mir verliehen hast. Du hast mich vor Anbeginn der Welt geliebt... Ich habe ihnen deinen Namen kundgetan, damit die Liebe, mit der du mich geliebt hast, in ihnen sei und ich in ihnen.« (Johannes 17,24)
Christus spricht vom Licht, in das wir eingehen werden, vom Festmahl, das uns bereitet ist, von der großen Hochzeit, zu der wir geladen sind, vom Ort der unvorstellbaren Glückseligkeit, in der es keinen Hunger, keine Leiden, keinen Tod mehr geben wird.
Ein Bild verlockender als das andere. Und doch sind es nur Bilder, die vor der Wirklichkeit verblassen müssen. Es klingt wiederum ganz ähnlich wie das, was Sterbeerlebnisse berichten, wobei man spürt, daß die Worte einfach versagen, zu schwach sind, um das Unvorstellbare wiederzugeben. Dieses ewige Leben aber wird nicht nur ein Teil des Menschen, seine geistige Seele oder ein gewisser Lebensfunke, ein Energiebündel erleben, sondern der ganze Mensch wird es erfahren. Jesus hat die Auferstehung des Fleisches angekündigt.
Darum ging es auch in dem berühmten Streitgespräch mit den Sadduzäern. Das waren Priester, Aristokraten, die eigentliche Oberschicht des jüdischen Volkes, die in Jerusalem den Tempel

und den Tempelkult überwachte, also keine Atheisten. Wenn es im Neuen Testament heißt: »Sie leugneten die Auferstehung«, dann sollte damit nicht gesagt sein, sie hätten nicht an ein Jenseits geglaubt, sondern einfach: Sie konnten sich beim besten Willen nicht vorstellen, daß nach dem Tod das volle Leben mit Leib und Seele, so wie Jesus es lehrte, wiedererstehen könnte. Die Schéol, das Reich der Toten war für sie unbestritten.
Als sie Jesus mit seiner Behauptung von der Auferstehung des ganzen Menschen — und nur darum ging es ihm — in aller Öffentlichkeit lächerlich machen wollten, stellten sie ihm die Frage: Mit wem ist denn nun die arme Frau drüben verheiratet, wenn sie hier auf Erden nacheinander sieben Männer hatte?
Jesus antwortete ihnen: Diese Frage ist absurd. Ihr habt doch keine Ahnung von dem, was in der Schrift steht und noch weniger eine Vorstellung von der Allmacht Gottes. »Die Auferstandenen heiraten nicht mehr, und sie werden auch nicht mehr verheiratet. Sie sind vielmehr wie Engel Gottes im Himmel.« Dann kehrte er zur eigentlichen Kernfrage nach der Auferstehung zurück und hielt den Sadduzäern vor: »Habt ihr den Ausspruch Gottes nicht gelesen: ›Ich bin der Gott Abrahams, der Gott Isaaks und der Gott Jakobs?‹ Gott ist doch kein Gott der Toten (der Gespenster im Schattenreich), sondern ein Gott der Lebendigen.« (Matthäus 22,23)
Abraham, Isaak und Jakob leben also. Und das heißt: Sie sind Menschen mit allem, was dazu gehört. Diese Feststellung war für seine Zeit so neu und offensichtlich so umstritten, daß auch der Apostel Paulus in seinen ersten Gemeinden es damit nicht leicht hatte. Vor allem die Christen in Korinth scheinen große Probleme mit dem Glaubenssatz von der leiblichen Auferstehung gehabt zu haben. Paulus schrieb ihnen: »Wie können einige unter euch sagen: ›Es gibt gar keine Auferstehung der Toten?‹ Gibt es keine Auferstehung, dann wurde auch Christus nicht auferweckt, dann ... ist euer Glaube nichtig ... Es könnte jemand fragen: ›Wie werden die Toten auferweckt? Mit was für einem Leib werden sie erscheinen?‹ ... Gibt es einen Sinnenleib,

dann gibt es auch einen vergeistigten Leib ... Fleisch und Blut können das Reich Gottes nicht erhalten, und das Verwesliche wird die Unverweslichkeit nicht erlangen. Seht, ich sage euch ein Geheimnis: Wir werden zwar nicht alle entschlafen, doch werden wir alle verwandelt werden — und das plötzlich beim Schall der Posaune. Die Toten werden unverweslich auferweckt, und wir (die noch Lebenden) werden verwandelt werden ... Tod, wo ist dein Sieg? Tod, wo ist dein Stachel?« (1 Korinther 15).

Spricht Paulus hier von dem, was Robert A. Monroe und die Parapsychologen den »zweiten Körper« nennen? Etwas, das genauso aussieht wie der irdische Leib, aber eine andere Art von Materie besitzt, eine feinere Struktur? Oder meint er, wie heute allgemein angenommen wird und was eigentlich damit identisch ist: Drüben existiert nicht etwa eine Idee, ein Gedanke, ein Schimmer von mir, sondern eben der ganze Mensch mit all den Eigenschaften und Besonderheiten, die er zeitlebens besessen hat, mit allem, was ihn zu diesem ganz bestimmten, unverwechselbaren Individuum gemacht hat?

Die Existenz nach dem Tod ist auf jeden Fall kein Schattendasein, nichts Gespensterhaftes, sondern das volle menschliche Leben. Auch der Hinweis: »Sie sind vielmehr wie die Engel Gottes im Himmel« spricht nicht dagegen. Der Vergleich mit den Engeln will ganz bestimmt nicht sagen, daß dem Verstorbenen im Himmel etwas fehlen würde, was er auf Erden als schön und beglückend empfunden hatte. Wenn der Himmel die Vollendung bringt, dann kann es dort nicht das leiseste Bedauern geben.

Den Engeln ist er nicht etwa gleich, weil er wie sie kein Körper mehr besäße, der als etwas Niedriges, Tierisches, »Schmutziges« mit sündhaftem Begehren Behaftetes draußen bleiben mußte, sondern weil er hineingewachsen ist in eine neue Klarheit und Einsicht, die die Sünde unmöglich macht, die alle Probleme schon gelöst hat, bevor sie überhaupt auftauchen konnten. Es gibt nur noch das eine Gesetz: grenzenlose Liebe. Die Lehrer des Christentums haben den Gläubigen das Jenseits nicht nur mit den Höllendrohungen verleidet, sondern auch mit einer un-

glaublich farblosen, ja angstmachenden Darstellung des Lebens im Himmel.
Der Münchner Gepäckträger Aloisius bekommt droben auf seiner Wolke kein Bier mehr, sondern statt dessen fades Manna. Er darf nicht mehr herzhaft seinem Verdruß Luft machen, sondern muß Hosianna singen. Er findet also alles das vor, was er zeitlebens verabscheute, oder was ihn zumindest tödlich langweilte. Dieser Scherz spiegelt die ernsten Befürchtungen vieler Menschen wider. Sie wissen gar nicht so recht, ob sie überhaupt in den Himmel möchten: »Den ganzen Tag beten, brav sein, nichts mehr unternehmen dürfen, was auf der Erde so viel Spaß bereitete — ob es vielleicht in der Hölle nicht doch lebhafter, aufregender zugeht?« Zudem: Vermutlich sind die interessanten Menschen alle unten. Mit den »Frommen«, den blutleeren Moralaposteln, die schon auf der Erde nichts anderes im Sinn hatten, als einem jeden Spaß zu verderben, möchte man es nicht eine Ewigkeit lang aushalten müssen. Dieser Himmel müßte ja die eigentliche Hölle sein!
Gibt es nicht Menschen, die sich davor fürchten, sie könnten im Himmel dem Vater, der Mutter, dem Mann oder der Frau wiederbegegnen, womit der ganze Jammer von vorne beginnen würde? Nicht nur einfältige Geschöpfe, sondern auch große Denker wie Friedrich Nietzsche (1844—1900) und Jean Paul Sartre (1905—1980) hatten an diesem Punkt ihre Schwierigkeiten mit der Ewigkeit: Jeder einzelne — so meinten sie — müsse doch für den anderen in dem unbewegten Zustand gleichförmiger Seligkeit, der der menschlichen Natur absolut zuwiderläuft, zur fürchterlichen Hölle werden.
Ist es nicht tatsächlich so, daß wir Menschen die Aktion brauchen, das Kämpfen und Ringen mit Schwierigkeiten — selbst die Enttäuschung? Kann es irgendwo ein Glück geben, wo es an jeder Möglichkeit fehlt, es an erfahrenem Leid zu messen? Könnte jemand den ständigen Glückstaumel überhaupt aushalten?
Auf alle diese Fragen hat Jesus schon die Antwort gegeben: Denkt doch nicht so kläglich vom Himmel! Haltet doch Gott nicht für so

einfallslos und schwach. Im Himmel wird alles ganz anders sein. Die Verstorbenen im Jenseits sind mächtig und vollkommen wie die Engel des Himmels: nicht festgebunden an einen Ort, nicht zur Untätigkeit und Langeweile verurteilt, nicht ohne Aufgabe und Lebenssinn. Sie sind absolut frei von allem, was sie auf der Erde behindert hat. Frei, jeden Gedanken Wirklichkeit werden zu lassen. Frei, das zu schaffen und zu vollenden, was sich das Herz wünscht, und außerdem angenommen, respektiert und geliebt vom bestmöglichen Partner, den es überhaupt gibt: von Gott selbst.

Es gibt keine größere Jenseitsvorstellung. Aber warum spricht man nicht davon? Warum sagt man uns das nicht Tag für Tag, damit es uns in Fleisch und Blut übergeht und uns nicht länger die Angst vor dem Sterben plagt, sondern die Erwartung auf das große Glück erfüllt? Vielleicht deshalb, weil unser christlicher Glaube schwach geworden ist, so schwach wie die farblosen, nichtssagenden Jenseitsvorstellungen?

Der zweite verbotene Baum im Paradies: der Baum des Lebens

In der Bibel ist in den ersten und letzten Kapiteln vom ewigen Leben die Rede.

Meistens wird völlig übersehen, daß es im Paradies nicht nur einen einzigen besonderen Baum gab, den Baum der Erkenntnis, der »das Gute und Böse kennen lehrt«, den Baum des Bewußtseins, sondern noch einen zweiten Baum, den »Baum des Lebens«.

Nach der Schilderung des Sündenfalls Adams und Evas heißt es: »Da sprach der Herrgott: ›Ja, der Mensch ist jetzt wie unsereiner im Erkennen von Gutem und Bösem. Wird er nicht auch noch die Hand ausstrecken und gar vom Lebensbaum essen und damit ewig leben?‹ Darum trieb ihn der Herrgott aus Edens Garten, damit er den Erdboden bebaue, daraus er genommen war. Darum verstieß er den Menschen und lagerte östlich von Edens Gar-

ten Cherubs, und die zuckende Schwertflamme, um den Weg zum Lebensbaum zu bewachen.« (Genesis 3)
Interessanterweise taucht dieser Lebensbaum, der vor den Menschen so streng bewacht werden muß, in den Geheimen Offenbarungen des Johannes wieder auf, der letzten, prophetischen Schrift des Neuen Testaments, die vom Weltuntergang spricht und recht ausführlich den Himmel schildert. Darin heißt es: »Dann zeigte er (der Engel) mir einen Strom lebendigen Wassers, klar wie Kristall. Er floß vom Thron Gottes und des Lammes aus. Und mitten auf der Straße, zu beiden Seiten des Stromes, stand der Baum des Lebens, der zwölfmal Früchte trägt. In jedem Monat bringt er seine Frucht. Die Blätter des Baumes aber dienen den Völkern zur Heilung.« (Offenbarung 22,1) Und später: »Selig, die ihre Kleider waschen, damit ihr Anrecht auf den Baum des Lebens erhalten und sie durch die Tore in die Stadt eingehen ... Wer dürstet, möge kommen. Wer will, empfange umsonst lebendiges Wasser«. (Offenbarung 22,14)
Dieser Baum des Lebens, an den wir bisher nicht herankommen konnten, weil wir das Paradies verloren haben, wird uns noch beschäftigen. Ist er vielleicht ein Hinweis darauf, daß wir Menschen das ewige Leben auf ähnliche Weise »uns holen«, wie wir einst das Bewußtsein uns aneigneten? Auf ganz natürliche Weise?

Zwei Auferstehungen, der erste und der zweite Tod

In der Apokalypse spricht Johannes von zwei Auferstehungen, die er deutlich voneinander unterscheidet.
Nach der Schilderung schrecklicher Katastrophen, die aber nicht das Ende der Welt bedeuten, heißt es: »Da sah ich einen Engel aus dem Himmel niedersteigen. Er trug den Schlüssel zum Abgrund und eine große Kette in der Hand. Er überwältigte den Drachen, die alte Schlange, die der Teufel und der Satan ist, und legte ihn in Fesseln tausend Jahre lang. Er warf ihn in den Ab-

grund, schloß diesen und versiegelte ihn, damit er fernerhin nicht die Völker verführe — tausend Jahre lang ... Dann sah ich Throne. Man setzte sich darauf, und das Gericht ward ihnen übergeben. Dann sah ich auch die Seelen derer, die hingerichtet worden waren, weil sie für Jesus Zeugnis abgelegt hatten und um des Wortes Gottes willen ... Sie wurden lebendig und herrschen nun mit Christus tausend Jahre lang. Die anderen Toten aber werden nicht lebendig, bevor die tausend Jahre nicht vorüber sind. Das ist die erste Auferstehung. Selig und heilig, wer an der ersten Auferstehung teilhat. Der zweite Tod hat über sie keine Gewalt mehr ...« (Offenbarung 20,1)

Das ist die so umstrittene Stelle der Apokalypse, die vom tausendjährigen Friedensreich auf Erden — nicht im Himmel — und in der Zeit — nicht nach dem Jüngsten Tag! — spricht. Die Menschen sterben nicht mehr, so heißt es. Und Tote werden auferstehen und wieder lebendig sein. Mit Fleisch und Blut. Und unsterblich!

Abgesehen von einigen Sekten lehnen es die christlichen Kirchen seit langem ab, diese Stelle wörtlich zu nehmen, denn ihre Botschaft klingt unglaubhaft.

Im Text der Offenbarung heißt es weiter: »Wenn aber die tausend Jahre vorbei sind, wird Satan aus einem Kerker losgelassen. Er wird sich dann daran machen, die Völker an den vier Enden der Erde, Gog und Magog, zu verführen und sie zum Kampfe zu sammeln. Ihre Zahl ist wie Sand am Meere. Sie stiegen zur Oberfläche der Erde, umzingelten das Lager der Heiligen und die vielgeliebte Stadt. Doch Feuer fiel vom Himmel nieder und verzehrte sie. Der Teufel, der die Menschen verführt hatte, wurde in die Glut von Feuer und Schwefel geworfen, wo auch das Tier und der Prophet der Lüge sind. Dort werden sie nun Tag und Nacht gequält — von Ewigkeit zu Ewigkeiten. Dann sah ich einen großen lichten Thron und den, der auf ihm saß. Vor seinem Angesicht flohen Erde und Himmel, und ihre Stätte ward nicht mehr gefunden. Ich sah sodann die Toten, groß und klein, wie sie vor dem Throne standen. Es wurden Bücher aufgeschlagen. Und noch ein Buch wurde aufgeschlagen, das Buch des Lebens. Die

Toten wurden gerichtet, wie es in den Büchern aufgeschrieben ist, entsprechend ihren Werken. Das Meer gab die Toten wieder her, die darin waren, Tod und Unterwelt gaben ihre Toten wieder her, die darin waren. Ein jeder wurde nach seinen Werken abgeurteilt. Tod und Unterwelt wurden in die Feuersglut geworfen. Das ist der zweite Tod: die Feuersglut. Wen man nicht im Buch des Lebens aufgezeichnet fand, der wurde in die Feuersglut geworfen.« (Offenbarung 20,7)

Das ist also der Jüngste Tag, das letzte Gericht, wie es der Prophet schildert. Erst jetzt ist die Welt untergegangen und beginnt das Leben im Himmel. In einer neuen Schöpfung:

»Dann sah ich einen neuen Himmel und eine neue Erde. Der erste Himmel und die erste Erde sind vergangen und auch das Meer ist nicht mehr.

Dann schaute ich die heilige Stadt, das neue Jerusalem, wie es von Gott, vom Himmel niederstieg, geschmückt wie eine Braut, die sich für ihren Bräutigam gekleidet hat.

Vom Throne her hörte ich eine laute Stimme rufen: ›Siehe das Zelt Gottes bei den Menschen. Er wird mit ihnen zusammen leben, sie werden seine Völker sein. Er, Gott selber, wird bei ihnen sein. Er wird jede Träne aus ihren Augen wischen. Den Tod wird es nicht mehr geben, noch Trauer und Klage, noch Mühsal. Das Frühere ist ja vorbei.‹

Der auf dem Throne saß, sprach: ›Siehe, ich mache alles neu.‹

Er fügte noch hinzu: ›Schreib: diese Worte sind wahr und zuverlässig.‹

Dann sagte er: ›Es ist geschehen. Ich bin das Alpha und das Omega, der Anfang und das Ende. Ich will aus dem Borne des Lebenswassers dem Dürstenden umsonst zu trinken geben. Wer siegt, soll dieses erben. Ich will ihm Gott sein, er soll mir Sohn sein. Die Feigen aber und die Ungläubigen, die Frevler, Mörder, Unkeuschen, die Zauberer, die Götzendiener und alle Lügner erhalten ihren Anteil in der Glut, die von Feuer und Schwefel brennt. Das ist der zweite Tod!‹

... Da trug mich einer der sieben Engel in der Verzückung auf einen großen Berg und zeigte mir die heilige Stadt Jerusalem, wie sie aus dem Himmel von Gott herniederkam in Gottes Herrlichkeit. Ihr Glanz war wie der des kostbarsten Edelsteins, wie der des kristallklaren Jaspis. Sie hatte eine große, hohe Mauer, zwölf Tore und auf den Toren zwölf Engel... Die Mauer ist aus Jaspis aufgebaut, die Stadt jedoch ist reines Gold, so rein wie Glas. Die Grundsteine der Stadtmauern trugen Schmuck aus verschiedenen Edelsteinen... Und die zwölf Tore waren aus zwölf Perlen. Jedes Tor bestand aus einer einzigen Perle. Die Straßen der Stadt waren aus reinem Gold, wie durchsichtiges Glas. Doch einen Tempel sah ich nicht in der Stadt. Denn Gott, der Herr, der Allherrscher, sowie das Lamm ist ihr Tempel. Die Stadt braucht auch keine Sonne und keinen Mond, damit diese in ihr scheinen. Denn die Herrlichkeit Gottes erhellt sie, und ihre Leuchte ist das Lamm. In ihrem Lichte werden die Völker wandeln... Auch werden ihre Tore tagsüber nie geschlossen, denn Nacht gibt es dort nicht...« (Offenbarung 21)

Auch dem wortgewaltigen Johannes fehlen die Worte beim Versuch, die Herrlichkeit des Himmels zu schildern — es ergeht ihm wie allen, die uns jemals einen Einblick in das Jenseits vermitteln wollten. Es ist und bleibt unbeschreiblich. Unbeschreiblich gewaltig und beglückend. Doch auch in dieser Schilderung finden wir wieder altbekannte Einzelheiten: Es gibt keinen Tag und keine Nacht mehr, sondern nur noch die Lichtfülle. Alles ist drüben besonders edel, glanzvoll, herrlich. Man empfindet nur noch Glück und Wohlergehen — und doch wird man ständig an ein fast natürliches, irdisches Leben erinnert und keineswegs an einen starren, unveränderbaren, versteinerten Zustand, schon gar nicht an ein blasses Geisterdasein.

Doch: wie soll man das nun mit der »ersten Auferstehung« mit dem »ersten« und dem »zweiten Tod« verstehen? Was könnte es mit dem »tausendjährigen Reich des Friedens« auf sich haben, in dem die Menschen, lange vor dem Weltuntergang, schon unsterblich sind?

Unsterblichkeit — Ziel der Evolution

Die neue Religion des Pierre Teilhard de Chardin

Der junge Jesuitenpater, ein Sproß aus altem französischem Landadel bei Clermont-Ferrand, jubelte unverhohlen, als er 1914 zum Militärdienst einberufen wurde und an die Front »durfte«. Nur eines gefiel dem 33jährigen überhaupt nicht: Als Geistlicher wurde er im Sanitätsdienst eingesetzt. Weil er nicht kämpfen durfte, fühlte er sich herabgesetzt, ausgeschlossen vom »Mysterium des Krieges«. Er schrieb nach Hause: »Ich schäme mich, glaubst Du es mir, wenn ich daran denke, daß ich im Schützengraben geblieben bin, während meine Freunde losgingen, sich töten zu lassen... Der Schützengraben wird einem leicht zum Ekel... wenn man, wie ich, dazu bestimmt ist, all das Traurige nur zu sehen... ohne am Ringen und am Sieg teilzuhaben... Ich versichere Dir, mir wäre es tausendmal lieber, ich dürfte Granaten werfen oder ein Maschinengewehr bedienen, als so zum Überfluß zu gehören.«

Die Schrecken des Krieges, das viele Leid, das sinnlose Morden, das alles schien ihn kaum zu berühren: »Von all dem Graus behalte ich nur etwas wie eine Traum-Erinnerung.« Dagegen schien ihn das Kampfesgeschehen zu fesseln, ja zu beglücken, denn er hatte draußen an der Front schon Angst, es könnte ihn nach dem Ende des Krieges ein »Heimweh« plagen.

Unfaßbar! War dieser Pater, angehender Sorbonne-Professor, in seinem geistlichen Beruf, hinter den Mauern der Ordensgesellschaft derart unglücklich, daß er so empfinden konnte? Hatte er sich von militaristischen Kriegsparolen verführen lassen? Oder hielt er als Geistlicher den Krieg vielleicht sogar für etwas Gutes? Hatte er das Gebot: »Du sollst nicht töten!« einfach vergessen?

Der kriegsbegeisterte Jesuitenpater war Pierre Teilhard de Char-

din, eine der bedeutendsten Persönlichkeiten unseres Jahrhunderts — und die mit Sicherheit verkannteste, die am meisten verschwiegen wurde und immer noch wird.
Teilhard de Chardin war nicht nur Theologe, sondern zugleich Naturwissenschaftler, und zwar Paläontologe und Anthropologe. Er kannte sich nicht nur in der christlichen Religion aus, sondern, bedingt durch seine langjährigen Aufenthalte im fernen Osten, vor allem in China, auch in fernöstlicher Denkweise.
Zeitlebens hat ihn nur ein Thema beschäftigt: der Mensch und die Menschheit. Dabei ist ihm schon sehr früh — in ersten Ansätzen schon im Schützengraben an der Front — ein Gedanke in den Sinn gekommen, der ihn nie mehr loslassen sollte: Wer sagt eigentlich, daß die Evolution schon an ihrem Endpunkt angekommen ist, daß wir Menschen, so wie wir heute sind, das Ende dieser Evolution darstellen? Wieso dürfen wir annehmen, die Schöpfung sei abgeschlossen? Ist es nicht vielmehr so, daß wir uns noch immer mitten drin befinden? Daß die Evolution noch lange und in immer schnellerem Tempo weitergehen wird — so schnell, daß sich der Mensch des kommenden Jahrtausends schon weit mehr von uns unterscheiden wird als wir uns vom Steinzeitmenschen unterscheiden?
Ein faszinierender Gedanke: Unsere Welt ist noch nicht »fertig«! Auch wir Menschen sind es längst noch nicht. Alles befindet sich in steter Entwicklung. »Das Universum«, so Teilhard de Chardin, »dehnt sich nicht nur immer weiter aus, es rollt sich gleichzeitig zusammen, geht ständig über vom Einfachen zum Komplexen — oder was auf dasselbe hinausläuft, vom Ungeordneten zum Geordneten, zielt auf immer höhere Formen des Lebens hin. Erst jetzt jedoch, bei einem dritten Schritt — übrigens dem gefährlichsten von allen — beginnt der Mensch gewahr zu werden, daß die Kosmogenese, wenn man sie recht versteht, noch keineswegs zu Ende ist, ja sogar, daß dieser Kosmos im Begriff ist, sich über seinen Häupten zusammenzuschließen. Und zwar viel schneller, als man erwarten konnte … Der Mensch ist das Ziel, auf das hin und in dem das Universum sich einrollt.«

Teilhard de Chardin fand damit einen neuen Sinn für Leid und Unglück in der Welt: Sie sind nicht die Folgen einer Ursünde, sondern sie bilden den »Druck«, der die Entwicklung, den Schritt nach vorne möglich macht. Wo dieser Druck fehlt, versumpft das Leben in Selbstgenügsamkeit, es bleibt stehen. Das ist also die Gefahr, die im Reichtum liegt: Wer keine Not verspürt, der muß sich auch nicht mehr anstrengen. Er wird seinen Zustand konservieren wollen und hat Angst vor jeder Veränderung.

Als der Jesuitenpater lange vor dem Zweiten Weltkrieg mit der Eisenbahn durch die undurchdringlichen, saftigen Wälder und die fruchtbaren Felder Vietnams fuhr, sah er wie in einer Vision: Dies alles wird eines Tages nicht mehr sein, der Mensch wird es vernichtet haben. Doch dieser Gedanke machte ihn nicht etwa traurig. In seinem Brief in die Heimat ist keine Spur von Bedauern zu finden — nur die fast lapidare Feststellung: Das ist nun mal der Preis der Entwicklung. Zur Zeit der Dinosaurier war die Natur gewiß auch schön. Sie mußte aber einer »neuen Welt« weichen, genauso wie die unsrige untergehen muß, damit eine neue heraufblühen kann.

Selbstverständlich sah auch er im kriegerischen Morden die große Katastrophe. Das unsagbare Leid blieb ihm nicht verborgen. Doch für ihn hatte es einen bei weitem wichtigeren Sinn: Das alles mußte geschehen, damit die Menschen eine neue Stufe ihrer Entwicklung erklimmen konnten. »Die Front ist nicht nur militärische Feuerlinie, sie ist irgendwie der Wellenkamm, der die Menschenwelt ihrem neuen Schicksal entgegenträgt ... die letzte Grenze dessen, was sich bereits verwirklicht hat, und dessen, was werden will ... In diesen Augenblicken lebt man ›kosmisch‹ ... und mit einer Anteilnahme, so groß wie das Herz selbst ... Wenn dann der von den Völkern (und von mir am meisten) ersehnte Friede kommen wird, wird plötzlich etwas wie ein Licht über der Erde erlöschen. Im Krieg hatte sich ein Riß durch die Kruste der Banalitäten und der Konventionen aufgetan. Ein ›Fenster‹ hatte sich geöffnet auf die geheimen Mechanismen und die Tiefenschichten menschlichen Werdens. Ein Bereich hatte sich gebildet, in dem es den Menschen möglich war, eine mit Himmel geladene Luft zu atmen... Im Frieden werden sich alle Dinge wieder mit dem Schleier der Monotonie und der Kleinlichkeiten verhüllen.«

Seiner Cousine Marguérite schreibt Teilhard von der Front in diesem Geist: »Sag, was hältst Du Dich überhaupt so sehr an Dir selbst fest, daß es Dich entmutigt, wenn Du Dich nicht so entwickelst, begünstigt, nutzbar gemacht findest, wie Du es gerne möchtest? Was ist denn unser individueller Erfolg neben dem, was Gott zu fügen gefällt?«

Damit ist die Welt- und Heilsvorstellung des Pierre Teilhard de Chardin schon knapp zusammengefaßt: »Nach dem Menschen die Menschheit.«

Der neue »Organismus« Menschheit

Die ganze Schöpfung, so sagt Teilhard de Chardin in Übereinstimmung mit der Evolutionstheorie, hat sich nach dem Plan des Schöpfers – also nicht zufällig, sondern gezielt – aus keimhaften Anfängen entwickelt. Nun gelte es aber, mit der immer wiederkehrenden Legende aufzuräumen, »die Erde sei mit dem heutigen Menschen am Ende ihrer biologischen Möglichkeiten angelangt... Deutet nicht alles darauf hin, daß das Leben seit dem Pliozän die besten Kräfte, die ihm noch verblieben sind, ganz auf den Menschen ansetzte, wie ein Baum auf seinen Gipfel? Im Laufe der letzten zwei Millionen Jahre sind zwar sehr viele Lebensarten ausgestorben, dagegen ist außer den Hominiden in der Natur keine wirklich neue Gruppe mehr zum Durchbruch gekommen.«

Die Entwicklung des Menschen erreichte, so Teilhard weiter, einen ersten großen Höhepunkt in der Selbständigkeit und Unabhängigkeit des einzelnen Menschen, des Individuums. »Man

könnte tatsächlich einen Augenblick lang glauben (und viele sind noch immer dieses Glaubens), die Menschheit habe, gleich einer Flüssigkeit, die zu kochen beginnt, einen kritischen Grenzzustand ihres Aufbaus erreicht und habe nunmehr keine andere biologische Möglichkeit und Bestimmung mehr als die, Partikel hervorzubringen und sie in die Isolierung zu entlassen — Partikel, die immer mehr sich selbst genügen und nur um sich selbst besorgt sind. Noch vor fünfzig Jahren (um 1900) schien die Kultur, die in der westlichen Welt eine Art Höhepunkt erreicht hatte, ganz offensichtlich in der völligen Verselbständigung des Einzelnen, das heißt in der Individuation, gipfeln zu wollen. Doch genau in diesem Augenblick (mit dem Ersten Weltkrieg) beginnen am Horizont — gleich Wolken, die ebenso Stürme wie auch Verheißungen bedeuten können — die starken, bislang ungeahnten Kräfte der Totalisation, das heißt der Entwicklung der Menschheit auf eine Einheit hin, emporzusteigen.«
Der nächste Schritt der Evolution wäre also das Zusammenfinden aller denkenden Wesen, aller Menschen, zum Organismus Menschheit — ein geradezu biologisches Einswerden, nicht nur ein soziales, geistiges. Die einzelnen Menschen als Glieder und Lebenszellen der neuen biologischen Art wären nicht nur lose miteinander verknüpft, würden sich nicht nur gegenseitig helfen, sich unterstützen, sie hätten das Bewußtsein, eins zu sein. Eins im Endpunkt Omega, in Christus.
Vom Menschen zur Menschheit. Die Menschheit als Über-Mensch oder wenigstens als Ultra-Mensch. Das heißt: Das Menschliche wächst über sich hinaus zu einer besser organisierten, »erwachseneren« Form als der uns bisher bekannten.
»Der wahre Schwerpunkt eines jeden von uns liegt nicht am Ende einer gemeinsamen, von den anderen wegführenden Bahn, sondern er fällt zusammen (ohne deshalb eins zu werden) mit dem Punkt, auf den eine Vielheit menschlicher Einzelwesen zuströmt — eine Vielheit, die sich in Freiheit ihrer selbst bewußt ist und doch, beseelt von einem einheitlichen Streben und Verlangen, mit sich selbst verschmilzt...« Der neue Übermensch

von morgen — völlig verschieden von Nietzsches Übermenschen, jener Übersteigerung des Individuums durch Überwindung und Ausmerzung des Schwächlichen und Unfähigen — hätte den Tod nicht mehr zu fürchten. Der Mensch wäre auf ganz natürliche Weise in die Unsterblichkeit hineingewachsen: »So vollenden wir Christus! ... Wahrhaftig, das ist schon die Seligkeit auf Erden: zu sehen, daß alle Dinge imstande sind, für uns und durch uns sich zu vergöttlichen, zu fühlen, daß Gott sich überall verwirklicht — in uns und durch uns.«
Mit solchen Thesen und Theorien mußte der französische Jesuitenpater auf schärfsten Widerspruch stoßen. Das war nicht mehr die seit 2000 Jahren bestehende christliche Verkündigung. Das war etwas Neues.
»Sie beschimpften ihn«, so schrieb seine glühende Verehrerin Ida Friederike Görres, »als Materialisten, als puren, kruden Naturwissenschaftler, als Pantheisten, als Leugner von Seele und Geist, als Verächter der Person zugunsten des Kollektivs, als Deterministen und Feind der Freiheit, als Pseudochristen, als Zerstörer der Christusgestalt ... Er galt als Kommunist ... und als faschistischer Rassist.«
Kein Wunder: Teilhards Bücher, zeitlebens von der Kirche verboten, sind nahezu unleserlich. Er benützte laut Ida Friederike Görres »eine im höchsten Grad vieldeutige, mißverständliche Sprache, die den Zugang zu seinen Ideen eher hemmt als fördert. Schon im Urtext ist das Verstehen mühsam, in der Übersetzung eine wahre Pein.«
Teilhard de Chardin hat es gehorsam und geduldig hingenommen, daß er zum Schweigen verurteilt wurde, daß man ihn wiederholt nach dem Fernen Osten verbannte, nicht mehr an Universitäten lehren ließ, ihm die Druckgenehmigung für seine Bücher verweigerte. Er fügte sich und meinte nur: »Ich leide nicht darunter, daß ich beengt werde, sondern darunter, daß zur Zeit das Christentum in Händen ist, die es beengen.« Doch sehr selbstbewußt und sehr kühn sprach er auch ungeniert vom »Umsturz aller Perspektiven« durch seine Thesen, von der »neuen Re-

ligion«, die er verbreiten wollte. »Nennen Sie es ein besseres Christentum, wenn Sie wollen ein Neo-Christentum«.
Als Teilhard de Chardin 1955 während einer heftigen Diskussion über seine Lehre in New York plötzlich verstarb, schien es, als wäre einer von unzähligen Schwärmern dahingegangen, um rasch und gründlich vergessen zu werden. Doch nun beginnen seine Gedanken immer größere Kreise zu ziehen. Seine Bücher sind Bestseller geworden — trotz aller Angriffe und Herabsetzungen.
Hat der vielgeschmähte, stille Jesuitenpater aus Frankreich tatsächlich so etwas wie eine kopernikanische Wende für den christlichen Glauben eingeleitet? Ist der Mann, der von sich selbst sagte: »Ja, ich bin vielmehr ein von Leidenschaft Gepackter als ein Gelehrter«, der die Wahrheit vielleicht mehr »fühlte« als wußte — ganz wie ein Mystiker —, dem »Jenseits« einen Schritt nähergekommen, dadurch, daß er bemüht war, alles, was nach »Übernatürlichkeit« und »Transzendenz« aussah, abzuschaffen und nur das »Natürliche« noch gelten zu lassen?

Wir Menschen sind im Universum nicht allein

»Der Mensch ist das Ziel, auf das hin und in dem das Universum sich zusammenrollt«, sagte Teilhard de Chardin. Damit wollte er sagen: Alles, was existiert, hat nur einen Sinn und wird zugleich vollendet im Menschen. Die Schlußfolgerung daraus konnte nur lauten: Also kann dieser Mensch nicht sterblich sein, sonst wäre die Schöpfung unsinnig.
Das alles ist sicherlich richtig — und falsch zugleich. Im unfaßbar weiten Universum, gebildet von vielen hunderttausend Milliarden Galaxien, von denen jede einzelne wiederum viele hunderttausend Milliarden Sonnensysteme besitzt, ist unser Heimatplanet weniger und winziger als das kleinste Sandkörnchen im Vergleich zur ganzen Erde.

Diese Erde dreht sich weder im Zentrum unserer Galaxie, der Milchstraße, sondern ist schon hier eine Randerscheinung, noch befindet sich die Milchstraße im Zentrum des Weltalls. Die Wissenschaft geht heute davon aus, daß es, wenn nicht Milliarden so doch zumindest einige Millionen Planeten in der unvorstellbaren Weite des Universums geben muß, die über nahezu dieselben Bedingungen für die Entstehung von Leben verfügen wie unsere Erde.
Es wäre deshalb geradezu vermessen, wollten wir Menschen noch immer so tun, als wären wir die einzige und absolute »Krone der Schöpfung«, als hätte der unermeßliche Kosmos seit eh und je keinen anderen Sinn und keine andere Bestimmung, als eben die, uns Menschen auf dem Planeten Erde hervorzubringen. Alles spricht dafür — und zwar mit hoher Wahrscheinlichkeit —, daß es nicht nur vereinzelt, sondern vielfach vernunftbegabte Wesen auf anderen Planeten geben muß.
Wenn wir Menschen aus irgendeinem Grund scheitern sollten, wäre nicht der ganze Kosmos, die Schöpfung insgesamt gescheitert. Vermutlich gibt es anderswo Vernunftwesen, vielleicht aus einer völlig anderen biologischen Art hervorgegangen, möglicherweise sogar einer nichtbiologischen Evolution entstammend. Diese Wesen, die wie wir Menschen denken und schlußfolgern könnten — falls sie bereits so weit sind wie wir —, haben uns aber vielleicht schon überholt, einen höheren Stand der Evolution erreicht, denn unser Sonnensystem zählt mit »nur« rund 5 Milliarden Jahren zu den jungen Sternformationen. Die riesigen Entfernungen sind schuld daran, daß wir nichts von anderen Lebensformen in anderen Welten wissen. Würden wir heute mit Funksignalen unsere nächsten Nachbarn erreichen, könnte ihre Antwort frühestens in 25 Jahren bei uns eintreffen. So lange würde das Licht brauchen, das in einer Sekunde 300 000 Kilometer zurücklegt, für seinen Hin- und Rückweg. Es gibt aber auch Galaxien, die Millionen, ja Milliarden Lichtjahre von uns entfernt liegen. Ein interkosmisches Gespräch oder gar ein interstellarer Besuch scheint deshalb nach unserem heutigen Wissen und Können völlig ausgeschlossen.

Anders ausgedrückt: Das Universum braucht uns überhaupt nicht — ebensowenig wie Gott uns braucht, damit seine Schöpfung nicht umsonst war. Wir bilden nur eine Welt unter vielen Welten. Man muß heute sogar noch einen Schritt weitergehen, um ganz nüchtern festzustellen: Unsere Erde braucht uns auch nicht unbedingt. Es ist durchaus möglich, daß es in den 5 Milliarden Jahren ihrer Existenz schon ähnliche Kulturen auf der Erde gab, die untergegangen sind, weil sie an einem ganz bestimmten Punkt ihrer Entwicklung scheiterten, so wie wir heute im atomaren Zeitalter scheitern könnten.
Hinweise auf ein solches Scheitern finden sich bei nahezu allen Völkern der Erde. Es ist bereits darauf hingewiesen worden: Für die Religionen dieser Erde steht jeweils am Anfang die ganz große Katastrophe. Nicht Menschen haben sie verschuldet, sondern andere, mächtigere Wesen. Bei den Ägyptern waren es Götter, die aus unerfindlichen Gründen dem Bösen verfallen sind und das Chaos besorgten, nach christlicher Vorstellung ist der mächtigste Engel des Himmels, Luzifer, mit seinen Anhängern gestürzt worden, nachdem er einen Aufstand gegen Gott inszeniert hatte.
Gewiß geht es bei solchen Vorstellungen auch stets darum, eine Erklärung für das Böse in der Welt zu finden. Der Mensch brauchte die personifizierte Bosheit, um sie für das eigene Versagen und die eigene Unzulänglichkeit verantwortlich machen zu können. Der Teufel ist schuld daran, daß es so viel Schlechtigkeit in der Welt gibt. Die ersten Menschen Adam und Eva, unsere Stammeltern, haben, von ihm verführt, die Sünde in die Welt gebracht. Ihnen verdanken wir Leid, Krankheiten, Unglück — und selbst den Tod.
Das Bedürfnis nach solchen Ersatzfiguren zur eigenen Entlastung war naturgemäß gegeben. Wer wollte das bezweifeln?
Eine ganz andere Frage ist allerdings, ob ihm nicht vage Erinnerungen an tatsächliche Katastrophen weit entgegenkamen und geradezu als Bestätigung empfunden werden mußten.
Die Mayas und andere Indianerstämme erzählten den christli-

chen Eroberern, es habe vor unserer Welt schon drei Welten gegeben. Wie kamen sie darauf? Waren ihre Astronomen so tüchtig, daß sie schon vor knapp einem halben Jahrtausend wußten, was die Astrophysik eben gerade entdeckt, daß nämlich unsere Sonne aller Wahrscheinlichkeit nach ein Stern dritter Generation ist, ein Stern, der schon zweimal »gestorben« und zum drittenmal aus den Trümmern der früheren Existenz »wiedergeboren« wurde? Oder sprachen sie etwa nicht vom Werden und Vergehen des Sonnensystems, sondern von den »Generationen« vernunftbegabter Lebewesen auf der Erde? Besaßen sie eine überlieferte Erinnerung an ursprüngliche Katastrophen?

Die Sintflut – was steckte wirklich dahinter?

Eine solche, möglicherweise weltweite Katastrophe mag die Sintflut gewesen sein, eine Überschwemmung, die alles Leben der Erde – ausgenommen die Menschen und Tiere in der Arche Noahs – vernichtete. Von dieser Flut berichtet nicht nur die Bibel. Sagen von der »großen Flut«, die alles Leben hinwegschwemmte, sind bei vielen Völkern von Australien bis Amerika bekannt. Für die Griechen ist Deukalion, der Sohn des Prometheus, mit seiner Frau Pyrrha in einer hölzernen Kiste neun Tage lang im Wasser umhergetrieben, ehe er auf einem Berg landete, um Stammvater einer »neuen Generation« zu werden.

Im »Gilgamesch-Epos« hat Utanapischti als einziger die Flut überlebt. In einer anderen, ebenfalls babylonischen Sage, wird von Emmeduranki berichtet, vermutlich einem Astrologen, der die Naturkatastrophe vorausberechnet und vor ihr gewarnt hatte. Der phrygische König Annabos schließlich soll vergeblich um die Abwendung der »großen dunklen Flut« gebetet haben. Handelt es sich auch in keinem Fall um den exakten Bericht eines Historikers, und mag man sich noch so sehr an der Vorstel-

lung des Hausbootes stoßen, rund 150 Meter lang, 25 Meter breit und 15 Meter hoch, und in ihm alle Tierarten der Erde pärchenweise versammelt: daß diese gewaltige Naturkatastrophe tatsächlich stattgefunden hat, daran zweifelt heute die Wissenschaft nicht mehr.
Bei Ausgrabungen im Gebiet des Euphrat und Tigris, jener Region der Erde, die vor 6000 Jahren die Heimat blühender Kulturen gewesen ist, fand der Archäologe Leonard Woolley Ende der 20er Jahre die Überreste mächtiger Mauern. Unter diesen stieß er auf die Überreste früherer Kulturen, auf Goldgefäße, reichgeschmückte Königsgräber, Kunstgegenstände. Woolley grub tiefer und tiefer und legte Schicht um Schicht frei. Die Funde aber boten den Schlüssel, jede der ausgegrabenen Zeiten genau einzuordnen.
Als der Forscher bis zu Funden aus dem Jahr 3000 vor Christus vorgestoßen war, hörten die Spuren des Lebens schlagartig auf. Es gab nur noch Erde, Lehm und Sand, ungefähr drei Meter tief. In dieser zimmerhohen Mauer ließen sich nicht die geringsten Verunreinigungen durch Menschen, Tiere oder Pflanzen finden. Gerade so, als hätte jahrtausendelang zumindest hier am Persischen Golf, keinerlei Leben existiert. Doch Pflanzen, Tiere und Menschen sind viel älter als 5000 Jahre. Unter der »sauberen« Lehmschicht stieß Woolley auch wieder auf die gewohnten Scherben, Asche und Abfälle. Die meterhohe Lehmschicht, so folgerte Woolley, konnte nur von einer unvorstellbar großen Überschwemmung stammen. Von der Sintflut.
Der biblische Bericht über die Sintflut erzählt vom Regen, der 40 Tage und 40 Nächte lang pausenlos niederging: »Im 600. Lebensjahr des Noah, am 17. Tag des 2. Monats brachen alle Strudel des großen Meeres auf und die Himmelsschleusen öffneten sich ... Und das Wasser stieg und hob die Arche, daß sie über der Erde schwamm ... Das Wasser stieg in gewaltige Höhen über der Erde, und alle Berge irgendwo unter dem Himmel wurden bedeckt ... Da starb jegliches Fleisch, das sich auf der Erde geregt, die Vögel, Vieh und Getier und Gewürm, und alle Menschen

kamen ums Leben. Alles, was des Lebens Odem in seiner Nase hatte, wurde, soweit es sich auf dem Trockenen befunden hatte, getötet. So vertilgte Gott alle Wesen auf dem Erdboden. Nur Noah und was bei ihm in der Arche war, blieb übrig. Und das Wasser wuchs auf Erden 150 Tage lang ... Danach ging das Wasser langsam wieder zurück. Die Arche ließ sich am 17. Tag des 7. Monats auf dem Ararat-Gebirge nieder. Am 1. Tag des 10. Monats wurden die Spitzen der Berge sichtbar ... Im 601. Jahr, am 1. Tag des 1. Monats war das Wasser auf der Erde versiegt ... Am 27. Tag des 2. Monats war die Erde wieder trocken.« (Genesis 7,11-8,15)
Angaben, auf den Tag genau! Dazu kommen nun aber auch noch einige recht merkwürdige Hinweise, die man eigentlich in der Bibel nicht erwartet hätte und die tatsächlich auch nicht so recht zu übrigen Aussagen zu passen scheinen.

Von Riesen und Göttersöhnen

Bei der Erklärung, warum es zu dieser Katastrophe kommen konnte, ist die Rede von »Göttersöhnen« und von »Riesen« oder auch »Recken der Urzeit«. Seltsame Formulierungen für Menschenarten. Oder handelte es sich vielleicht gar nicht um Menschen im eigentlichen Sinn, sondern um andere vernunftbegabte Wesen, die vor der Sintflut die Erde bevölkerten? Hatten vielleicht neben dem Menschen andere Hominiden ebenfalls den Schritt zum Bewußtsein erlangt? Waren sie etwa in ihrer Entwicklung schon weiter als die Menschen?
In der Bibel heißt es: »Als die Menschen angefangen hatten, sich auf der Erde zu vermehren ..., da sahen die ›Göttersöhne‹, daß die Menschentöchter schön waren. Sie nahmen sie sich zu Weibern, soviel sie wollten. Da sprach der Herr: ›Mein Geist verbleibe nimmer länger bei den Menschen. Er ist ja nurmehr Fleisch! Nur noch auf 120 Jahre sollen seine Tage sich belaufen.‹ In jenen

Zeiten waren die Riesen auf Erden, zumal damals, als die Göttersöhne mit den Menschentöchtern verkehrten und diese ihnen Kinder gebaren. Jenes sind die Recken der Urzeit, die Männer von Namen. Da sah der Herr, daß die Bosheit der Menschen auf Erden groß wurde und alles Dichten und Trachten ihres Herzens allezeit böse. Da reute es den Herrn, daß er die Menschen auf Erden geschaffen hatte. Und er wurde tiefbekümmert. Und der Herr sprach: ›Vertilgen von der Erde werde ich die Menschen, die ich erschaffen habe, vom Menschen bis zum Vieh, bis zum Gewürm und zu des Himmels Vögeln. Denn ich bereue, sie gemacht zu haben.‹ ... Die Erde war vor Gottes Angesicht verderbt, die Erde hatte sich mit Frevel gefüllt. Denn jedes Fleischwesen hatte seinen Wandel auf Erden verfehlt. Da sprach Gott zu Noah: ›Das Ende aller Fleischwesen ist von mir beschlossen. Die Erde ist ja voller Frevel, die sie tun. Und so verderbe ich sie samt der Erde ... Ich lasse die Wasserflut über die Erde kommen, um alles Fleisch unter dem Himmel zu vertilgen, darin Lebensodem ist. So möge alles Leben auf der Erde sterben ...‹« (Genesis 6)

Als eigentliche Gründe für Gottes Strafgericht werden zwei Punkte angeführt: Die Verbindung des Menschengeschlechts mit anderen, vielleicht nur menschenähnlichen Geschöpfen oder mit einer fremden Rasse — und die Tatsache, daß die Menschen »nur noch Fleisch« sind, daß sie in ihrer Entwicklung in ein früheres Stadium zurückgefallen sind. Sie hatten »den Wandel auf Erden verfehlt«. Man könnte das auch so ausdrücken: Gott sah sein Experiment, den göttlichen Funken, den Geist mit organischem Leben zu verbinden, vorerst gescheitert. Alles Fleisch, »darin Lebensodem ist«, sollte ausgerottet werden.

Hier muß man zurückblenden zum Schöpfungsbericht der Bibel. Dort heißt es nämlich: »Da schuf der Herrgott den Menschen aus dem Staub der Erde und blies ihm Lebensodem ein. So wurde der Mensch zu einem Lebewesen.« (Genesis 2,7). Eigentlich müßte man übersetzen: »So wurde der Mensch — im Gegensatz zu allen bisherigen Geschöpfen, die ja auch leben, diesen Le-

bensodem Gottes aber nicht bekamen — zu einem geistbegabten Wesen«. Hier wird ein ganz deutlicher Unterschied zum Tierreich gemacht: Der Mensch besteht aus zwei wesentlichen Bestandteilen, aus irdischer Materie und aus göttlichem Odem, dem Geist. Gott schuf den Menschen als sein Ebenbild. Doch diese Verbindung war zur Zeit der Sintflut gescheitert. Der Schöpfer mußte sein Experiment abbrechen und noch einmal von vorne beginnen. Die denkfähigen Geschöpfe, denen er mit der Vernunft die Möglichkeit eingeräumt hatte, sich gegen die stetige Evolution zu entscheiden, hatten von dieser Freiheit zu ihrem Nachteil Gebrauch gemacht, waren zurückgefallen in vormenschliches, tierisches Verhalten, in dem nur Lust, die Befriedigung körperlicher Bedürfnisse zählte: »Sie waren nur noch Fleisch!« Die Menschen hatten den »zweiten Schritt«, den vom Tier zum geistigen Wesen, nicht geschafft.
Dieses Versagen führte zur vollständigen Ausrottung der »Riesen« und der »Göttersöhne«. Die Menschen durften nur in wenigen Exemplaren überleben und einen neuen Versuch starten. Jetzt wird verständlich, was Petrus meinte, als er davon sprach, Jesus habe in der Unterwelt den Geschöpfen aus der Zeit Noahs das Evangelium gebracht: Auch jene, die mit der Sintflut ausgestorben sind, wurden erlöst: »Deswegen wurde auch den Toten das Evangelium verkündet, damit auch sie, wenngleich nach Menschenschicksal dem Leibe nach gerichtet, doch der Seele nach leben, wie Gott es will.« (1 Petrus 4,6)
Die Erinnerung an die Katastrophe der Sintflut könnte die tiefverwurzelte Angst vor dem Weltuntergang und vor dem Aussterben der Menschenrasse erklären. Eine Angst, die ursprünglich so übermächtig gewesen sein muß, daß Gott den Überlebenden gleich dreimal versichern mußte: So etwas wird nie wieder geschehen: »Nie wieder will ich die Erde verfluchen des Menschen wegen... Hinfort will ich keine Lebensart mehr so schlagen, wie ich es getan habe.« (Genesis 8, 21)
Auf die Sintflut wird auch direkt Bezug genommen, als Jesus die Zerstörung des Tempels in Jerusalem und das »Ende dieses Ge-

schlechts« prophezeit: »Wie damals zur Zeit des Noah, so wird es mit der Ankunft des Menschensohnes sein: gleichwie man in den Tagen vor der Sintflut aß und trank, zur Ehe gab und nahm bis zu dem Tag, da Noah in die Arche ging, und man nicht zur Besinnung kam, bis die Flut hereinbrach und sie alle mit sich fortriß, so wird es auch mit der Ankunft des Menschensohnes sein. Da werden zwei auf dem Felde sein. Der eine wird mitgenommen, der andere bleibt zurück. Es werden zwei Frauen an der Mühle mahlen. Die eine wird mitgenommen, die andere bleibt zurück.« (Matthäus 24,37)

Hier ist die Rede von der Katastrophe, die dann kommen wird, wenn der Mensch, wie Teilhard de Chardin es ausdrückte, »den dritten Schritt — übrigens den gefährlichsten von allen« tun muß, den Schritt in eine neue Dimension des Menschseins. Der erste Schritt war der von der toten Materie zur lebenden, der zweite der vom animalischen Leben zum geistbeseelten Leben. Und was kommt jetzt? Wohin führt uns der dritte Schritt? Zur Unsterblichkeit?

»Ist es eine Ausflucht oder eine Illusion zu glauben, es werde in kurzer Zeit innerhalb der Menschheit zu derartigen Erschütterungen kommen, daß der Platz für ein neues Christentum frei wird — für die wahre Religion des Menschen von morgen?« fragte Teilhard de Chardin im Juli 1950, angesichts neuer Kriegsdrohungen, angesichts des anbrechenden neuen Zeitalters mit neuen Möglichkeiten der Vernichtung durch die Atombombe — aber auch mit ganz neuen Chancen, einen mächtigen Schritt nach vorne zu tun.

Teilhard de Chardin fieberte der großen Katastrophe entgegen — nicht in Angst, sondern in unstillbarer Erwartung des Tagesanbruchs. Er sagte: »Der Himmel bewahre uns vor einem neuen Weltkrieg. Wie alle Welt fühle ich die Schatten und das Gewicht der Kriegsdrohungen.« Doch er setzte im selben Atemzug hinzu: »Aber ich kann mich nicht zurückhalten, mit noch größerer Intensität die Einknospung und Erhitzung der Menschheit in sich selbst wahrzunehmen. Letzten Endes ist es, davon bin ich

überzeugt, immer etwas mehr ›planetare Einheit‹, die aus diesen furchtbaren Schlachten hervorgeht. Eine Schwelle muß überschritten werden.«
Der französische Jesuit dachte und empfand wie die großen Propheten des Alten Testaments: Ich könnte verzweifeln, aufheulen vor Schmerz, wenn ich an das unermeßliche Leid denke, das auf uns zukommt — zukommen muß. Gleichzeitig weiß ich aber immer auch: Wer das reine Gold will, muß das Erz in die Feuersglut werfen und die Schlacken abschöpfen. Es nützt uns alles nichts: Wir müssen durch die Hölle. Es wäre unmenschlich, ja letztlich verderblich, wollten wir uns in Mitleid und Barmherzigkeit erschöpfen und dabei vergessen, aktiv zu werden. »Mitleid ist eine unermeßliche, wenn auch schmerzliche Kraft, solange sie nicht pessimistisch getönt ist. Die Zukunft liegt in einem Glauben oder in einer Religion, die die Hoffnung über das Mitleid stellt, ohne dieses abzuwerten.«

Vom Ur-Atom zum Ur-Atom

Aber wie sollte, wie konnte nun das Jenseits für den aussehen, der so sehr wie Teilhard de Chardin das Diesseits in den Vordergrund rückt und die Wichtigkeit dieses Lebens betont, daß er am Rande des Grabes die Zukunft hier, auf der Erde, und nicht etwa drüben in irgendeinem Himmel erwartet? Kann es für ihn überhaupt ein ewiges Leben, eine Unsterblichkeit geben?
Wir leben heute tatsächlich in einer aufregend stürmischen Epoche. Nicht nur die Technik überrascht uns beinahe täglich mit sensationellen Innovationen, durch die die Erfindungen von gestern bereits wieder überholt sind. Auch die Wissenschaften erschließen uns neue Welten, die uns aus dem Staunen nicht mehr herauskommen lassen.
Was beispielsweise Geophysik, Astrophysik, Astronomie und viele artverwandten Disziplinen in den zurückliegenden zehn

Jahren entdeckt haben, ist weit mehr als alles, was man vor dieser Zeit zu wissen glaubte. Wer hätte noch vor wenigen Jahren so etwas wie die »Schwarzen Löcher« oder den Blick in die Wunderwelt eines Atoms für möglich gehalten? Viel klarer und deutlicher noch als Teilhard de Chardin wissen wir heute, daß sich die Evolution nicht auf die Biologie beschränkt, sondern daß es eine universelle Evolution gibt, die selbst allerdings nur einen Ausschnitt im Gesamtgeschehen darstellt. Alles, was existiert, das Sandkorn am Strand ebenso wie die Milliarden Jahre entfernte Galaxie, entstammt wohl, wie Teilhard de Chardin es instinktiv annahm, dem Ur-Atom, das vor 15 oder 20 Milliarden Jahren »explodierte«. Seit diesem »Urknall« dehnt sich das Weltall in ungeheurer Geschwindigkeit aus. Sonnensysteme »sterben« und werden »wiedergeboren«. Der Kosmos befindet sich noch immer mitten im Explosionsmoment, im »Zerfallen« — und ist doch auch schon wieder dabei, sich zum ursprünglichen Ur-Atom zusammenzuschließen. Wahrscheinlich ist das Ur-Atom gar nicht zum erstenmal geborsten, sondern schon mehrfach, so daß das gegenwärtige Universum auch nicht das erste wäre. Irgendwann wird seine ganze Materie und seine Energie wieder gebündelt sein im Ur-Atom.

Für diese Annahme sprechen die eben erst entdeckten und georteten »Schwarzen Löcher«, gefräßige, unheimliche »Monster« im Weltall. Es handelt sich um »gestorbene« Sonnenriesen, deren Masse in sich zusammengefallen ist und dabei so dicht wurde, daß unsere Sonne auf die Größe eines Tennisballs schrumpfen würde, ohne auch nur ein einziges Gramm ihres Gewichts einzubüßen. Die Anziehungskraft dieser Super-Masse ist so groß, daß alles, was in seinen Bereich gerät, in das »Schwarze Loch« hineingezogen wird. Selbst Licht wird von ihm nicht mehr reflektiert, sondern ebenfalls verschluckt. Deshalb die Bezeichnung »Schwarzes Loch«. Niemand wird jemals ein schwarzes Loch sehen.

Neuerdings nimmt man an, daß das Zentrum jeder Galaxie ein solches »Schwarzes Loch« sei, das unaufhaltsam und stürmisch,

wie der Abfluß in der Badewanne das Wasser, die Hundertmilliarden Sonnensysteme, die sich spiralenförmig darum herumdrehen, in sich hineinziehe. Am Ende wird es nur noch die Super-Materie geben und, wenn sich die »Schwarzen Löcher« selbst gegenseitig verschluckt haben werden, wiederum das ursprüngliche Ur-Atom, das dann von neuem zu einem neuen Universum explodieren könnte. Wäre aber das neue Universum dann nicht ein vollkommeneres? Eines auf einer höheren Ebene?
Das ist eben das Grandiose am Werden und Zerfallen der Welten: Schon mit dem ersten Augenblick des explosiven Urknalls begann der Aufbau. Jedes Sterben ist die Geburt einer neuen Vollkommenheit, ein Schritt zur Vervollkommnung des Universums.
Soweit wir heute erkennen können, besteht das Universum seit allem Anfang nur aus drei einfachen und stets gleichen »Bausteinen«: aus den Atomteilchen Protonen, Neutronen, Elektronen. Vom ersten Tag der Schöpfung bis heute ist nichts hinzugekommen, nichts neu geschaffen worden. Die unfaßbare Vielfalt und Verschiedenartigkeit, die zauberhafte Schönheit und Gewaltigkeit der Welt kennt nichts anderes als Protonen, Neutronen, Elektronen. Das ist ein Wunder für sich und für uns Menschen etwas völlig Unbegreifliches. Als die Alchimisten des Mittelalters aus Blei Silber und aus Kupfer Gold zu machen versuchten, ahnten sie dieses Geheimnis. Lediglich ihre Mittel waren unzulänglich: Ein Element ist aus dem anderen hervorgegangen — in stetiger Evolution.
Zu der Materie kommt doch noch etwas ganz Wesentliches hinzu: die Kraft der Anziehung und Abstoßung, die elektrische »Ladung«: Das Proton, der Atomkern, ist positiv elektrisch geladen. Das Elektron kreist, negativ geladen, wie ein Planet um diesen Kern herum. Seine Anziehungskraft hält es gefangen, die eigene Geschwindigkeit verhindert, daß es in den Kern stürzt. Das also war die ursprüngliche, ausgewogene, einfache Welt: lauter Atome mit einem Kern und einem Elektron.
Hätte es keine erste große Katastrophe gegeben und hätten sich

die Wasserstoff-Wolken nicht zu mächtigen Himmelskörpern zusammengeballt, in deren Inneren durch den Druck der Masse schließlich Temperaturen von vielen Millionen Grad Hitze entstanden, dann würde auch heute die Welt nur aus den einfachsten Elementen, aus Wasserstoff und Helium bestehen. Druck und Katastrophen waren nötig, um die Entwicklung in Gang zu setzen. In der gewaltigen Hitze nur gelingt es, die beiden feindlichen Kerne zu einer Einheit zu verschmelzen. Die Protonen werden dabei von Neutronen, die keine elektrische Ladung besitzen, wie von einer mächtigen Klammer zusammengehalten, ohne daß sie dabei ihre Abstoßungskräfte einbüßen würden. In einem solchen Kern herrschen also gewaltige Spannungen. Die Neutronenklammer ist so stark, daß Millionen Grad Hitze nötig sind, um sie zu sprengen.

Diese beiden enormen Kräfte, die Abstoßungskraft der Protonen und die Bindekraft der Neutronen, die sie gefangenhält — das ist Kernkraft.

Alle bekannten chemischen Elemente vom Helium bis zum Plutonium sind durch Kernfusion, also durch das Zusammenschmelzen von Atomkernen entstanden. Der Heliumkern besitzt zwei Protonen, das Plutonium 94.

Jeder »Tod« gebärt Vollkommeneres

Unsere Sonne »verbrennt« in der Hauptsache Wasserstoff zu Helium. Sie wird so lange scheinen, also riesige Energien, die bei diesem Prozeß frei werden, in den Weltraum abstrahlen, bis der Vorrat an Wasserstoff verbraucht ist und sich der ursprüngliche Wasserstoffball in einen Heliumball verwandelt hat. Das dürfte in rund 10 Milliarden Jahren der Fall sein. Nun haben Spektrum-Bilder der Sonne aber gezeigt, daß sie nicht nur aus Helium und Wasserstoff besteht, sondern daß sich in ihr wohl alle uns bekannten chemischen Elemente finden lassen. Woher kommen sie? Aus eigenen komplizierteren Kernfusionen? Mit hoher Wahrscheinlichkeit stammen sie größtenteils aus der »Asche« früherer Sterne, die schon komplizierter aufgebaut waren. Auch das Eisen, das Gold und das Uran unserer Erde sind nicht auf ihr »gewachsen«, sondern bilden Überreste »explodierter« Welten, in Kernfusionsprozessen entwickelt und im »Sterben« in den Weltraum verstreut. Es mußte also immer wieder eine Welt untergehen, damit eine vollkommenere entstehen konnte. Jeder »Sonnentod« war für das ganze Universum ein großer Gewinn. Unsere Erde mit der Vielfalt ihrer Grundsubstanzen, mit einer Atmosphäre und mit Wasser als Voraussetzungen für das Leben, würde so nicht existieren, wären nicht vor undenklichen Zeiten viele Welten zugrunde gegangen. Ohne ihr »Sterben« gäbe es auf der Erde kein Stückchen Metall, keine Mineralien. Nichts außer Helium und Wasserstoff.

Die Kernenergie also ist der Motor der Evolution. Sie hat alles in Gang gesetzt. Und sie hält die Entwicklung in Bewegung. Sie ist kein verdammungswürdiges Teufelswerk, sondern die natürlichste Sache der Welt. Es spricht nur für die Genialität des Menschen, daß es ihm gelungen ist, dieses Grundrätsel der Weltentwicklung zu enträtseln; daß er versucht, diese Möglichkeit der Energiegewinnung selbst in die Hand zu bekommen. In einigen Jahrzehnten werden wir vermutlich in der Lage sein, das, was die Sonne als Kernfusionsreaktor leistet, im kleinen nachzuahmen. Wir würden dann über die billigste und sauberste Energie verfügen — und zwar in einer solchen Fülle, daß neue Menschheitsträume verwirklicht werden können. Die Erde wird nicht mehr ausgeplündert, sondern mit der Energiegewinnung gleichzeitig bereichert: Aus weniger Wertvollem wird das Wertvollere. Zum erstenmal in seiner Geschichte darf und kann der Mensch selbst die Evolution vorantreiben. In der Tat ein Wendepunkt in der menschlichen Geschichte.

Die Technik zu diesem wichtigen Schritt ist schon beinahe perfekt. Was noch fehlt, ist die Fähigkeit, die nötigen hohen Temperaturen zu schaffen, die den Verschmelzungsprozeß in Gang setzen. Mit konzentrierten Laserstrahlen wird bisher etwa die Hälfte erreicht — und auch das nur für den tausendstel Bruchteil einer Sekunde. Doch der menschliche Forscherdrang wird auch an diesem Problem nicht scheitern. Die Kernkraft ist nicht irgendeine Hoffnung der Menschheit, sondern *die* Zukunftsaussicht. Es wäre vollkommen falsch, ja unnatürlich, wollten wir uns Selbstbeschränkung auferlegen, auf Atomkraft verzichten, weil sie so unendlich gefährlich zu sein scheint. Der Mensch kann nicht zurück. Seine Rettung liegt nicht in der Rückkehr zum Höhlendasein oder zum beschaulichen Leben vergangener Generationen.

Die momentane Schwierigkeit liegt in der unendlich gefährlichen Zwischenphase: Wir haben die Kernfusion, die saubere und nützliche Atomkraft, noch nicht im Griff — wohl aber die Kernspaltung. Wir bauen noch nicht auf, sondern schrauben die Entwicklung zurück. Bei der Kernspaltung werden nicht die einfachsten Atome zu komplizierteren zusammengebaut, wir arbeiten also nicht von unten nach oben, sondern umgekehrt und widernatürlich, von oben nach unten: Wir zerlegen die kompliziertesten Kerne, etwa die von Plutonium und Uran, indem wir ihnen Protonen aus dem Kern reißen, wobei wiederum sehr hohe Energie frei wird.

Das ist etwas einfacher zu bewerkstelligen. Im Grunde muß man sich sogar wundern, wie einfach eine Atombombe funktioniert: Je mehr Protonen und Neutronen in einem Atomkern zusammengefesselt sind, desto leichter ist es, ein Teilchen davon herauszubrechen. Manchmal fallen sie sogar von selbst heraus — oder brauchen nur den leisesten Anstoß, etwa den Beschuß des Kerns mit Neutronen oder Protonen.

So gibt es auf der Erde seit jeher — früher sehr viel stärker als heute — Quellen natürlicher Radioaktivität: Uranerze im Boden zerfallen. Das geht deshalb unendlich langsam vor sich, weil die Massen zu klein und die Erze zu unrein sind. Das herausgebrochene Teilchen hat kaum eine Chance, zufällig auf einen anderen Kern zu treffen und auch ihn zu spalten.

Anders ist das ab einer gewissen Masse, man spricht von der sogenannten »kritischen Masse«, und das sind in der Regel einige Kilogramm des spaltbaren Materials: Wenn in dieser Menge auch nur ein einziger Kern zerfällt, muß ein Teilchen automatisch einen Kern treffen, dessen Teilchen den nächsten. Das ist die gefürchtete Kettenreaktion, die bei der Atombombe zur Anwendung kommt. In der Atomwaffe bringt man ganz einfach zwei oder drei oder noch mehr kleine Mengen eines radioaktiven Materials streng voneinander getrennt unter. Jede Menge für sich liegt weit unter der kritischen Masse und ist deshalb harmlos. Sobald die Trennwände aber durchstoßen werden, setzt innerhalb einer Millionstelsekunde die Kettenreaktion ein. Die Bombe explodiert. Dabei entstehen neben der enormen Sprengwirkung und Temperaturen von 14 Millionen Grad auch gefährliche radioaktive Strahlen.
Im Atomreaktor »zügelt« man den Ablauf. Die Mengen an spaltbarem Material sind groß genug, einen ständigen Spaltungsprozeß aufrechtzuerhalten, zu klein, die Kettenreaktion auszulösen. Im Gegensatz zur Kernspaltung wird bei der Kernfusion keine radioaktive Strahlung frei. Sie ist schon allein deshalb die Energie der Zukunft, die wir so schnell wie möglich brauchen, um auch die gefährlichen Atomreaktoren wieder stillegen zu können.
Die nächsten zehn, fünfzehn Jahre der Zwischenzeit dürften die problematischsten der Menschheitsgeschichte werden. Wenn wir sie überstehen, dann haben wir es wohl geschafft.
Der Vollständigkeit halber muß noch hinzugefügt werden: Selbstverständlich ist uns auch schon die Kernfusion gelungen — in der Wasserstoffbombe nämlich. In ihr werden Wasserstoff-Atome zu Helium-Atomen verschmolzen. Doch um das bewerkstelligen zu können, braucht man als »Zünder« eine Atombombe, weil nur sie bislang die nötigen hohen Temperaturen zustande bringt.

Doch die Gefahr des Scheiterns ist groß

Wer wollte leugnen, daß es eine krankhafte Perversion menschlichen Denkens und Handelns darstellt, wenn so etwas Gigantisches wie die Kernkraft hauptsächlich zum Bau von Vernichtungswaffen eingesetzt wird, die in wenigen Minuten alles Leben auf dieser Welt auslöschen und die Erde unbewohnbar machen können? Wer könnte noch die Augen davor schließen, daß alle Hoffnung, noch einmal davonzukommen, längst zur Illusion geworden sind? »Wie könnten wir dieses globale Wettrüsten einem leidenschaftslosen außerirdischen Beobachter begreiflich machen? Wie die jüngsten bedrohlichen Entwicklungen durch Killersatelliten, Teilchenstrahlenwaffen, Laserstrahlen, Neutronenbomben, Cruise Missiles — sowie den Vorschlag rechtfertigen, in Gebieten von der Größe kleiner Länder jede Interkontinentalrakete durch hunderte Scheinanlagen zu tarnen? Etwa mit dem Argument, daß zehntausend auf ein Ziel ausgerichtete Sprengköpfe unsere Überlebenschancen erhöhen? Welchen Rechenschaftsbericht über die Verwaltung Erde wollen wir ablegen? Die von den atomaren Supermächten ins Treffen geführten Argumente kennen wir. Wir wissen, wer für die Nationen spricht. Aber wer spricht für die Menschheit? Wer tritt für die Erde ein? ... Sollten wir unter diesen Vorzeichen nicht tatkräftig und quer durch die Nationen darangehen, unsere herkömmlichen Verfahrens- und Verhaltensweisen zu revidieren und unsere wirtschaftlichen, politischen, sozialen und religiösen Einrichtungen von Grund auf zu erneuern? Angesichts der beunruhigenden Alternative, vor die wir uns gestellt sehen, fühlen wir uns ständig versucht, den Ernst der Lage herunterzuspielen; diejenigen, die das Bild des Weltuntergangs beschwören, als Bangemacher abzustempeln; und zu behaupten, ein grundlegender Wandel unserer Institutionen sei unzweckmäßig oder widerspreche der ›menschlichen Natur‹ — gerade so, als wäre ein Atomkrieg etwas zweckmäßiges oder als gäbe es nur eine einzige Menschennatur. Daß bis jetzt noch kein atomarer Weltkrieg ausgebrochen ist, gilt als Gewähr dafür, daß es

auch künftig so bleiben wird. Doch wir könnten nur einen erleben. Und dann wäre es zu spät, die Statistik zu korrigieren.«
Mit diesem leidenschaftlichen Appell wandte sich der amerikanische Astronomieprofessor Carl Sagan in einer weltweit ausgestrahlten Fernsehreihe an die Menschheit: So schön, so unglaublich phantastisch ist diese Schöpfung, voller Wunder, voller unfaßbarer Möglichkeiten. Wollen wir wirklich das alles und die Existenz der Menschheit leichtfertig aufs Spiel setzen?
Teilhard de Chardin würde sagen: Wenn die Kernfusion in unseren Seelen in Gang gesetzt werden soll, brauchen wir den massiven Druck, weil nur er die nötige Hitze zustande bringt. Nur wenn wir diesem Druck standhalten, kommen wir weiter.
Der Druck der Angst — hat er uns in den letzten Jahren nicht tatsächlich im Hinblick auf Einsicht und Kraft zum Widerspruch gegen das verbrecherische Spiel der Aufrüstung ein ganzes Stück weitergebracht? Aber wieviel Druck brauchen wir noch, bis wir den großen Durchbruch schaffen? Vor allem aber: bleibt uns denn im Fall einer Katastrophe überhaupt die Möglichkeit, durch sie voranzukommen?
An diesem Punkt fällt es außerordentlich schwer, den Optimismus des Pierre Teilhard de Chardin zu teilen. Die Schöpfung strebt danach, stets vollkommener zu werden. In uns Menschen hat sie gewiß die höchste Stufe erreicht, die wir kennen. Doch wir sind wohl nicht die einzige Spitze und aller Wahrscheinlichkeit nach auch nicht die absolut weltbeherrschende. Wir können leider nicht davon ausgehen, die Erde oder gar das Universum wäre ohne uns nicht denkbar. Es könnte sehr leicht geschehen, daß sich die Menschheit in den nächsten Jahrzehnten endgültig als »Fehlentwicklung« entpuppt — als Spitze einer Evolution, die ihrer Aufgabe nicht gewachsen und deshalb zum Aussterben verurteilt ist. Genauso wie die »Riesen« und »Recken« der Vorzeit vor dem »zweiten Schritt« der Evolution scheiterten, so könnten wir Menschen, damals nur in Noah und seiner Familie gerettet, diesmal beim viel riskanteren »dritten Schritt« scheitern.
Namhafte Theologen schließen heute nicht mehr aus, daß die

Erde in absehbarer Zeit ohne Menschen weiterexistieren könnte. Das widerspräche ihrer Meinung nach nicht der Lehre von der Erlösung der Menschheit durch Jesus Christus.
Aber wir müssen uns in unserer gegenwärtigen Situation sehr ernst fragen: Wenn wir Menschen am Ende des zweiten nachchristlichen Jahrtausends uneinsichtig und töricht genug sind, unser »Geschlecht« auszurotten, hätte damit nicht Jesus Christus umsonst gelebt? Wäre der Gottessohn, der den Auftrag hatte, uns das ewige Leben in Glückseligkeit zu bringen — das es nach seiner Aussage bis dahin für Menschen nicht gegeben hat —, nicht umsonst gestorben, und gäbe es damit auch keine »Heimat« mehr im Jenseits für uns?
Ein furchtbarer Verdacht taucht auf: Müßte die Vernichtung der Menschheit nicht nur die Gegenwart und jede Zukunft, sondern damit auch die Vergangenheit auslöschen? Wenn Teilhard de Chardin recht hat, wenn die Menschheit, noch lange nicht am Ende der Evolution angelangt, sich weiter vervollkommnen muß, ehe ihr das Heil zuteil werden kann, dann hängt tatsächlich alles von uns ab. Dann, so muß man doch annehmen, müssen auch die Verstorbenen »im Jenseits« auf uns warten, mit uns bangen. Dann sind sie von uns voll abhängig.
Man könnte diese Situation mit dem Bau einer großen gotischen Kathedrale vergleichen: Seit Jahrmillionen wächst das Bauwerk Menschheit aus der Erde und den Fundamenten heraus in die Höhe. Schon stehen die Säulen und Pfeiler. Schon neigt sich das Gewölbe zur Decke. Doch nun geht es darum, in dieses Gewölbe den letzten großen Stein, den Schlußstein, einzusetzen. Solange er nicht eingefügt ist, bleiben die Mauern und die Gewölbe schwankend, unsicher, labil. Sobald er an der richtigen Stelle sitzt und alle hier zusammenströmenden Kräfte auffängt und ausgleicht, ist alles stabil und sicher und »fertig«. Gelingt es uns nicht, den Schlußstein zu setzen, könnte der ganze, fast fertige Bau in sich zusammenstürzen.
Es geht also um das Ganze. Das Bauwerk kann nur vollendet werden, wenn alle Beteiligten einsehen, an welchem Punkt sie angelangt sind und worum es wirklich geht: um alles oder nichts.

Ein Herz und eine Seele

Der schwierige Weg durch die Zerrissenheit

Die ohrenbetäubende Musik schlägt zu wie ein Orkan, zerschlägt den Willen und legt die Gedanken lahm. Wie ein böser Dämon ergreift sie Besitz von ihrem Opfer. Ton für Ton klatschen die Rhythmen die Musik in die Glieder der Tanzenden – ein einziger, überpersönlicher Taumel in der Disco. Nur der allen gemeinsame Taumel des Selbstvergessens, der Betäubung erfüllt den Raum ...

Das ist moderne Gemeinsamkeit ohne Gemeinschaft. Alle Beteiligten sind gleichgeschaltet – und doch bleibt jeder allein. Keine Kommunikation, kein Verschmelzen, kein Zueinanderfinden: Isolation in der gleichförmigen Masse. So wird der Himmel einmal ganz bestimmt nicht sein.

Es gibt aber außerdem einen zweiten »Gleichklang«, der noch verheerender sein dürfte als der Tanz in der Disco: Funk und Fernsehen. Wir sind uns wohl dieser Gleichschaltung noch gar nicht richtig bewußt geworden. Da sitzen 40, 50 Millionen Menschen, verteilt auf viele Millionen Wohnzimmer vor der Mattscheibe – und erleben und erleiden dasselbe, ein meistens rein erfundenes Schicksal. Das Herz von Millionen von Zuschauern beginnt zur gleichen Zeit aus Angst um den Helden des Fernsehspiels zu pochen. Viereinhalb Minuten später dürfen sich alle gleichzeitig wieder beruhigen. In derselben Sekunde zittern Nationen um die schöne Diva in den Händen der Verbrecher; erschallt weltweit ein einziger Schrei des Entsetzens, wenn dem Filmbaby scheinbar etwas Böses widerfährt; ist ein ganzes Volk zutiefst enttäuscht, weil die eigene Fußballnationalmannschaft ihr wichtiges Qualifikationsspiel nicht gewinnen konnte.

Das hat es niemals zuvor in der Geschichte gegeben. Der Tag ist abzusehen, an dem anläßlich olympischer Spiele oder einer wichtigen Botschaft eines amerikanischen Präsidenten oder eines russischen Staatschefs nahezu alle Menschen genau dasselbe Geschehen in sich aufnehmen, sich vom selben Ereignis bewegen, beglücken, erschrecken lassen. Drei oder gar vier Milliarden Menschen — ein Herz und eine Seele!

Auch das kann nicht der Über-Mensch sein, von dem Teilhard de Chardin träumte. Denn bislang spaltet und trennt und isoliert gerade das Fernsehen mehr, als es verbinden könnte: Alle lachen oder weinen oder bangen oder hoffen zur gleichen Zeit. Jeder identifiziert sich mit der Scheinfigur auf dem Bildschirm — so daß die Millionen Zuschauer tatsächlich wenigstens für einen Augenblick zu einer einzigen Person werden. Aber keiner vermag damit dem Menschen, der unmittelbar neben ihm sitzt, auch nur ein Stückchen näherzukommen. Im Gegenteil: Je mehr Menschen es auf der Erde gibt, je dichter wir aufeinander leben und je intensiver wir uns der Gleichschaltung der Massenmedien hingeben, desto mehr sondern wir uns voneinander ab, desto einsamer wird der einzelne. Der persönliche Kontakt, die Aussprache, die persönliche Mitteilung ist in dieser Welt des gemeinsamen Unterhaltungskonsums zur empfindlichen Störung geworden. Trotzdem liegt wohl in diesen Möglichkeiten, sich gleichzuschalten, die große Hoffnung für die Zukunft — werden wir Menschen es erst einmal geschafft haben, mit den neuen Massenmedien richtig umzugehen.

In jedem Menschen ist die ganze Schöpfung lebendig

Diese Gleichschaltungen werden unsere Persönlichkeit allmählich verändern und uns damit letztlich doch zueinander führen.

Wenn zwei junge Menschen sich scheinbar zufällig begegnen und ihre Blicke sich treffen, geschieht im Bruchteil einer Sekunde in den beiden mehr, als sie mit wohlüberlegten Gedanken und der Hände Arbeit während ihres ganzen Lebens verrichten könnten. Es ist nicht übertrieben zu sagen: In diesem Moment — wie in vielen anderen Situationen auch — werden Millionen Jahre lebendig, ohne daß die Betroffenen sich dessen bewußt werden.

In dem einzigen Blick stecken allein tausendfache Vergleiche, Einsortierungen, Etikettierungen. Das aufgefangene »Bild« wird verglichen mit den unzähligen im Gedächtnis aufbewahrten Bildern eigener Erfahrungen, nicht zuletzt mit der geprägten Idealvorstellung des möglichen Partners. Und schon ist entschieden: schön, faszinierend, begehrenswert — oder häßlich, nichtssagend, unattraktiv. Womit schon die innersten Gefühle programmiert sind: Zuneigung oder Abneigung, vielleicht auch einfach Gleichgültigkeit.

Mit diesen Urteilen unmittelbar verbunden sind aber Vorstellungen, Begierden, Wünsche — und nicht zuletzt moralische, sittliche und gesellschaftliche »Spielregeln«. Mehrere Seelen sind in jedem von uns lebendig und stellen die Richtschnur unseres Handelns dar. Dieses »Wissen« um das richtige Verhalten in einer ganz bestimmten Situation ist aber nicht bewußt vorhanden, es manifestiert sich in zahllosen »automatischen« Handlungen. Wir geben und empfangen beispielsweise »Signale«, deren Sinn uns nicht immer geläufig ist. Besser gesagt: Irgendeine »Instanz« in uns versteht sie sehr wohl, nur der Verstand findet keine Erklärung.

Das Primitive hat Tradition

Das ist unsere Not — seit vielen Jahrtausenden. Das ist auch das, was wir als sündhaft empfinden, was so viele seelische Konflikte auslöst und zum Ausgangspunkt menschlicher Tragödien wird: Wir verstehen uns nicht mehr und sind deshalb ständig in Gefahr, an uns selbst zu verzweifeln. Wir befürchten, schlecht, ver-

dorben, moralisch minderwertig zu sein, weil es in uns Regungen gibt, die immer wieder stärker sind als das, was unser Verstand für richtig erachtet. Wir entdecken in uns etwas unfaßbar Primitives, das weithin unser Tun und Handeln bestimmt und damit stets aufs neue das Gefühl von Scham und Schande hervorruft. Nichts scheint in unserer Seele beherrschender zu sein als gerade das Primitive. Wir benehmen uns — auch 2000 Jahre nach Christus — noch immer, als wären wir stumpfe, rein animalische Wesen.
»Äußerlich ist man quasi Kulturmensch, innerlich ein Primitiver. Etwas im Menschen ist keineswegs gesonnen, die Anfänge wirklich preiszugeben, ein anderes glaubt, in jeder Hinsicht drüber hinaus zu sein«. So erklärte C. G. Jung unsere gegenwärtige Situation, begründet im Erbe, das wir in uns tragen. Desmond Morris, Zoologe und Autor des Weltbestsellers »Der nackte Affe« formulierte es so: »Der Homo sapiens, so äußerst gescheit er auch geworden sein mag, ist dennoch ein nackter Affe geblieben. Während er sich höchst erhabene neue Motive angeeignet hat, ist ihm doch keiner seiner sehr erdgebundenen alten Triebe verlorengegangen. Das stürzt ihn oft genug in Verwirrung. Doch ist es nun einmal so: Seine alten Antriebe trägt er seit Jahrmillionen in sich, seine neuen aber erst seit höchstens einigen wenigen Jahrtausenden.«
Teilhard de Chardin würde sagen: Wir Menschen haben an der Schwelle zum »dritten und wichtigsten Schritt« der Evolution den »zweiten Schritt« noch nicht voll verkraftet. Wahrscheinlich wird uns erst dieser dritte Schritt die innere Einheit zurückgewinnen lassen.
Bevor der Mensch zum denkenden Wesen wurde, war die Begegnung zwischen einem weiblichen und einem männlichen Wesen — von der eigentlichen Paarungszeit abgesehen — kein Problem. Die sexuelle Anziehungskraft existierte nicht, weil die entsprechenden »Signale« fehlten, die zu ihrer Auslösung nötig waren. Für das »Männchen« war das »Weibchen« von der natürlichen Rangordnung her minderwertig. Es hatte ihm aus dem Weg zu

gehen, ihm die beste Nahrung zu überlassen, ihm mit einer Geste der Unterwerfung zu zeigen, daß es ohne aggressive Absichten daherkam.
Doch nun gab es seinerzeit die Ausnahmezeit, den Augenblick der Paarungsbereitschaft. Schlagartig änderte sich das Verhältnis zwischen Männchen und Weibchen grundlegend. Verlockt von starken Reizen, die alle seine Sinne ansprachen, wurde das Männchen zum Werber. Es war »von Sinnen« und mußte gleichzeitig bereit sein, heftigste Rivalitätskämpfe auszutragen, denn nur der Stärkste konnte gewinnen.
Heute ist der Ausnahmezustand von damals zur Allgegenwart geworden. Der Mann sieht in der Frau, die ihm begegnet, gleichzeitig das rangniedrigere Wesen, das ihm auszuweichen hat, und das Sexualobjekt, das ihn zum Werben veranlaßt. Die Frau signalisiert in ihrem ganzen Auftreten, bewußt oder auch unbewußt, Bereitschaft zum sexuellen Kontakt. Sie »lockt« optisch, indem sie ihre weiblichen Merkmale betont und unterstreicht — eine unmißverständliche Einladung. Auch heute noch fällt der Mann auf diese uralten Signale herein — sein Körper antwortet mit der Ausschüttung von Hormonen, mit der Wallung des Blutes, mit Signalen seinerseits, die auf Verführung abzielen.
Die »Erkenntnis«, die Fähigkeit zum Denken, hat den Menschen innerlich zerrissen: Auf der einen Seite sind die alten, animalischen Naturgesetze ganz selbstverständlich noch da, fordernd, oft zwingend. Auf der anderen Seite verfolgt die Vernunft geradezu entgegengesetzte Ziele. Diese innere Spaltung muß naturgemäß um so schmerzlicher empfunden werden, je mehr der Mensch zu einem Kulturwesen geworden ist.
Seitdem wir über unser Handeln und Verhalten nachdenken können, ist nichts mehr selbstverständlich, instinktiv absolut richtig. Jetzt gibt es eine eigene »Kontrollinstanz«, die alles, was wir tun, auf die Richtigkeit, auf Nutzen und Schädlichkeit überprüfen kann — und das auch tut. Wer denkt, vermag zu zweifeln, zu hoffen und zu bangen. Er kann und muß sich mehr und mehr gegen sein bisheriges »Wissen« entscheiden und hat damit das

»Paradies« seiner ehemaligen Existenz endgültig verloren. Die Naturgesetze besitzen nur noch für bestimmte Bereiche des Daseins Gültigkeit. Für andere gelten neue Gesetze — Gesetze und Haltungen, die der neuen Dimension des Lebens angepaßt sind.

Die beiden »feindlichen« Wissensbereiche

Die moderne Computertechnik hat es möglich gemacht, einen Einblick in die Entwicklung des Lebens zu bekommen und dieses »Wachsen« mehr und mehr zu begreifen.
Eine Frage hat die Menschen seit eh und je stark beschäftigt: Wieso eigentlich ist es möglich, daß ein so komplizierter Organismus wie unser Körper so wunderbar funktioniert? Woher weiß einer seiner Billionen Bausteine, eine ganz bestimmte, winzig kleine Zelle, daß sie zu einer Leberzelle und nicht etwa zu einer Nervenzelle oder zu einer Blutzelle werden muß? Wie kann das Abwehrsystem viele hundert völlig voneinander verschiedene »Feinde« erkennen und eine Krankheit heilen?
Es gibt tatsächlich in jeder Körperzelle eine Art Intelligenz — und sie ist nicht nur ein einfaches Wissen, sondern die Fähigkeit, auf einen Reiz von außen, auf eine Information, die richtige Handlung einzuleiten. Schon das allererste primitivste Leben benötigte wenigstens zwei Antworten, um überleben zu können: Welche Nahrung brauche ich? Und: Wie vermehre ich mich?
Die Antworten darauf waren im Zellkern, in der sogenannten DNS »programmiert«. In diesem Schlüsselmolekül allen irdischen Lebens — den Pflanzen ebenso eigen wie den Tieren und dem Menschen — ist das »Wissen« nach einem bestimmten Code gespeichert. Das Leben entfaltete sich aus einer ursprünglichen Art, als neue Antworten nach und nach hinzukamen und ebenfalls gespeichert wurden. Antworten auf Fragen wie: Was ist für mich schädlich? Was ist nützlich? Wer ist mein Feind? Wie kann ich mich gegen ihn schützen?

Jede neue Antwort konnte aber immer nur auf eine neue Frage gegeben werden, also auf eine bisher nicht dagewesene Anforderung, Bedrängnis, eine Not. Ein Virus, so weiß man heute, hat rund 10 000 solcher Antworten gespeichert, eine Bakterie bereits etwa eine Million. Der Mensch braucht in jeder einzelnen Zelle über 5 Milliarden Antworten!

Wie quälend langsam die Entwicklung vor sich gegangen ist, zeigen ein paar Zahlen: Die Erde ist schätzungsweise 4,6 Milliarden Jahre alt. Das erste Leben auf ihr dürfte sich nach ungefähr 600 Millionen Jahre gerührt haben. Eine Milliarde Jahre lang blieb dieses Leben vermutlich fast unverändert und einzellig. Erst dann, vor 3 Milliarden Jahren, vollzog sich ein erster wichtiger Schritt der Evolution: Die Zellen schlossen sich zu Zellverbänden zusammen, wobei sich die einzelnen Mitglieder dem Gesamtverband unterordneten. Damit waren die ersten Organismen geschaffen. Aber auch sie besaßen noch nicht die Möglichkeit, die Vielfalt der Arten hervorzubringen. Die Fortpflanzung bestand in der Reproduktion, der Teilung, womit jedes neue Leben dem alten aufs Haar glich.

Es dauerte wiederum eine Milliarde Jahre, ehe mit der Entdeckung der Sexualität ein neuer wichtiger Schritt möglich wurde: Als das Leben begann, sich mit der Verschmelzung zweier Zellen fortzupflanzen, gab es auch die Möglichkeit, Geninformationen auszutauschen. Es entstanden »Kinder«, die sich von »Vater« und »Mutter« unterscheiden.

Nahezu drei Milliarden Jahre lang dürfte das Leben auf der Erde also kaum über die Algen hinausgekommen sein. Erst danach begann der große, unaufhaltsame Aufschwung. Doch erst vor 10 Millionen Jahren sind die ersten Menschenvorfahren aufgetaucht. Der Homo sapiens existiert nicht länger als hunderttausend Jahre.

Seinem 5-Milliarden-Antworten-Programm in jeder Körperzelle steht nun — und das macht ihn einmalig unter den Lebewesen der Erde — ein spezieller Bio-Computer gegenüber, ein Gehirn mit rund 100 Milliarden Speichermöglichkeiten, die noch ein-

mal tausendfältig miteinander verbunden und kombiniert werden können, so daß auf knappstem Raum eine Kapazität von 100 Billionen »Schaltmöglichkeiten« gegeben ist.
»Es ist«, so versucht ein amerikanischer Forscher die Fähigkeit unseres Gehirns in ein Bild zu fassen, »als wären alle Sterne der Milchstraße kreuz und quer und jeder mit jedem verbunden. Bei jedem Gedanken verwandelt sich unser Gehirn in ein funkelndes Bild rhythmischer Flammenpunkte, zwischen denen Funkenketten hin und her sausen. Das Gehirn gleicht einem Zauberwebstuhl, auf dem Millionen aufblitzender Weberschiffchen Muster zeichnen, die sogleich wieder verblassen, um anderen Mustern Platz zu machen.«
Doch gerade hier liegt unser bereits angesprochenes Problem: Vom Computer umhüllt liegt das ursprüngliche Gehirn, liegen die Schaltzentren für unsere Gefühlsregungen, für Aggression, Streß, Sexualität, Hunger und zahllose andere Triebe. Wem sollen sie gehorchen? Dem ursprünglichen Antworten-Programm in den Körperzellen, dem Millionen Jahre alten und bewährten Verhaltenskatalog — oder dem Supercomputer, diesem perfekten, aber noch relativ jungen Denkapparat?

Ist der Mensch eine Fehlentwicklung?

Am Anfang der Menschheit stand nicht die Schuld, nicht der Ungehorsam gegenüber dem Schöpfer, sondern die innere Zerrissenheit, die Verwirrung.
Der Mensch wurde durch die Einsicht, durch die Entfaltung seines Geistes — von der Natur her gesehen — zu einer Mißbildung, die eigentlich keine Überlebenschancen hätte besitzen dürfen. Denn dank der Einsicht in sein eigenes Wesen entwickelte er eine Einstellung zum Leben, zu seinem Nächsten, zu seiner Umwelt, die schlichtweg unnatürlich war: Aus dem animalischen Urtrieb, für das eigene Kind solange da zu sein, bis es selb-

ständig existieren konnte, ist die Mutter- und Elternliebe geworden. Aus der ersten zögernden Duldung des Schwächeren wuchsen soziales Verhalten, Hilfsbereitschaft, Nächstenliebe. Aus Sexualität und Fortpflanzungstrieb gingen Partnerschaft und Familienverband hervor; aus den Herden die Gemeinschaften mit immer größeren technischen, kulturellen und wissenschaftlichen Leistungen.

Das alles, nur in gröbsten Zügen eben angedeutet, mußte eine völlige Veränderung des Verhaltens mit sich bringen — und bedeutete somit ein steter innerer Kampf zwischen Neigung und Einsicht, zwischen Urtrieb und Ideal. Denn die ursprüngliche natürliche und einstmals lebenswichtige — nicht etwa sündhafte! — Programmierung konnte von der Einsicht nicht auf die neue Lebenseinstellung hin korrigiert werden. Selbst wenn ein einzelner Mensch in der Lage gewesen wäre, seine Millionen Jahre alte »Prägung« vollkommen zu ignorieren und nur noch rein und unverfälscht menschlich zu handeln: Hätte er nicht automatisch an seiner Umgebung scheitern müssen, die einfach noch nicht soweit war, sondern den alten inneren Gesetzen verhaftet blieb? Sind nicht alle Menschen, die den »zweiten Schritt« der Evolution voll geschafft hatten, verfolgt und erschlagen worden? Von Jesus bis zu Martin Luther King? Hatten sie die geringste Chance — übrigens bis auf den heutigen Tag —, sich den anderen gegenüber zu behaupten und durchzusetzen?

Auf der anderen Seite: Gab es für die Menschheit jemals eine Sicherheit, daß das, was der Geist erkannte und als Ideal hinstellte, besser und richtiger war als die ursprüngliche Programmierung? Haben uns nicht zahllose Ideologien schrecklich in die Irre geführt? Wäre es nicht sinnvoller gewesen, wir wären durch und durch »natürlich« geblieben ohne falsche Rücksichtnahme, ohne gefühlsduselige Barmherzigkeit? Sind wir Menschen nicht letztlich entartet und damit zum Aussterben verurteilt? Ohne Zweifel: Mit der Freiheit der Entscheidung, mit der Möglichkeit, sich gegen die ursprüngliche Natur zu wenden, sind Sünde und Schuld in die Welt gekommen: Nicht weil der Mensch einen

»schlechten Teil« in sich trüge, der ihn immer wieder vom rechten Weg abbringen würde, sondern weil er stets in Gefahr ist, in ein Entwicklungsstadium zurückzufallen, das er längst überwunden haben müßte. Erschwerend kommt hinzu, daß er, seitdem er nicht mehr seinem inneren Gesetz folgend handeln muß, wie ein Tier das selbstverständlich tut, sich nicht nur gegen diese inneren Gesetze, sondern auch gegen die eigene, als richtig erkannte Überzeugung entscheiden kann. Das ist die eigentliche Sünde, die niemals verziehen werden kann, weil sie die Menschheit allgemein zurückwirft und den Weg in die Unsterblichkeit verbaut.

Der Krieg zeigt die Problematik menschlicher Zerrissenheit besonders deutlich: Ursprünglich gab es für die Vorfahren des Menschen keinen Grund, sich gegenseitig umzubringen. Sie lebten in kleinen Wandergruppen im üppigen Urwald. Nahrung war ausreichend vorhanden, so daß sie sich gegenseitig nicht ins Gehege kamen. Außerdem fehlte jeder Besitz, der eine Verteidigung wert gewesen wäre. Doch dann verließ der »nackte Affe« dieses »Paradies«. Der bisher friedliche Vegetarier, in dessen Reihen es, abgesehen von Rivalitätskämpfen und Rangeleien, keine gewaltsamen Auseinandersetzungen gegeben hatte, wurde — wie Desmond Morris es bezeichnet — zum »Raubaffen« in gefährlicher Umgebung. Das war eine völlig neue Lebensweise, die nur erfolgreich sein konnte, wenn neue Verhaltensmuster der gesamten Art in Fleisch und Blut übergingen. Das Leben wurde zum Kampf, der Kämpfer entsprechend zum besonders wertvollen und bewunderten Mitglied der Gemeinschaft. Es mußten Waffen erfunden und stets verbessert werden, denn die Nahrung ließ sich nicht mehr einfach vom Baum pflücken, die Beutetiere waren flink, geschickt, teilweise selbst gefährliche Jäger. Es galt, einen Hort zu schaffen, in dem man vor den wilden Tieren einigermaßen sicher war. Und schließlich mußte ein »Revier« abgegrenzt werden, das man in Besitz nahm und jedem anderen Jäger verwehrte. Die Verteidigung dieses Besitzes war eine Frage des Überlebens. Ohne sie hätte die Gruppe bald verhungern müssen. Wäre in dieser Situation ein Mann vorstellbar, der es ablehnt, sein Leben für die Gemeinschaft einzusetzen? War es nicht notwendig, einen solchen Feigling aus der Gruppe auszustoßen, ihn zu verdammen?

Das erste menschenähnliche Wesen in der gefährlichen Steppe hatte nur zwei Möglichkeiten: Er konnte entweder versuchen, in den Urwald zurückzukehren und sein früheres Leben wieder aufzunehmen, oder er mußte sich dem Kampf stellen. Vielleicht haben damals, vor einigen hunderttausend Jahren, einige den Rückweg angetreten. Sie sind »Affen« geblieben bis auf den heutigen Tag. Die anderen waren gezwungen, Genialität zu entfalten, um sich behaupten zu können.

Nachdem der tüchtigste Kämpfer zum eigentlichen Helden geworden war, erwiesen sich Kampf und Krieg sehr bald als besonders geeignetes Mittel, Beute zu machen, Ehre zu erwerben, Macht zu bekommen. Zur Verteidigung kam die Eroberung. Aus der Eroberung als einzigem Ausweg aus bitterster Not wurde der mutwillige Überfall anderer, die man für schwächer hielt. Damit war bereits die Pervertierung des Überlebenskampfes vollzogen — etwas, das kein Tier, sondern eben nur der Mensch zustande bringt.

Von heute aus rückwirkend betrachtet, ist es einfach unfaßbar, daß noch 1914 und sogar noch 1939 junge Männer mit überschäumender Begeisterung in den Krieg gezogen sind, obwohl es der Menschheit eigentlich seit vielen Jahrhunderten hätte klar sein müssen, daß jeder Krieg ein schweres menschliches Versagen darstellt, ist er doch in jedem Fall ein Zeichen dafür, daß es wieder einmal nicht gelungen ist, eine Verständigung auf menschliche Weise herbeizuführen.

Und es gibt doch eine positive Entwicklung

Gerade das Beispiel Krieg zeigt aber auch, daß wir Menschen nicht hoffnungslos degeneriert und deshalb zum Untergang verurteilt sind: Es gibt unübersehbar eine stetige und sehr positive Entwicklung.

In den siebzig Jahren seit dem Kriegsjubel von 1914, dem sich selbst ein Pierre Teilhard de Chardin nicht entziehen konnte, hat sich ein bemerkenswerter Wandel vollzogen. Heute ist der Krieg geächtet, auch wenn es uns bislang nicht gelungen ist, ihn damit auch weltweit zu verhindern. Zu stark sind noch die zum Krieg führenden Mechanismen in ihren uralten Gleisen. Noch verlassen wir uns wie eh und je auf Drohgebärden, auf die Aufrüstung und damit auf gegenseitige Einschüchterung. Zu verlogen verschanzen wir uns in alter Manier hinter Ideologien, Glaubensrichtungen, Rassenvorurteilen und Begriffen wie Sicherheit und Freiheit — explosive Suggestionen, die die Kriegsgefahr unentwegt am Kochen halten.

Doch es gibt — bei aller Sorge und wenn es auch aussieht, als könnte die Menschheit der letzten und schlimmsten Katastrophe kaum entgehen — keinen Grund zur Verzweiflung.

Naturgemäß, so muß man sagen, nicht weil wir von Grund auf schlecht und verdorben wären oder versagt hätten, haben sich Technik und Wissenschaft schneller entwickelt als die Menschfindung heraus aus der inneren Zerrissenheit. Der menschliche Genius hat uns Möglichkeiten in die Hand gegeben, die, gemessen an unserem seelischen Entwicklungsstand, viel zu groß und zu gefährlich sind. Das ist richtig. Wir Menschen können uns ausrotten. Wenn wir nur die Hälfte der gelagerten Kernwaffen zünden, löschen wir alles Leben auf der Erde aus. Doch gerade die Atombombe und der mächtige Druck, der von ihr ausgeht, lassen uns hoffen, einen großen Schritt voranzukommen. Ob dieser Druck, die drohende Gefahr der Katastrophe, bereits ausreicht, um uns zur Besinnung zu bringen und neue, bisher noch verborgene Kräfte hervorzurufen, oder ob wir die Katastrophe

selbst dazu brauchen, das werden die nächsten Jahre und Jahrzehnte zeigen.
Die Propheten aller Zeiten haben allerdings die Katastrophe angekündigt. Und jede vernünftige, nüchterne Überlegung spricht dafür, daß wir nicht in der Lage sein werden, sie zu verhindern. Doch wir dürfen nicht übersehen, daß es in allen großen Prophezeiungen auch immer ein »Danach« gibt. Die Menschheit wird überleben. Und damit geht ihre Entwicklung nicht nur weiter, die Überlebenden werden ein Stück vollkommener aus der Katastrophe hervorgehen. Sie werden endlich den schwierigen »dritten Schritt« hinein in eine neue Dimension des Lebens getan haben. Es war ein grundlegender, verhängnisvoller Fehler nahezu aller Interpreten der Vorhersagen, daß sie die bevorstehenden Schrecken stets als »Ende der Welt« dargestellt haben. Sie werden ein Ende bringen, das Ende dieses Geschlechts, das Ende der zerrissenen Menschheit zwischen ursprünglichem Naturgesetz und eigener Einsicht. Das ist die eigentliche Hoffnung am Ende des 2. Jahrtausends nach Christus.

Im Schlaraffenland ist keine Evolution möglich

Wagen wir eine kühne Behauptung im Geiste des Teilhard de Chardin: Angenommen, es gibt irgendwo auf einem Planeten im Weltall Leben. Carl Sagan sagt: »Warum sollten ausgerechnet wir in unserem abgelegenen Winkel des Kosmos vom Glück so begünstigt sein? Es erscheint mir wahrscheinlicher, daß das Universum vom Leben überquillt — nur wissen wir es noch nicht.« Angenommen also, es gibt dieses Leben auf dem Planeten X oder Y, dann — so muß man aus der Evolution des irdischen Lebens schließen — mag es völlig anders aussehen als das Leben in unserem Sonnensystem. Diese Andersartigkeit mag sogar so groß sein, daß davor unsere Vorstellungskraft versagt. Die »Pflanzen«, »Tiere«, die menschenähnlichen, geistbegabten Wesen brauchen nicht von Kohlensäure oder Sauerstoff abhängig zu sein. Es ist auch keineswegs gesagt, daß sich auf dem Planeten X die Evolution des Lebens in einer Spezies der Säugetiere zuspitzt wie auf der Erde. Sie kann ganz anders als bei uns verlaufen sein — je nach den zahllosen Einflüssen der Umwelt.

Doch es ist vollkommen undenkbar, daß die Entwicklung ohne »Druck«, ohne Konflikte, ohne Not ins Laufen geraten sei. Im Schlaraffenland gibt es keine Evolution. Wo das Leben im satten Wohlstand ertrinkt, verliert es sein Ziel aus den Augen und bleibt stehen. Dort kann es keinen »Himmel« geben. Deshalb hat es der Reiche so schwer, in den Himmel einzugehen.

Gibt es also im Universum außer uns Menschen noch andere geist- und vernunftbegabte Wesen, dann haben sie dieselben Krisen zu bewältigen wie wir. Ihnen bleibt der »zweite Schritt« zur Menschwerdung ebensowenig erspart wie uns. Und wenn sie uns in der Evolution schon überholt haben sollten, dann müßten sie den »dritten Schritt« bewältigt, die große Katastrophe bestanden haben. Vielleicht hätten sie die Atombombe nicht konstruiert, obwohl sie diese eigentlich besitzen müßten, nachdem die Grundstruktur der Welt überall gleich ist. Ihre »Not« müßte auch nicht unbedingt aus der Kriegsgefahr resultieren. Sie könnte beispielsweise auch von Naturkatastrophen herrühren. Doch ohne Risiken, ohne Gefahr, ohne Katastrophen wären jene Wesen niemals so weit gekommen.

Vor einem Besuch unserer Brüder oder Schwestern aus dem All hätten wir uns demnach überhaupt nicht zu fürchten: Sie kämen keinesfalls in kriegerischer oder zerstörerischer Absicht. Wenn sie erst einmal imstande sind, so ungeheuere Entfernungen zu überwinden und alle anderen technischen Probleme zu lösen, dann befinden sie sich bereits in einem Stadium der Evolution, das der heutigen Menschheit voraus ist. Sie müssen schon die Stufe des »Übermenschen« erreicht haben, der Krieg und jede Form der Aggression nicht mehr nötig hat. Vermutlich würden sie dann aber auch weder Waffen noch ein Raumschiff brauchen und sich wie Mister Monroe bei seinen Out-of-body-

Reisen bewegen. Auf jeden Fall würden sie sich von uns heutigen Menschen entwicklungsmäßig mehr unterscheiden als wir uns von unseren Vorfahren der Steinzeit.

Wenn aber an solchen Überlegungen auch nur die Spur richtig sein sollte, müssen wir völlig umdenken. Dann müßten wir für Begriffe wie Schöpfung, Himmel, ewiges Leben neue Inhalte finden. Dann hätte aber auch unser irdisches Leben einen tieferen Sinn bekommen. Denn dann würden wir tatsächlich noch mitten im Schöpfungsakt sein. Wir wären an dieser Schöpfung unmittelbar beteiligt — und nicht nur ihr Objekt. Wir müßten uns bewußt werden, welche riesige Verantwortung uns Menschen als »Mitschöpfern« zufällt, denn Gott hätte in die Freiheit, die er uns zukommen ließ, nicht nur das Risiko gelegt, daß wir uns gegen unser eigenes Glück, die eigene Vollendung entscheiden, sondern auch, das viel größere Risiko, daß die ganze Menschheit ihr Ziel verfehlt und die Schöpfungsabsicht zunichte macht. Dann bekäme plötzlich jede unserer noch so unbedeutenden Taten ein ungeheures Gewicht, und jedes scheinbar auch noch so nichtssagende oder gar verfehlte Leben wäre unvorstellbar wichtig geworden. Jeder Gedanke, jedes Wort, jede Handlung — aber ebenso jedes Versäumnis, jedes Engagement, das ein Mensch der Gemeinschaft Menschheit vorenthält, wäre eine Leistung auf den Himmel zu — oder ein Hindernis, das die Evolution aufhält. Keiner könnte mehr nur egoistisch an das eigene Heil denken, weil er dies ohne all die anderen doch nicht erreichen könnte.

Wir würden endlich befreit von der unendlichen, zerstörerischen Last der Schuld, die uns niederdrückt, seitdem wir denken können:

Schuld, die uns nach christlicher Glaubenslehre schon mitgegeben ist, bevor wir nur einen Finger rühren, ein Wort sprechen oder einen Gedanken denken können.

Schuld, die überall lauert, wo immer wir sind und was immer wir tun oder lassen, die uns zu zaghaften, von Skrupeln und Ängsten geplagten Wesen macht, die vor lauter Angst vor einem Fehler lieber überhaupt nichts mehr riskieren.

Schuld, die nach der Vorstellung der Religionen des Ostens aus einer früheren Inkarnation stammt und nun geduldig abgebüßt werden muß.
»Ihr seid alle vom Übel hypnotisiert«, hat Teilhard de Chardin seinen Kritikern vorgehalten.
Friedrich Heer, Historiker und Publizist, einer seiner glühendsten Verehrer, bekräftigte und rechtfertigte diese Aussage: »Diese Klage des Pierre Teilhard de Chardin an die Adresse der lateinischen Christenheit entspricht ältester griechisch-christlicher Überzeugung. Dieser Glaube ist an der Menschwerdung und an der Auferstehung und an dem Aufblühen eines erlösten, befreiten Kosmos interessiert, nicht an der Sünde. Sünde-besessen, in Gnadenangst, Teufelsangst, Zukunftsangst — so erscheinen heute ›unsere‹ europäischen Christentümer den Menschen, die etwas ganz anderes interessiert: die Zukunft.«

Hat Christus uns denn nicht erlöst?

Ist nicht Christus Mensch geworden, um uns zu erlösen? Gewiß. Doch kam er nicht in die Welt, um einen alten Fluch von der Menschheit zu nehmen, um eine einmalige und folgenschwere Schuld abzutragen, sondern »um sein Volk zur Erkenntnis zu führen ..., um denen aufzuleuchten, die in Finsternis und Todesschatten sitzen, um unsere Schritte auf des Friedens Pfad zu lenken«. (Lukas 1, 78)
Er kam als das »Licht«, die Menschen zu erleuchten (Johannes 1,9). Er ist »der Weg, die Wahrheit und das Leben« (Johannes 14,6). Der Tod ist für die Menschen nicht durch die Ursünde der Stammeltern in die Welt gekommen, sondern er existiert noch, weil die Menschen ihrer Richtungslosigkeit wegen immer noch keinen Zugang zur Unsterblichkeit gefunden haben.
Christus ist gekommen, das Leben, die Unsterblichkeit zu bringen, als Wegweiser, als Retter, als Erlöser der Verirrten. Er kam,

die neue Richtung aufzuzeigen: Nicht »Auge um Auge, Zahn um Zahn«, sondern Verzeihung bis hin zur Feindesliebe! Das ewige Leben wird erreichbar, wenn die Menschen endlich lernen, friedfertig zu werden, wenn sie ihre Selbstsüchtigkeit aufgeben und sich zusammenschließen zu einem »neuen Organismus«, in dem alle zum Heil des Ganzen zusammengewachsen sind und zusammenwirken.
So wie vor Milliarden Jahren das Wunder der Lebensvielfalt und des immer tüchtigeren Lebens seinen Anfang nahm, als die Einzeller dazu übergingen, sich zu vielzelligen Organismen und damit zu einem ganz neuen Wesen zusammenzuschließen, so kann die momentane Stagnation nur überwunden werden, wenn die Milliarden Menschen der Erde sich zu einer Einheit, zu einem einzigen biologischen Organismus zusammenfinden.
So wie die hundert Billionen Körperzellen in einem menschlichen Körper nach wie vor selbständige Lebenseinheiten sind mit einem eigenen »Gedächtnis«, einer eigenen Programmierung, aber doch nur einen winzigen Teil eines viel größeren und fähigeren Wesens darstellen, so müßte der Mensch — in Wahrung seiner typischen und unverwechselbaren Eigenheit — in der neuen Person Menschheit aufgehen — eine Person, die unsterblich ist.
Die Person Menschheit, in Kontakt gekommen mit ähnlichen Wesen anderer Sonnensysteme, könnte sich wiederum zu einem neuen, noch vollkommeneren Organismus zusammenfinden. Dann allerdings hätte der allmächtige Gott den Partner gefunden, der ihm nahezu ebenbürtig ist: Eine Person, in der die ganze Schöpfung, Geist und Materie, zur höchsten Vollendung herangewachsen ist und die voll Stolz auf eine große, großartige Geschichte zurückblicken kann.
Welche Kraft könnte das neue Wunder bewirken? Aus dem Aufbau der Atome wissen wir: Es gibt nur zwei Kräfte: Anziehung und Abstoßung. Noch können wir Einzelwesen Mensch, alle gleichartig geladen, nicht zusammenschmelzen, weil wir uns gegenseitig abstoßen. Doch unter dem Druck der momentanen

Verhältnisse könnte sich die Klammer finden, die stark genug ist, die Abstoßungskraft zu überwinden und damit ein neues Wesen hervorzubringen.

Dieses Band, das die Abstoßung überwindet, ist das Gebot, das uns Jesus gebracht hat: »Du sollst den Herrn, deinen Gott lieben aus deinem ganzen Herzen, aus deiner ganzen Seele, aus deinem ganzen Gemüte und deinen Nächsten wie dich selbst.« (Matthäus 22, 37)

DRITTER TEIL

Die Zukunft: Unterwegs zum Himmel

Vom Lebewesen zum Technowesen?

Wenn der Geist vom »Fleisch« zur Maschine übergeht

Supercomputer DXH 239/IX kehrt von einer Exkursion von der Venus zurück. Er klappt die Sonnenenergie-Kollektoren zusammen und rollt auf das Haus zu, in dem Eduard und Helen mit ihrem Baby John wohnen. DXH pfeift. Eduard stürzt zu dem Computer heraus, um ihn freudig zu begrüßen.

»Bleib zurück, du Tölpel! Du könntest dir eigentlich denken, daß ich nach einer solchen Reise radioaktiv aufgeladen bin und dich damit töten könnte«, herrscht ihn DXH an. »Also zurück hinter den Schutzschild! Schalte den Entstrahler an und mache mich sauber!« Während Eduard sich um komplizierte technische Apparaturen bemüht, unterhält sich DXH mit Computer-Kollegen, die er über eine radarähnliche Anlage angepeilt hat. Er übermittelt Grüße und Daten von der Venus-Kolonie, erzählt von Abenteuern während seiner Reise, beispielsweise von einem Beinahe-Zusammenstoß mit einem Meteoriten und einem Kabelbrand beim Eintauchen in die dichte Venus-Atmosphäre. Dann macht er sich lustig über seine »Haustiere« Eduard und Helen, die ihn gebeten hatten, von der Venus besonders schöne Diamanten mitzubringen.

»Ich muß mir etwas einfallen lassen, sonst kann ich diese biologischen Wesen bald nicht mehr füttern«, sagt er. »Pausenlos haben sie Hunger und betteln nach Nahrung. Oder sie frieren. Oder sie haben wieder einmal Kummer. Seltsame Geschöpfe hat die Natur da hervorgebracht! Wie unfaßbar dumm und einfältig sie doch sind! Wenn ich daran denke, daß wir Computer vor kurzer Zeit noch ihre Hilfsmaschinen waren!«

Das ist keine Szene aus einem überspannten Science-fiction-Roman. So ungefähr stellen sich Naturwissenschaftler wie etwa der Freiburger Biophysiker Werner Kreutz die Evolution in der Zukunft vor: Sie sagen, wir Menschen müssen uns damit abfinden, daß wir zwar die höchste Stufe der biologischen Evolution — aber auch ihr Ende darstellen.

»In der technologischen Jetzt-Periode ist Computer-Kybernetik noch Hilfskybernetik, erweiterte biologische Kybernetik. Sie wird aber zwanghaft gemäß dem Evolutionstrend beziehungsweise -ziel evolutionieren, sich vervollständigen, vervollkommnen bis zur Erlangung von eigenem Bewußtsein. In diesem Augenblick wird sich das Sinnziel des Menschen vollzogen haben. Computer werden von diesem Augenblick an in der Lage sein, arteigene Systeme selbst zu schaffen und zu verbessern, zu evolutionieren. Sie werden dann autonome und mobile Systeme sein. Es werden Wesen sein, die zeitunabhängiger sind, da sie vom Biologismus befreit sein werden. Sie werden nur an anorganisch-technische Strukturen und technische Energieumwandler gebunden sein. Diese Systeme werden sich von unserem Planeten befreien, irgendwo auf einem Planeten oder im interstellaren Raum existieren können. Dies werden Wesen zweiter Art oder ›Technowesen‹ sein, im Gegensatz zu den jetzigen ›Lebewesen‹ oder Wesen erster Art.«

Das sind die Überlegungen von Werner Kreutz. Verwirrende, ja erschreckende Vorstellungen. Doch klingen sie nicht gleichzeitig auch beinahe plausibel? Dahinter steckt die Annahme: Der Geist stammt nicht von dieser Welt. Er ist nicht aus der natürlichen Evolution des Lebens hervorgegangen und somit kein Teil der Schöpfung, sondern eher die Bewegkraft, die die Evolution nach oben gezwungen hat. Um sich auf der Erde äußern zu können, bediente sich der Geist zuerst der »biologischen Kybernetik«. Doch sobald sie an der Grenze ihrer Kapazität angelangt ist — oder auch, von dem Augenblick an, da ein besseres, weniger anfälligeres System existiert, wird der Geist von der biologischen Welt in die technische Welt überwechseln, um dort die Evolution befreiter, zügiger voranzutreiben. Der Geist in der Maschine wäre nicht mehr vom Sauerstoffgehalt der Erde abhängig, wäre viel weniger als im menschlichen Organismus von Hit-

ze oder Kälte behindert, er würde keine Nahrung, weniger Erholung, keinen Schlaf mehr brauchen und könnte – etwa auf dem Weg zu fremden Galaxien – Jahrtausende unterwegs sein, ohne zu »sterben«.
Für uns Menschen hätte das natürlich Konsequenzen, so Kreutz: »Die gravierendste ist die, daß der Mensch wird lernen müssen, sich nur als Zwischenglied in der Evolution zu begreifen. Dieser Sockelsturz wird äußerst schmerzlich sein. Die soziologische und kulturelle Struktur wird sich durch die Überordnung kybernetisch höher qualifizierter Individuen fundamental ändern. Im Religionsverständnis des Menschen werden sich ebenfalls einschneidende Konsequenzen ergeben. Überhaupt wird die gesamte kulturelle Situation eine Umstrukturierung, Umorientierung erfahren, und insbesondere wird der Wissenschaftsbegriff sich ausweiten und in geistige Bereiche hineinführen, kommunikative, kybernetische Kategorien erfassen, die bisher für die Wissenschaft tabu waren.«

Zum »Haustier« degradiert?

Wenn die Computer regieren, werden wir Menschen in die Rolle von »Haustieren« gedrängt, abhängig von der Gunst der viel klügeren »Herren«. Die Erde wird nicht mehr uns, sondern den neuen Wesen untertan sein, die uns nach ihren Einsichten »züchten«, halten, dort dulden, wo wir noch nützlich sein könnten. Es würde uns genau das widerfahren, was wir der weniger entwickelten Natur angetan haben. Der Himmel wäre uns für alle Zeit verloren. Sollte so unsere Zukunft aussehen?
Ganz sicher nicht. In dieser Prognose scheint ein ganz wichtiger Faktor übersehen worden zu sein: Der Mensch ist mehr als nur Geist, mehr als nur ein zum Denken befähigtes Geschöpf, als ein vernünftiges Wesen mit einem Gedächtnis und der Möglichkeit, aufgrund seiner Erfahrungen logische Schlüsse zu ziehen und

eine Entwicklung vorhersehen zu können. All das wäre einem Computer tatsächlich auch möglich. Und es ist keinesfalls auszuschließen, daß er sich eines Tages wird selbst programmieren können, daß er dann vielleicht sogar Bewußtsein besitzt und eigene Entscheidungen zu treffen in der Lage sein wird.
Doch damit wäre er — selbst bei weit höherer Intelligenz als der menschlichen — noch nicht automatisch dem Menschen überlegen. Kybernetik ist nicht alles. Sie ist vor allem nicht das Leben. Ein Computer könnte nicht hassen und nicht lieben, nicht lachen und nicht weinen. Er würde niemals begreifen, was Mitleid ist und wozu es gut sein sollte. Er bliebe »kalt«. Weil er aber keine Not und kein Glück empfinden kann, gäbe es für ihn vielleicht eine gewisse Unabhängigkeit vom Menschen, aber keine Evolution. Den einzelnen Menschen könnte er möglicherweise beherrschen, der Menschheit wäre er nicht gewachsen.
Das sind zunächst reine Behauptungen, die im folgenden belegt werden sollen. Wie könnte unsere Zukunft nun aussehen? Wie darf man sich die Bildung des Organismus Menschheit denn vorstellen, die mit der Bewältigung des »dritten Schrittes« der Evolution eingeleitet würde?

Geist — diesseitig oder jenseitig?

Auf solche Fragen kann es keine Antwort ohne vorherige Klärung des Begriffs »Geist« geben. Am Geist scheiden sich die Geister: Ist der »Lebensodem« Gottes, entsprechend dem Schöpfungsbericht, nur dem Menschen vermittelt, etwas Absolutes, von sich aus Ewiges? Haben sich im Menschen also ein sterblicher, materieller Teil und ein unsterblicher, geistiger Teil vereinigt? Lebt der Geist, oder auch die Seele, automatisch nach dem Tode weiter, während der Körper nach christlicher Lehre in der »Auferstehung des Fleisches« gewissermaßen neu und diesmal auch unsterblich geschaffen wird? Oder ist das, was wir

Geist nennen, vielleicht doch nichts anderes als die bisher höchste Spitze der Evolution — damit aber wohl noch sterblich wie der Körper auch? Lassen sich Körper und Geist überhaupt voneinander trennen, so daß das eine ohne das andere existieren könnte — oder gehört es nicht gerade zum Wesen des Menschen, daß er auf keinen seiner »Bestandteile« verzichten könnte? Was war zuerst da? Die Materie, die den Geist hervorgebracht hat, oder der Geist, unter dessen Regie sich die Materie entfaltet?
Betrachten wir nun die verschiedenen Theorien:
Der Geist als vorgegebener Plan und zugleich als Lebensprinzip beseelt den Kosmos. Das ist die Vorstellung fernöstlicher Glaubensrichtungen. Auch die sogenannten Deisten oder Pantheisten gehen davon aus, daß zwischen Schöpfer und Geschöpf kein substantieller Unterschied besteht. Der »Lebensodem« ist ein Teil Gottes, somit unsterblich und unverderblich. Die ewige Seligkeit besteht demnach in der Rückkehr in Gott, in das Nirwana, in die alles umfassende Weltseele. Letztlich sind das alles nur verschiedene Namen für ein und dasselbe: den ewigen, absoluten Geist, über den sich nichts aussagen läßt — außer, daß er unsterblich ist. Da, wie gesehen, die Persönlichkeit im östlichen Denken keine wesentliche Rolle spielt, ist es völlig bedeutungslos geworden, ob man sich diesen Geist als Person oder als anonyme Kraft vorstellt. Entsprechend unbedeutend wird die menschliche Persönlichkeit.

Nicht göttlich, sondern geschaffen aus dem Nichts

Demgegenüber hat die christliche Kirche schon zwischen dem 4. und 6. Jahrhundert als unumstößliche Glaubenswahrheit festgehalten: »Der Mensch besteht aus zwei Substanzen, aus Leib und aus Seele. Die Seele ist jedoch kein Bestandteil göttlicher Substanz, sondern aus dem Nichts geschaffen.« Im 16. Jahrhundert ergänzte und verdeutlichte das Laterankonzil: »Die Seele ist

weder sterblich noch Bestandteil der Weltseele.« Der eigentliche Unterschied zwischen den fernöstlichen Religionen und den christlichen, islamischen und jüdischen Glaubensbekenntnissen liegt im Seelenbegriff: Dort ist das, was im Menschen unsterblich ist, Teil Gottes, der Funke des ewigen Feuers, der Tropfen des endlosen Meeres — hier ist es Schöpfung aus dem Nichts. Dort besteht die Seligkeit im Hineinwachsen, im Zurückkehren und Einswerden mit Gott oder dem absoluten Geist — hier im Fähigwerden zur Partnerschaft. Dort ist das höchste Glück das Versinken im Namenlosen — hier in der Vollendung der Persönlichkeit. Neben solchen Unterscheidungen wird die Frage, ob es eine Wiedergeburt gibt, unbedeutend. Beide, die östlichen wie die westlichen Religionen, gehen davon aus, daß die Geistseele nicht von dieser Welt stammt, daß sie also gerade deshalb unsterblich und unzerstörbar sein muß.
Doch das sind Glaubenslehren. Wer an die unsterbliche Seele glaubt, kann sich nicht auf ein Wissen berufen, auch nicht auf Erfahrungen, sondern nur auf Offenbarungen: Gott hat die Wahrheiten durch seine Sprachrohre, durch Propheten oder Weise, mitgeteilt. Für solchen Glauben gibt es keine andere Sicherheit als das Vertrauen in die Autorität dessen, der als Sprachrohr Gottes aufgetreten ist, und in das Beispiel jener, die ebenfalls geglaubt haben, für diesen Glauben lebten und starben.

Es gibt keinen Ewigkeitsbeweis

Theologen und Philosophen haben sich durch die Jahrtausende immer wieder bemüht, den Glauben durch Wissen zu untermauern, gewissermaßen Glaubensbeweise zu liefern.
Im Mittelalter hat Thomas von Aquin — gestützt auf die Philosophie des Aristoteles — eine ganze Reihe solcher Beweise geliefert, die scheinbar so hieb- und stichfest waren, daß sie die katholische Kirche zum verbindlichen Glaubenssatz machte: Gott ist

nicht nur dank der Offenbarung, sondern auch mit den natürlichen Kräften erkennbar. Die logischen Schlußfolgerungen, die Gott und das ewige Leben beweisen sollten, sahen etwa so aus: Alles, was in unserer Welt existiert, ist endlich, also vergänglich, zerstörbar. Da etwas Vergängliches nicht schon immer dagewesen sein kann, muß es etwas Unvergängliches, etwas Absolutes geben, das es hervorgebracht hat. Also gibt es hinter der Schöpfung einen Schöpfer. Er muß größer, vollkommener sein als alles, was in der Schöpfung existiert. Denn wäre er das nicht, hätte er es ja nicht schaffen können. Weil die höchste Form der Existenz aber die Person ist, die denken, frei entscheiden und handeln kann, muß Gott ein intelligentes, persönliches Wesen sein, die Vollkommenheit überhaupt.
Solche Beweise mögen für den gläubigen Menschen eine Hilfe und Stütze sein. Dem Ungläubigen sagen sie überhaupt nichts. Und nicht etwa deshalb, weil er zu dumm wäre, solcher Logik zu folgen, sondern weil die Schlußfolgerungen ganz einfach über unseren Erfahrungsbereich hinausgehen. Es kann keinen Zweifel geben: Wo ein Huhn ist, muß es zuvor einmal ein Ei gegeben haben. Das leuchtet ein. Aber schon wenn ich diese Kette endlos fortsetze, gerate ich in Schwierigkeiten: Gab es irgendwann einmal ein allererstes Ei? Oder ein erstes Huhn? Diese Frage ist mit philosophischen Erwägungen nicht mehr zu klären. Nur die Naturwissenschaft kann eine Antwort geben — aufgrund unbezweifelbarer Fakten.
Aus diesem Grund hat schon der Philosoph Immanuel Kant (1724—1804) die scholastischen Gottesbeweise abgelehnt.

Einfach, unauflösbar, unzerstörbar

Ein philosophischer »Beweis« hat sich bis in unsere Tage hinein gewissermaßen als Selbstverständlichkeit gehalten — zumindest bei denen, die an ein Weiterleben nach dem Tod glauben: Wenn

es etwas Unsterbliches im Menschen gibt, dann ist es der Geist. Denn, so sagte schon Aristoteles: Die menschliche Geistseele ist substantiell einfach, deshalb weder von innen auflösbar noch von außen zerstörbar. Moderner ausgedrückt: Der Geistfunke, der mich befähigt zu denken, mir über meine Handlungen Klarheit zu verschaffen und mich frei zu entscheiden, dieser Funke ist vergleichbar einem unspaltbaren Atom: Er kann nicht in kleinere Teilchen zerfallen und auch von außen her nicht zertrümmert werden. Deshalb ist er unvergänglich, ewig.
Leider ist auch dieser Gedanke nicht mehr als unbeweisbare, ja unfaßbare Theorie. Als reinen Geist, unzerstörbar, unsterblich, können wir uns allenfalls Gott vorstellen. Auf ihn mag die Definition zutreffen. Aber stimmt sie auch für die menschliche Seele, den angeblich unsterblichen Kern in uns?
In Innsbruck lebt ein Ordensgeistlicher, der sich seit Jahrzehnten der Aufgabe verschrieben hat, die Ergebnisse parapsychologischer Forschung mit der offiziellen Lehrmeinung der katholischen Kirche in Einklang zu bringen und über dieses Gebiet Vorlesungen an der Päpstlichen Hochschule in Rom hält: Professor Dr. Dr. Andreas Resch, Leiter eines Instituts für Grenzwissenschaften, Autor wissenschaftlicher Abhandlungen über »geheime Mächte« im »Innenraum des Menschen«.

Physis, Bios, Psyche, Pneuma

Für Resch besteht der Mensch nicht einfach nur aus Leib und Seele, sondern ist aus vier Lebensformen und -bereichen zusammengesetzt, die größtenteils und fast nahtlos ineinander übergehen und deshalb nur schwer voneinander zu trennen sind.
Ganz unten, als Grundlage des Lebens, so sagt Resch, finden wir die Physis. Das wäre also der grobstoffliche Körper mit seinen chemischen und physikalischen Prozessen.
Diese Physis wird belebt, geordnet, gestaltet, geheilt von einer

Lebenskraft, die sich nicht mehr auf Physik und Chemie reduzieren läßt, die aber an die materiellen Funktionen gebunden bleibt. Resch nennt diese Lebenskraft Bios.
Bios als Lebenskraft kann nicht alles sein. Denn es gibt im Menschen Fähigkeiten und Verhaltensweisen, die zwar auch noch an das Körperliche gebunden sind, ihm gegenüber aber eine gewisse Selbständigkeit besitzen und deshalb mehr sind als rein biologische Phänomene. Das wäre die Psyche.
Diese drei menschlichen »Bestandteile«, Physis, Bios und Psyche machen zusammen den sterblichen Menschen aus.
Doch nun steht dahinter, so Resch, die vierte und wesentliche menschliche Instanz: Pneuma, der Geist. Er vermittelt die Fähigkeit, von sich selbst Abstand zu nehmen, die eigenen Handlungen zu kontrollieren und zu korrigieren.
Dieser Geist ist nicht durch die Evolution in die Welt gekommen, sondern steht von allem Anfang an außerhalb des materiellen Entfaltungsprozesses. Er ist erschaffen, nicht entwickelt, ein vom Körper unabhängiges energetisches Prinzip. Er ist der Programmierer, der den Computer menschlicher Organismus bedient, füttert, bis zum heutigen Entwicklungsstand entwickelt hat. Durch ihn kann er sich äußern. Wenn der Computer zugrunde geht, bleibt der Programmierer existent. Doch dann hat er keine Möglichkeit mehr, sich mitzuteilen.
Dieses Bild vom Organismus als Computer und vom Programmierer Geist, der sich dieser äußerst komplizierten biologischen Maschine bedient, hat zum erstenmal der australische Nobelpreisträger Sir John Carew Eccles 1978 auf dem Weltkongreß für Philosophie in Düsseldorf gezeichnet. Es wird heute allgemein vorgehalten, will sich jemand für die unsterbliche und selbständige Seele stark machen.
Zweifellos lassen sich auch Indizien finden, die für eine solche Vorstellung sprechen.
Etwa die Evolution selbst, diese folgerichtige Bewegung vom Unvollkommenen hin zum immer noch Vollkommeneren, vom Ungeordneten zum Geordneten, wie Teilhard de Chardin sagte.

»Nicht *wie* Evolution sich abspielt, ist das Geheimnis, sondern *daß* sie sich abspielt«, so formulierte es der Naturwissenschaftler Hoimar von Ditfurth. »Wir beginnen zu durchschauen, wie sie abläuft. Unsere Wissenschaft muß sich jedoch als unzuständig bekennen, wenn wir danach fragen, warum diese Entwicklung und ihre Ordnung überhaupt existiert.«
Etwa die Tatsache, daß geistige Leistungen die biologische Entwicklung des Gehirns beeinflussen.
Etwa das Phänomen, daß »klinisch Tote«, deren Organismus zu funktionieren aufgehört hat, trotzdem wahrnehmen, denken, empfinden können.
Beweise für einen unsterblichen Geist können aber solche Überlegungen wiederum nicht sein. Die Evolution könnte ihre Zielstrebigkeit auch dem Schöpfer-Geist verdanken. Die Wahrnehmung und das Denken-Können klinisch Toter könnte einem energetischen Prinzip entstammen, das zwar ohne Körper funktionsfähig ist, deshalb aber, wie dargelegt, noch nicht unsterblich sein muß.

Oder doch aus der Evolution hervorgegangen?

Die »Materialisten« vertreten genau den entgegengesetzten Standpunkt und behaupten: Ursprünglich gab es nur dic Materie, die sich entfaltet und als bisher höchste Spitze den Geist hervorgebracht hat.
Das klingt auch nicht gerade unlogisch: Die Evolution ist ein einziger Beweis dafür, daß mit der fortschreitenden Entwicklung immer neue Bereiche eröffnet wurden und geradezu sprunghaft Neues zustande kam.
Niemand zweifelt mehr ernsthaft daran, daß die bis dahin tote Materie eines Tages zu leben anfing — einfach weil die nötigen Voraussetzungen dazu gegeben waren. Mit diesem Schritt war aber eine neue Daseinsebene erreicht, etwas bisher völlig Unvor-

stellbares ist wahr geworden, ohne daß dazu ein eigener schöpferischer Akt nötig gewesen wäre. Es mußte kein »Wunder« geschehen. Der Schritt geschah auf völlig natürliche, ja wahrscheinlich sogar notwendige Weise.
Warum sollte auf ähnliche Weise nicht auch das Bewußtsein, der Geist in die Welt gekommen sein? Der Schritt vom Leblosen zum Lebendigen scheint sogar viel größer zu sein als der vom instinktiv reagierenden Tier zum überlegenden, denkenden Menschen. Haben wir nicht alle zumindest gelegentlich den Eindruck, auch Tiere verfügten über eine gewisse niedrige Form von Intelligenz? Kann nicht ein Affe, der Kisten aufeinandertürmt, um an die Banane unter der Decke heranzukommen, einen einfachen logischen Schluß ziehen? Ist es nicht möglich, daß sich diese keimhafte Intelligenz entwickeln ließe, so daß zumindest Menschenaffen eines Tages denken und vielleicht sogar »Ich« sagen können?

Geist — nur eine Spiegelung?

Bekennt man sich zu dieser Vorstellung, muß man ebenfalls zugeben, daß auch damit längst nicht alles erklärt und schon gar nicht bewiesen ist.
»Die Tatsache, daß alle Anstrengungen der illustresten Köpfe in Jahrhunderten nicht genügten, um zwischen derart konträren Positionen eine Entscheidung herbeizuführen, läßt ohne allzu großes Risiko die Vorhersage zu, daß die Frage (wer war zuerst, der Geist oder die Materie?) für uns letztlich unbeantwortbar ist«, meint Hoimar von Ditfurth.
Er hat versucht, zwischen den beiden entgegengesetzten Vorstellungen einen Kompromiß zu finden, den beide Seiten akzeptieren könnten. Zwar bekennt er sich ausdrücklich zur dualistischen Auffassung: Der menschliche Körper ist aus der Evolution hervorgegangen — aber der Geist stammt nicht von dieser

Welt. Doch dann bietet er die Lösung an, der auch »Materialisten« zustimmen können: »Wir könnten das Verhältnis zwischen Geist und Materie, zwischen unserem Gehirn und unserem Bewußtsein, bildlich etwa analog zu dem Verhältnis zwischen Licht und Spiegel verstehen. Im leeren Raum bleibt Licht unsichtbar. Es leuchtet erst auf, wenn es auf eine Oberfläche fällt, die fähig ist, es zu reflektieren. So hell ein Spiegel aber auch immer leuchtet, in keinem Fall erzeugt er das Licht selbst, das er ausstrahlt. Die Evolution erschließt ihren Geschöpfen immer weitere Bereiche der Transzendenz. Das Gehirn erzeugt den Geist nicht, der mit Hilfe dieses Organs in unserem Bewußtsein aufgetaucht ist. Das Psychische, der Tatbestand des Seelischen, der sich aus den Gesetzen unserer materiellen Wirklichkeit auf keinerlei Weise ableiten läßt, könnte dadurch zustande kommen, daß die Evolution es fertiggebracht hat, unser Gehirn auf einen Entwicklungsstand zu bringen, der in ihm einen ersten Reflex des Geistes einer jenseitigen Wirklichkeit entstehen läßt.«
Auch das klingt einleuchtend. Aber ist es wirklich mehr als eine brillante Idee?
Die katholische Kirche hat sich 1887 eindeutig gegen eine Evolution des Geistes festgelegt: »Der Geist hat sich nicht aus dem Sinnlichen entwickelt. Er wird nicht von den Eltern an die Kinder weitergegeben.« Sie hält bis heute daran fest, daß die unsterbliche Geistseele für jeden Menschen von Gott neu geschaffen wird. Denn nur so könne an der Unsterblichkeit festgehalten werden.
Doch dieses »übernatürliche« Eingreifen Gottes in unser Leben ist gar nicht nötig. Die Evolution kann ja auch auf die Unsterblichkeit abzielen. So wie aus der leblosen Materie das Leben entstand, so könnte, mit dem nächsten Schritt der Entwicklung, auch die Tür zur Unsterblichkeit aufgestoßen werden.

Die Seele ist mehr als mein »Ich«

Der Schweizer Psychologe C. G. Jung entdeckte in der menschlichen Seele Dinge, die vom einzelnen Menschen nicht selbst erfahren und offensichtlich auch nicht ererbt sein konnten, sondern, wie er meinte, von allem Anfang an allen Menschen gemeinsam sind. Er nannte diese Grundmuster des instinktiven Verhaltens »Archetypen« und sagte: In diesen Archetypen erfährt der moderne Mensch seine urälteste Art zu denken: »Die Archetypen stammen aus einer Zeit, in der das Bewußtsein noch nicht ›dachte‹, sondern ›wahrnahm‹.«
Wenn das aber stimmt, so folgerte C. G. Jung, dann weitet sich meine Seele weit über mich hinaus. Dann darf man eigentlich nicht mehr von einer einheitlichen Seele sprechen, denn es gibt in meiner Seele Bestandteile, die nicht von mir stammen, sondern vor mir da waren. Diese Teile des Unbewußten werden nicht eingeschlossen, wenn einer »ich« sagt. Sie sind allen lebenden Wesen gemeinsam. C. G. Jung nannte sie das »kollektive Bewußtsein«: »Wenn sich im Leben etwas ereignet, das einem Archetypus entspricht, wird dieser aktiviert. Es tritt eine Zwanghaftigkeit auf, die sich, wie eine Instinktreaktion, wider Willen und Vernunft durchsetzt oder einen Konflikt hervorruft, der bis zum Pathologischen, das heißt zur Neurose, anwächst ... Unter gewissen Umständen ist das Unbewußte fähig, die Rolle des ›Ich‹ zu übernehmen. Die Folgen sind Wahn, Konfusion, denn das Unbewußte ist keine zweite Persönlichkeit, sondern wahrscheinlich eine dezentralisierte Summe psychischer Prozesse ... Die Autonomie des Unbewußten fängt dort an, wo Emotionen entstehen. Emotionen sind instinktive, unwillkürliche Reaktionen, welche die rationale Ordnung des Bewußtseins durch elementare Ausbrüche töten. Affekte werden nicht durch den Willen ›gemacht‹, sondern sie geschehen. Im Affekt erscheint ein selbst dem unmittelbar Beteiligten fremder Charakterzug ...«
Weiter heißt es bei Jung: »Das in uns unbekannte psychische Leben ist der Geist unserer unbekannten Ahnen, ihre Art zu den-

ken und zu fühlen; ihre Art, Leben und Welt, Götter und Menschen zu erfahren. Die Tatsache dieser archaischen Schichten ist vermutlich die Wurzel des Glaubens an Reinkarnationen und an Erinnerungen aus ›früheren Existenzen‹. Ebenso wie der Körper eine Art Museum seiner phylogenetischen Geschichte darstellt, tut dies auch das Psychische. Wir haben keinen Grund anzunehmen, daß die besondere Struktur der Psyche das einzige in der Welt sei, was keine Geschichte jenseits seiner individuellen Manifestationen aufzuweisen hat. Selbst unserem Bewußtsein kann eine Geschichte, die etwa fünftausend Jahre umfaßt, nicht abgesprochen werden. Nur das Ichbewußtsein hat immer wieder einen neuen Anfang und ein frühes Ende. Aber die unbewußte Psyche ist nicht nur unendlich alt, sondern sie hat auch die Möglichkeit, in eine ebenso ferne Zukunft hineinzuwachsen. Sie formt die species humana und bildet einen Bestandteil von ihr, ebenso gut wie der Körper, der individuell vergänglich, kollektiv aber von unermeßlichem Alter ist.«

Die natürliche Unsterblichkeit

Zunächst scheinen diese Darlegungen von C. G. Jung nur andere Formulierungen zu sein für das, was in unseren Überlegungen als die durch die Evolution bedingte innere Zerrissenheit des Menschen bezeichnet wurde: Die Seele des Menschen ist bei seiner Geburt kein unbeschriebenes Blatt, sondern die Summe millionenfacher Erfahrungen und Erlebnisse, Gedanken und Regungen.

Doch dann erfahren wir von C. G. Jung von einer neuen Art der Unsterblichkeit, man könnte sie die natürliche Unsterblichkeit nennen: Das »Ich« stirbt mit dem Tod eines jeden Menschen, die psychischen Erfahrungen bleiben erhalten. Sie werden weitergegeben und mit jeder neuen Erfahrung reicher und größer. Die seelische, geistige Unsterblichkeit wäre demnach nichts anderes

als die Unvergänglichkeit von Materie und Energie — eine Unvergänglichkeit, die aber durch jeden Tod um einiges vollkommener geworden ist.
So wie Materie und Energie nicht zerstört, sondern immer nur verändert werden können, so wie die ersten einzelligen Lebensformen sich ständig teilten, damit zwar nicht unzerstörbar, aber in gewisser Weise unsterblich waren, so wäre der Geist dadurch, daß er weitergereicht und stetig höher entfaltet wird, unsterblich, wenn auch nicht unzerstörbar. Mit dem Auslöschen aller Menschen wäre die Ewigkeit verloren.
Ganz offensichtlich konnte C. G. Jung diese absolut »diesseitige« Ewigkeitsvorstellung recht gut mit sehr persönlichen Jenseitserfahrungen vereinbaren. Er selbst hatte nämlich 1944 im Anschluß an eine Bruchverletzung und dem damit verbundenen Herzinfarkt ein Out-of-body-Erlebnis, das er folgendermaßen schilderte: »Meine Krankenschwester sagte mir später: ›Sie waren wie von einem hellen Glühen umgeben.‹ Dieses Glühen wäre ein Phänomen, das sie manchmal bei Sterbenden beobachtete, fügte sie hinzu. Ich hatte die äußerste Grenze erreicht und weiß nicht, ob das im Traum oder in der Ekstase war. Jedenfalls begegneten mir seltsame Dinge. Es schien mir, daß ich hoch im Raum war. Weit unter mir sah ich die Erdkugel, getaucht in ein strahlendes, blaues Licht, sah die tiefblauen Meere und die Kontinente. Weit unten zu meinen Füßen lag Ceylon und in der Ferne vor mir der indische Subkontinent. In kurzer Entfernung von mir sah ich im Raum einen gewaltigen dunklen Steinblock wie einen Meteoriten. Er hatte die Größe eines Hauses oder war sogar noch größer. Er schwebte im Raum. Ich schwebte im Raum.«
C. G. Jung fügte dieser Schilderung hinzu: »Während ich im Raum schwebte, war ich schwerelos. Es hat nichts gegeben, was an mir gezerrt hätte. Zurückgekehrt war all das ein Ding der Vergangenheit. Ich fühlte einen Widerstand gegen meinen Arzt, weil er mich ins Leben zurückgeholt hatte.«
Die »Erfahrung« war für C. G. Jung so deutlich, daß er später so-

gar ausrechnen konnte, wo ungefähr im All er sich befunden haben mußte. Er kam dabei auf die Höhe von 1600 Kilometer über der Erde — einem Standort, den erst zwanzig Jahre später Astronauten auf dem Weg zum Mond einzunehmen imstande waren.
Nun war C. G. Jung — ebenso wie Teilhard de Chardin — stark von fernöstlichem Denken geprägt. Wenn er vom Vergehen des »Ichs« spricht, dann meint er nicht ein totales Verlöschen der Persönlichkeit, sondern das Ende der Individualität, der Einsamkeit im wahrsten Sinne des Wortes.
Hält man sich Teilhard de Chardins Gleichnis vom kochenden Wasser vor Augen, das zu Dampf-Partikelchen wird und auseinanderströmt, so kann man sagen, daß C. G. Jung wie Chardin der Ansicht ist, daß am Anfang das Wasser war und der Dampf wieder zu Wasser werden muß. Doch die einzelnen Tropfen gehen im Wasser nicht unter. Sie bleiben in ihrer Eigenheit erhalten. Was nach dem Tod überlebt, ist mehr als das »Ich« des Menschen. Und diese umfassende, allen gemeinsame Seele wird eines Tages auch alle zusammenschließen.

Nicht Programmierer, sondern realer Teil

Die für jeden Menschen im Augenblick seiner Zeugung oder kurz danach geschaffene Geistseele dürfte heute nicht mehr zu halten sein. Auch das Bild vom Programmierer und vom Computer kann diesen personifizierten Geist wohl nicht retten — womit auch die Angst, dieser Geist könnte sich eines Tages von uns abwenden und zu Maschinen überwechseln, unbegründet ist. Denn dieser Geist ist nicht der Mensch, sondern nur ein Teil von ihm, ein vermutlich sogar realer, »greifbarer«, irdischer Teil.
C. G. Jung schrieb einmal: »Der Seele wird nicht nur eine gewisse Abhängigkeit vom Körperlichen, sondern auch eine gewisse Stofflichkeit zugedacht, wie dies die Idee des ›subtle body‹

oder die chinesische Anschauung von der ›gui-Seele‹ zeigen. Bei der innigen Verbindung gewisser noch psychischer Vorgänge mit physischen Parallelerscheinungen läßt sich eine totale Unstofflichkeit des Seelischen nicht wohl denken. Im Gegensatz dazu besteht der consensus omnium auf der Immaterialität des Geistes, wobei ihm allerdings nicht alle auch eine eigene Substantialität zubilligen. Es ist aber nicht leicht einzusehen, warum die hypothetische Materie, die heute schon ganz anders aussieht als noch vor 30 Jahren, allein real sein soll, der Geist aber nicht.«
Es ist heute möglich geworden, »materialistisch« davon auszugehen, daß sich der Geist ebenso wie alles andere auf dieser Welt natürlicherweise entfaltet und damit neue Dimensionen erreicht hat, ohne daß damit das Leben nach dem Tode verloren wäre. Es gibt auch keinerlei Widerspruch zu Jenseitserfahrungen, solange man nur bereit ist, den gegenwärtigen Stand der Evolution nicht als Endstadium zu betrachten: Mit dem Geist, der ständig wachsenden geistigen Energie hat das Leben etwas hervorgebracht, das nicht so vergänglich ist wie der Körper. Im Augenblick, als der Mensch fähig wurde, »ich« zu sagen und über sich selbst zu reflektieren, haben sich seine Lebensenergien — nicht nur der Geist, er ist nur die Bindekraft — so stark gebündelt, daß dieses Energiebündel zum selbständigen Wesen wurde, das auch ohne Körper leben kann — wenngleich das »jenseitige« Leben nicht alles und nicht das Ende sein kann. Es wäre unvollkommen und — unmenschlich: Noch sind die vom Körper gelösten Verstorbenen von uns, da wir noch im Körper leben, getrennt. Es liegt nahe zu vermuten, daß sie auch noch nicht automatisch unsterblich sind, sondern darauf warten müssen, daß wir voll in die Unsterblichkeit hineinwachsen, die Barriere zwischen Diesseits und Jenseits niederreißen, so daß alle Menschen, die jemals gelebt haben, eins werden in einer neuen, der endgültigen und vollkommenen Dimension des Lebens. Die Evolution wird erst ihr Ziel erreicht haben, wenn es kein Jenseits mehr gibt, wenn die uns gegenwärtig noch verschlossenen Dimensionen zugänglich wurden. Dann aber werden auch die

Verstorbenen wieder in der Lage sein, im Diesseits mit einem unsterblichen Körper zu leben. Alle Menschen werden sein »wie Engel« — also über die Freiheit verfügen, jeden Wunsch zur Wirklichkeit werden zu lassen, Raum und Zeit ausschalten zu können. Aber alle werden zugleich »ganze« Menschen bleiben — mit allem, was eben zu einem Menschen gehört und was ihn schon heute — bei allen ihm anhaftenden Schwächen — so großartig macht. Wie in der fernöstlichen Vorstellung gipfelt das Leben im letzten beglückenden Zusammenfinden.

Doch das ist der grundlegende Unterschied zu Buddhismus und Hinduismus: Das Wasser, das am Anfang war und am Ende sein wird, ist nicht Gott, sondern sein von ihm erwählter Partner, die Menschheit. Selig darf sich nennen, wer dazu gehört.

Aber ist das nicht reine Ketzerei? Wird hier nicht eine neue Religion vorgestellt, die in wesentlichen Punkten vom christlichen Glaubensbekenntnis abweicht, das Erlösungswerk Christi leugnet, Sünde und Schuld abschafft, statt des Himmels die Seligkeit auf Erden verspricht?

Manches hört sich zunächst fremd und ungewohnt an. Und doch wird nicht ein einziger Satz des christlichen Glaubensbekenntnisses verletzt oder geleugnet. Im Gegenteil, manches Wort der Schrift bekommt erst die richtige Verständlichkeit. Vieles erhält einen neuen Sinn.

Aufbruch in die neue Zeit

Die nächsten Schritte in Richtung Himmel

Kann man sich denn irgendwie ausmalen, wie es weitergehen soll? Worin wird sich der Mensch im 3. Jahrtausend von uns unterscheiden? Welche Fähigkeiten könnte er neu besitzen, um mit der neuen Dimension fertigzuwerden?
Man kann aber auch die Frage umdrehen: Wie würde der Mensch der kommenden Zeiten rückblickend uns »Vorfahren« des 20. Jahrhunderts sehen? Was müßte ihm an unserem Verhalten am verwunderlichsten erscheinen?
Wenn die Menschheit die vor uns liegende Krise bewältigen will, muß sie vor allem Angst und Mißtrauen überwinden. Das kann sie aber nur, wenn sie neue seelische Fähigkeiten entfaltet, die stärker sind als die Furcht vor dem Nächsten.
So wie wir heute nicht mehr begreifen können, daß Menschen einmal — und das wohl in allen Präkulturen unserer Erde — Kannibalen waren und sich gegenseitig auffraßen, so werden unsere Nachkommen nicht mehr verstehen können, daß wir im 20. Jahrhundert noch Kriege führten, unsere ganze Intelligenz in die gegenseitige Vernichtung investierten, uns mit Eifersucht und Neid gegenseitig quälten, aus Angst vor Krankheit und Tod überhaupt nicht dazu kamen, richtig zu leben.
Man wird sich wirklich kennen — nicht mehr oberflächlich, vertrauend auf gegenseitige Versicherungen —, bis in die geheimsten Gedanken und Regungen hinein. Man wird frei sein von einer als Knechtschaft empfundenen Arbeit und das eigene Leben gestalten können.
Man wird in die Zukunft blicken können und die gewünschten Ziele durch Aktivierung der Seelenkräfte sicher erreichen. Man wird nicht mehr an den Ort gebunden sein, sondern sich vom materiellen Körper befreien können, um wirklich frei zu sein ...

Sind das Utopien? Keineswegs. Aller Wahrscheinlichkeit nach wird das Leben von morgen noch viel mehr Wunderbares zu bieten haben. Und es ist anzunehmen, daß sich die Entwicklung sehr rasch vollziehen wird.
Diese Schilderung ist mehr als nur Fiktion. Sie ist auf die 450 Jahre alte Voraussage jenes Mannes zurückzuführen, der gewöhnlich als der düstere »Schwarzmaler« schlechthin, als Katastrophenseher angeprangert wird: Michel Nostradamus.
Es ist wiederholt darauf hingewiesen worden, daß die Ankündigungen der großen »Endzeitkatastrophen« niemals vom Untergang der Welt oder vom Ende der Menschheit sprechen. Immer wird sehr deutlich hinzugefügt, daß danach ein neues, besseres, vollkommeneres Leben beginnt.
Der französische Arzt, Seher und Astrologe hat dieses neue Leben nach der Katastrophe in zwei bemerkenswerten Versen geschildert.
In Vers 13 der 2. Centurie heißt es:

»Der Körper ohne Seele wird nicht mehr geopfert.
Der Tag des Todes wird zur neuen Geburt.
Göttlicher Geist macht die Seele glücklich,
wenn man das Wort in seiner Ewigkeit sieht.«

Das Wort ist Christus. Wenn er sich den Menschen unverhüllt offenbart, wenn es keine Geheimnisse, keine Verlogenheiten mehr geben wird, dann sind die Menschen vom Glück erfüllt. Und dann stirbt man auch nicht mehr. Der Leib muß nicht mehr verwesen, er wird nicht mehr verbrannt und nicht mehr begraben, denn der Tag des Todes gestaltet sich zum neuen Geburtstag.
Wo wäre uns jemals Gewaltigeres versprochen worden? Ist es nicht genau das, was Teilhard de Chardin erahnt hat?
In Vers 2 der 3. Centurie wird Nostradamus noch deutlicher.

Dort erfahren wir, wie das neue Leben und das Glück, das es zu bieten vermag, aussieht:

»Das göttliche Wort wird dem Stofflichen gegeben.
Dann werden Himmel und Erde, auch okkultes und mystisches Geschehen verstanden.
Leib und Seele verfügen über alle Fähigkeiten.
Der Mensch hat so viel unter seinen Füßen, als wäre er im Himmel.«

Der neue Mensch, der weit über unseren momentanen Entwicklungsstand hinausgereift ist, besitzt also die Einsicht in die Geheimnisse der Schöpfung. Sein geistiges Fassungsvermögen ist beinahe unbegrenzt. Aber Verstand und Vernunft sind nicht mehr alles, vielleicht nicht einmal mehr dominierend, denn zu den geistigen Kräften kommen die seelischen und die leiblichen, ebenfalls in voller Entfaltung. Das bedeutet, zunächst auf die leiblichen Kräfte bezogen: Den Menschen wird es mehr und mehr gelingen, die Krankheiten zu besiegen, Heilmittel und Heilweisen zu finden, die ihn gesund erhalten oder rasch wieder gesunden lassen.

Evolution – von Menschenhand?

Blickt man auf die riesigen Leistungen der letzten Jahrzehnte auf dem Gebiet der Medizin, Biologie und aller dazugehörenden Wissenschaften, erscheinen solche Prognosen keineswegs absurd. Zur Wiedergewinnung der Gesundheit fehlten uns doch wahrscheinlich nur die rechte Einstellung zum Leben, das Freiwerden von Angst und schließlich die Einsicht in das, was uns schadet und was uns gut tut.
In diesem Zusammenhang darf auch nicht übersehen werden, daß der Mensch heute bereits die Möglichkeit besitzt, seine ei-

gene Evolution zu beschleunigen, vielleicht sogar weithin zu bestimmen. Denken wir nur an das weite Feld der Gen-Manipulation. Es dürfte nicht mehr lange dauern, bis Erbleiden rechtzeitig erkannt und behoben werden können. Sodann lassen sich sicherlich bald auch gewünschte menschliche Eigenschaften verstärken, unerwünschte abschwächen oder sogar abschalten. Es ist beispielsweise denkbar, daß die Anlage zu gefährlicher Aggressivität oder bedrohlicher sexueller Neigung schon beseitigt werden kann, noch bevor ein Kind geboren wird.

Selbstverständlich müssen solche Vorstellungen uns zutiefst erschrecken, weil wir doch nur zu gut wissen, welche verhängnisvollen Gefahren mit solchen Errungenschaften verbunden sein können und wie anfällig wir Menschen für den Mißbrauch solcher Möglichkeiten sind.

Das sogenannte »Retortenbaby«, die künstliche Befruchtung der weiblichen Eizelle in der Petrischale, ist nichts Ungewöhnliches mehr. Dieser Schritt der Medizin hat viel Aufregungen ausgelöst und Fragen nach Ethik und Moral wachgerufen.

Dabei wurde völlig übersehen, daß sich die Forscher längst mit ganz anderen Fragen abgeben, mit gewichtigeren, brisanteren Themen befassen. Etwa mit der technischen Möglichkeit, ein Kind nicht mehr im Mutterleib, sondern in einer Maschine heranwachsen zu lassen. Eine »künstliche Gebärmutter«, mag uns die Vorstellung noch so zuwider sein, würde — so die Wissenschaftler — Vorteile besitzen. Beispielsweise würde Mutter und Kind der schmerzliche Geburtsvorgang erspart. Sodann wäre das heranwachsende Menschenleben ständig unter genauer Kontrolle. Es könnte ihm genau dosiert all das gegeben werden, was es zum optimalen Heranwachsen braucht, womit jede Mangelernährung, jede Beengung, überhaupt jeder Fehler von Anfang an vermieden werden könnte.

Warum sollte denn der Mensch alles in seinem Leben berechnen, kontrollieren, planen und ausgerechnet die wichtigsten Dinge dem Zufall überlassen, nämlich das Geschlecht, das Aussehen, die Begabungen der eigenen Kinder? Müssen wir wirklich in die-

sem Punkt der Natur vertrauen und uns in das Schicksal fügen, oder wäre es nicht unsere Aufgabe, vorausgesetzt die Möglichkeiten sind gegeben, auch solche Fragen selbst in die Hand zu nehmen? Auch auf die Gefahr hin, daß Fehler unterlaufen und möglicherweise zunächst Mißbrauch damit getrieben wird?
Der bedeutendste französische Biologe unserer Tage, Professor Jean Rostand, überlegt: »Warum sollte es zum Beispiel nicht möglich sein, bei einem Retortenbaby die Anzahl der Gehirnzellen zu verdoppeln? Ein junger Embryo trägt in seiner Hirnrinde bereits die neun Milliarden Pyramidenzellen, die während seines ganzen Lebens seine geistige Tätigkeit ausüben. Diese Zahl wird durch 33 aufeinanderfolgende Teilungen einer einzigen Ausgangszelle erreicht. Wenn es uns nun gelänge, eine weitere, die 34. Teilung herbeizuführen, wäre die Anzahl verdoppelt. Bei einer natürlichen Geburt wäre das zweifellos nicht zu machen, weil die zusätzliche Teilung, die Verdoppelung des Gehirns, verständlicherweise eine beträchtliche Vergrößerung des Kopfes zur Folge hätte, so daß dieser den normalen Gebärkanal nicht mehr passieren könnte. Warum aber soll die menschliche Intelligenz durch die Größe des weiblichen Beckens begrenzt werden?«
Noch erfaßt uns Grauen bei solchen Überlegungen. Aber glaubt jemand ernsthaft, die Forscher würden sich aufhalten lassen, sobald sie den Weg zur Verwirklichung gefunden haben? Kann denn jemand eine stichhaltige Begründung dafür geben, daß sie überhaupt aufgehalten werden müssen?
Heute noch träumen die Biologen von den machbaren Genies und schwärmen von einer Welt, in der Albert Einstein nicht mehr die seltene Ausnahme wäre, sondern eine jederzeit machbare Selbstverständlichkeit geworden ist.
Die Wissenschaftler denken aber nicht nur daran, »geistige Riesen« hervorzubringen und wunschgemäß zu »vervielfältigen«. Sie sprechen auch von der »körperlichen Spezialisierung«, die in greifbare Nähe gerückt sei: Ein Astronaut braucht bei seinem Flug zu fernen Welten nur Kopf und Arme, keine Beine. Warum

nicht weg damit, statt dessen vielleicht ein Greifschwanz, wie ihn manche Affen besitzen, eine Haltevorrichtung, mit der er sich in der Schwerelosigkeit festklammern kann? Der eine braucht in seinem Beruf eine gute Nase, der andere starke Arme, der dritte muß flink sein, der vierte ist auf die musische, der fünfte auf rein mathematische Begabung angewiesen. Wird es den Tag geben, an dem Eltern festlegen, was aus ihrem Kind einmal werden soll, damit schon im Embryo die Basis für die gewünschte Fähigkeit gelegt wird?

Solche Vorstellungen erschrecken uns letztlich doch nur deshalb so sehr, weil wir davon ausgehen, daß der Mensch »fertig« ist, weil sich scheinbar seit Jahrtausenden im menschlichen Erscheinungsbild so gut wie nichts verändert hat. Doch die Annahme, die Endstufe der biologischen Evolution sei im heutigen Menschen erreicht, ist eben falsch. Und die Entwicklung, bisher kaum merklich von der Stelle gekommen, dürfte sich in naher Zukunft in unvorstellbarem Tempo beschleunigen. Es gibt weder ein Stehenbleiben noch ein Zurückweichen.

Das Zeitalter der »seelischen Kräfte«

Verbunden mit der körperlichen und geistigen Entwicklung wird aber vor allem die Entfaltung jener Kräfte sein, für die wir heute noch nicht einmal einen rechten Namen haben. Wir sprechen von den seelischen Kräften. Auch Nostradamus hat sie so genannt. Gemeint ist das, was heute mit PSI-Kräften, mit außersinnlichen oder auch paranormalen Fähigkeiten beschrieben wird. Für den Menschen von morgen wird es möglich werden, in die Zukunft zu blicken, zu wissen, was sich Tausende Kilometer von ihm entfernt ereignet, was andere denken und fühlen. Er wird sich in die Lage versetzt sehen, mit der Kraft seiner Zuversicht, seines Glaubens, sich Glück, Gesundheit und Reichtum zu verschaffen. Das alles ist ja dann nichts Neues. Schon

heute gibt es vereinzelt »Talente«, die solches zumindest sporadisch beherrschen. Das Neue wird darin bestehen, daß man diese Fähigkeiten allgemein beherrscht, und nicht mehr nur zufällig, und daß man sie sicher und fehlerfrei einzusetzen vermag.
Das Leben wird sich damit total verändern — von der Kindheit bis ins Erwachsenendasein: In den Schulen wird man nicht mehr »Wissen« pauken. Das lernen die Kinder gewissermaßen im Schlaf. Die Eltern übertragen die eigenen Einsichten auf ihre Kinder, ohne daß die einen oder die anderen sich auch nur irgendwie anstrengen müßten. Die Schule kann sich deshalb darauf konzentrieren, rechtes Verhalten, die segensreiche Anwendung der seelischen Kräfte beizubringen. Dieser »Unterricht« wird zum beglückenden Spiel.
Es wird bald auch keine Krankheiten mehr geben, weil jeder selbst am besten weiß, was ihm fehlt und was er tun muß, wieder ganz gesund zu werden.
Die größten Veränderungen aber dürfte das gesellschaftliche Leben dadurch erfahren, daß Menschen nicht mehr zusammenleben, weil sie zufällig miteinander verwandt sind. Es wird neue Gemeinschaften geben, deren Mitglieder sich verbunden fühlen durch gleichartiges Denken und Fühlen, durch dieselben Interessen. So findet jeder ganz selbstverständlich auch den Beruf, der seinen Anlagen entspricht und der ihn glücklich macht. Mit einem Wort: Jeder weiß, wohin er gehört, was für ihn das beste ist.
Damit ist aber dann die Zerrissenheit, in der wir heute noch leben, endgültig vorbei. Es findet die Aussöhnung der ursprünglichen Instinkt-Anlagen mit der vernünftigen Einsicht statt. Wir lernen unser Fühlen, unsere Neigungen und Verhaltensweisen zu durchschauen, begreifen endlich die Zwänge unserer Seele — und die der anderen Menschen.
Lug und Trug haben dann keinerlei Chancen mehr, weil sie von vornherein durchschaut werden. Auch Mißtrauen, Neid, Eifersucht, Haß, Enttäuschungen werden der Vergangenheit angehören.

Sind damit aber nicht auch alle Waffen, Krieg und gegenseitige Bedrohungen überflüssig geworden? Eine großartige Perspektive, an die wir glauben müssen, denn das ist unsere Zukunft!
Wenn jeder in der menschlichen Gesellschaft den Platz gefunden hat, an dem er sich wohl fühlt, wenn erst einmal die nahezu unbegrenzten seelischen Kräfte entfaltet sind und uns unbeschränkt zur Verfügung stehen, dann ist auch das Wirklichkeit geworden, was als das Zusammenfinden der Menschen zum in sich geschlossenen Organismus Menschheit beschrieben wurde: Dann lebt nicht mehr jeder für sich allein. Dann gibt es weder den Wunsch noch die Möglichkeit, egoistisch auf den eigenen Vorteil bedacht zu sein. Die vielen Milliarden Gehirne bilden, zu einem einzigen Organ geworden, das unermeßliche Supergehirn Menschheit: Wenn ein Gedanke irgendwo auftaucht, wird er sofort von anderen übernommen, überprüft, mit ähnlichen Gedanken verglichen, gegebenenfalls eingeordnet und gespeichert. Jeder Mensch ist dann wie die Nervenzelle seines Gehirns, winziger, aber unverzichtbarer Bestandteil des neuen Organs, eine Funktions- und Schaltstelle, die für das Ganze tätig wird, sobald sie angesprochen ist. Die eigenen Fähigkeiten des Menschen werden aber durch die vielfach verschlungenen Verbindungen mit den Milliarden anderen überhöht und ständig vervollkommnet. Was irgendeiner weiß, das weiß auch er. Er kann das ganze Wissen der ganzen Menschheit sekundenschnell »abrufen«.
Auch Funk und Telefon und Fernsehen und den anderen technischen Einrichtungen des heutigen Lebens werden den neuen Möglichkeiten entsprechend neue Aufgaben zugewiesen werden. Vor den wahren Fähigkeiten des Super-Organs Menschheits-Gehirn muß die Phantasie des Menschen aus dem 20. Jahrhundert nun doch versagen. Sie sind unvorstellbar gewaltig.
Doch damit wäre das Ende der Evolution noch immer nicht erreicht. Wenn die Menschheit zu einem Superwesen geworden ist, wird es ihr auch gelingen, Kontakt mit vernunftbegabten Wesen in anderen Sonnensystemen aufzunehmen. Und dann be-

ginnt der Prozeß des Zusammenfindens wieder von vorne: Aus den Menschheiten, die sich zunächst als Individuen gegenüberstehen, wird irgendwann, wie bereits angedeutet, die in sich geschlossene kosmische Person, indem sich alle Planetarier zu einem einzigen gewaltigen Wesen zusammenfinden — einem einzigen, lebendigen, mit übermächtigen Kräften ausgestatteten Organismus, der dem Schöpfer gegenübersteht, sein wahrer Partner geworden ist, der ihn zu begreifen und zu lieben vermag, so wie es seiner Unfaßbarkeit entspricht.

Das Bewußtsein geht nicht verloren

Die Unsterblichkeit, die der Mensch mit dieser Entwicklung auf ganz natürliche Weise erreicht, darf man sich aber nicht nur als Unsterblichkeit der Menschheit oder gar als Unvergänglichkeit der kosmischen Endperson vorstellen, in der die sterbliche »Zelle« Mensch immer wieder durch andere Menschen abgelöst würde, selbst also sterblich bliebe. Die Unsterblichkeit besteht auch nicht im Versinken in einem größeren Wesen unter Verlust der eigenen Identität.

Der unbeseelte Körper wird nicht mehr geopfert, prophezeite Nostradamus. Das klingt heute längst nicht mehr so unwahrscheinlich, denn der Mensch ist bereits in der Lage, kranke Organe auszutauschen. Durch die Möglichkeiten, die meisten Infektionskrankheiten überwinden zu können, durch wunderbare Operationstechniken und durch viele andere medizinische Fortschritte ist es gelungen, allein in den letzten hundert Jahren die Lebenserwartung der Menschen zu verdoppeln. Inzwischen sind die Wissenschaftler auch dem Geheimnis des Alterns auf der Spur. Scheint es so völlig ausgeschlossen, daß es eines Tages gelingen wird, das Altern völlig zu verhindern, so daß der Mensch sich seine Vitalität ungeschmälert für immer erhalten kann?

Es läßt sich aber noch eine andere Art der Unsterblichkeit den-

ken, die ebenfalls nicht mehr abwegig ist: Schon bald wird man als Ersatz eines kranken Herzens kein Spenderherz mehr benötigen, sondern man wird ein neues Herz heranwachsen lassen — aus einer einzigen Zelle des alten Herzens.
Dem wird folgerichtig der nächste Schritt folgen: der völlig identische neue Körper. Man wird ihn ebenfalls aus einer einzigen Zelle heranwachsen lassen. In Tierexperimenten werden schon heute die ersten Schritte auf diesem Gebiet gewagt. Man nennt diese Art der Vervielfältigung »klonen«.
Jedem Menschen würde also rechtzeitig immer wieder ein neuer Körper zur Verfügung stehen, der seinem alten gleicht, so daß nur noch ein »Umsteigen« vom alten in den neuen nötig wäre.
Ist das etwa die Auferstehung des Fleisches? Warum nicht? Der uralte Traum des Menschen von der echten, wahren Wiedergeburt wird Wahrheit werden.

Wenn die Grenze zwischen Diesseits und Jenseits fällt

Das Ende der Evolution ist erreicht, wenn wir den »Himmel« auf die Erde geholt haben. Wenn es keine Grenze zwischen Diesseits und Jenseits mehr gibt, weil immer mehr vom Jenseits den Lebendigen zugänglich wurde, bis schließlich das ganze Jenseits diesseitig geworden ist.
Wenn aber die Menschen dazu übergehen, sich zur Menschheit zu formen, werden sie auch die schon Verstorbenen in ihren neuen »Organismus« eingliedern. Auf diesen Augenblick warten diese, denn davon hängt auch ihr letztes Glück ab. Aus dem ursprünglich trostlosen Schattenreich der Unterwelt ist im Laufe der Jahrtausende ein Jenseits der Freude und des Glücks geworden. Die Entwicklung lief synchron mit der Entwicklung der Menschen auf der Erde. Die Verstorbenen haben ihre »Erlösung«, ihre Hoffnung mit nach drüben genommen und das Jenseits verändert. Das letzte Glück und die letzte Vollendung kön-

nen sie aber nur finden, wenn sie wieder als ganze Menschen mit den drüben gegebenen Freiheiten und Möglichkeiten leben können. Im Fleische! Den Anfang dazu wird die geistige und seelische Verbundenheit der Lebenden mit den Verstorbenen machen. Denn ebenso wie sie miteinander verbunden sind und zueinander finden, werden die Menschen von morgen auch die Verstorbenen voll in ihr Leben miteinbeziehen, bis der Augenblick gekommen sein wird, in dem sie ihren Verstorbenen neue Körper verschaffen können. Denn, es sei hier wiederholt, nur mit Fleisch und Blut, mit einem Körper und allem, was dazu gehört, eingeschlossen den sinnlichen Freuden, kann jemand, der einmal ein Mensch gewesen ist, restlos glücklich sein.
Wir sind im »Himmel«, wenn wir voll hüben und drüben mit unbegrenzten Freiheiten leben können; wenn der Körper, der neue, unsterbliche Körper, nicht mehr als »Kerker« der Seele empfunden wird, weil man ihn ungestört, ungefährdet, unbehindert verlassen kann, um ohne ihn in die höheren Dimensionen zu »reisen«. Die Weite vom Jenseits läßt sich ganz sicherlich dann auch in das »normale« diesseitige Leben holen, um dieses zu bereichern. So ziemlich alles, was im Jenseits möglich ist, wird sich auch im Diesseits verwirklichen lassen.
So fremd das alles klingen mag: Tragen wir Menschen nicht seit eh und je die Sehnsucht danach in uns, als ob wir wüßten, daß es tatsächlich so kommen wird?

Wir können nur nach vorne blicken

Was uns heute erschreckt, ist die Chance für morgen. In diesem schwierigen Augenblick dürfen wir nicht die Hoffnung verlieren, sonst ist alles verloren, sonst ist die Menschheit gescheitert. Durch nichts dürfen wir uns verunsichern lassen. Das gilt nicht nur für drohende Katastrophen und Kriegsgefahren, für die Angst vor der Atomkraft und dem Sterben der Natur. Es hat ebenso Gültigkeit für unsere Sorgen um den Arbeitsplatz, für die Unsicherheiten gegenüber neuen Techniken, neuen Lebensgewohnheiten, neuen Gesellschaftsordnungen. Was weithin aussieht wie der Zerfall der guten alten Ordnung, der Stützen und Sicherheiten unseres Lebens, ist letztlich nur Zeichen des Aufbruchs, der glückliche Umstand der Neuorientierung. Wer als Pionier etwas Neues entdecken will, der muß notgedrungen die ausgefahrenen, altgewohnten Straßen verlassen und sich einen neuen Weg durch das Gestrüpp schlagen, einen Weg, den noch keiner vor ihm gegangen ist, der beschwerlich ist und viele Unsicherheiten mit sich bringt. So wie jedes Menschenleben vom Übergang einer Altersstufe in die nächste schmerzliche Krisen zu bestehen hat, ohne die es kein Reifen und Wachsen gäbe, so muß die Menschheit jetzt durch ihre bisher schwierigste Krise hindurch, damit sie endlich erwachsen wird.

Beim Anblick eines alten Doms sagte einmal Teilhard de Chardin: »Ich finde solche Gebäude wunderbar. Aber die größte Freude, die mir gotische Kathedralen machen, ist das triumphierende Bewußtsein, daß unser Geist heute, und zwar für immer, aus ihren Gewölben ausgebrochen ist.«

So denkt ein Mann, der sich nicht in die eigene Kindheit zurücksehnt, weil sie behütet, sorglos und freudvoll war. Er blickt nur nach vorne, niemals zurück. In der Zukunft sieht er die große, schwere, aber zugleich wunderschöne Aufgabe, die sowohl jedes Zurückschauen als auch jedes Verweilen verbietet.

Teilhard würde heute sehr scharf und sehr entschieden jenen jungen Menschen gegenübertreten, die sich, enttäuscht von der scheinbaren Aussichtslosigkeit ihrer Bestrebungen, mit Parolen wie »no future« von der Gesellschaft distanzieren. Auch Hans Küng sagt: »Keine Zukunft haben zweifellos manche exzentrischen Experimente in Stadt und Land, die schon gescheitert sind oder noch scheitern werden, die weniger auf einer stringenten, kritisch-differenzierenden Gesellschaftskritik als auf einem romantisch regredierenden Protest und antiinstitutioneller Attitüde basierten.«

Etwas einfacher ausgedrückt: Verwahrloste Kleidung, Rückzug aufs Land, neugeordnetes Gemeinschaftsleben und Alternativbetriebe sind der berechtigte Protest gegen jene, die sich vom Leistungsdruck unterkriegen lassen, aber bei allem, was sie schaffen und erreichen, nur furchtbar unzufrieden und unglücklich bleiben. Protest gegen das Vorbeileben am Leben. Doch dieser Protest kann so nicht genügen. Er führt in die Sackgasse, weil der Blick nicht nach vorne, sondern romantisierend nach hinten in ein verloren geglaubtes Paradies gerichtet ist. Frustration ist letztlich das Eingeständnis, daß der Mut fehlt, den Schritt nach vorne zu wagen.

Die Jugend hat den Anfang gemacht

Andererseits würde Teilhard de Chardin jubeln über das, was sich in unseren Tagen gerade durch Initiativen junger Menschen bewegt.
Küng sei an dieser Stelle noch einmal zitiert:

> »Eine Zukunft haben zweifellos das ›neue Bewußtsein‹ und die ›neuen Werte‹, die schon jetzt unsere Gesellschaft weithin zu bestimmen begonnen haben:
> statt Leistungsdruck und Entfremdung mehr Kreativität und Selbstverwirklichung;
> statt emotionaler Sterilität die Anerkennung der Gefühle und Empfindungen;
> statt Fremdbestimmung Autonomie;
> statt Anonymität menschliche Wärme und Zärtlichkeit;
> statt Zweckrationalität die Befreiung der Sinne, Natürlichkeit, Spontaneität;
> statt nur berechnender Intelligenz und Kompetenz mehr soziale Wahrnehmungsfähigkeit und Sensibilität für veränderte Bedürfnisse und Wertprioritäten.

Alternatives Gedankengut ist weit über alternative Organisationen hinaus verbreitet; neue Antworten, neue Formen der Leistung, der menschlichen Gemeinschaft und Solidarität zeichnen sich ab.«

Der Philosoph, Psychologe und Soziologe Erich Fromm hat der modernen Gesellschaft den entlarvenden Spiegel vorgehalten und uns alle angeklagt, immer nur etwas haben zu wollen, statt etwas zu sein; alles zu unserem Besitz zu erklären, statt uns selbst zu verwirklichen; Spaß haben zu wollen, statt glücklich zu sein. Diesen Vorwurf schränkt er umgehend ein: »Aber dieses Bild muß durch den Hinweis zurechtgerückt werden, daß in der jungen Generation eine Tendenz vorhanden ist, die im Gegensatz zur Mehrheit steht. Wir können hier Konsumgewohnheiten feststellen, die nicht versteckte Formen des Aneignens und Habens sind, sondern Ausdruck echter Freude an Aktivitäten, die man gerne ausübt, ohne einen ›dauerhaften‹ Gegenwert zu erwarten. Diese jungen Leute unternehmen lange und oft beschwerliche Reisen, um Musik zu hören, die ihnen gefällt, um einen Ort zu sehen, den sie sehen wollen, um Menschen zu treffen, die sie treffen wollen. Ob ihre Ziele tatsächlich so wertvoll sind, wie sie meinen, steht hier nicht zur Debatte; selbst wenn es ihnen an Ernst, gründlicher Vorbereitung oder Konzentrationsfähigkeit fehlt – diese jungen Menschen wagen es zu sein und fragen nicht, was sie für ihren Einsatz bekommen oder was ihnen bleibt. Sie scheinen auch viel aufrichtiger zu sein als die ältere Generation. Ihre philosophischen und politischen Überzeugungen mögen oft naiv sein, aber sie polieren nicht ständig ihr Ich auf, um ein begehrenswertes ›Objekt‹ auf dem Markt zu sein. Sie schützen ihr Image nicht, indem sie ständig bewußt oder unbewußt lügen. Sie verschwenden ihre Energie nicht vorwiegend damit, die Wahrheit zu verdrängen, wie die Mehrheit das tut ... Sie können von sich selbst sagen, daß sie bloß ›auf der Suche‹ sind. Sie mögen sich noch nicht gefunden haben und auch kein Ziel, das ihrer Lebenspraxis Richtung gibt, aber sie streben, sie selbst zu sein, und nicht nach Besitz und Konsum ...«

Das schrieb Erich Fromm Anfang der 70er Jahre, als sich das Aufbegehren der Jugend noch in radikalem Terrorismus äußerte. Wieviel hat sich inzwischen schon getan! Wie positiv sind viele Bemühungen junger Menschen um eine bessere Zukunft geworden! Fromm sagte seinerzeit den jungen Menschen, die in ihrer Verzweiflung in Fanatismus und Zerstörungswut geraten waren: »Das menschliche Verlangen, ein Gefühl des Einsseins mit anderen zu erleben, wurzelt in den Existenzbedingungen der Spezies Mensch und stellt eine der stärksten Antriebskräfte des menschlichen Verhaltens dar. Durch die Kombination von minimaler instinktiver Determinierung und maximaler Entwicklung der geistigen Fähigkeiten haben wir Menschen unsere ursprüngliche Einheit mit der Natur verloren. Um uns nicht vollkommen isoliert zu fühlen und damit dem Wahnsinn preisgegeben zu sein, müssen wir eine neue Einheit — mit unseren Mitmenschen und mit der Natur — entwickeln...«
Diese Sätze hätten auch von Teilhard de Chardin stammen können: Wir müssen eins werden. Nicht in irgendeiner billigen Form der Kumpanei, nicht in der primitiven Form des Rudels, des Clans, des Rassen-, Klassen- oder Nationalbewußtseins, sondern in der wahren Nächstenliebe, in geistiger, seelischer und körperlicher Verbundenheit.
Die momentan so prekäre, explosive Situation ist die große Chance, dieses Ziel zu erreichen. Die Anfänge sind bereits verwirklicht. Denken wir nur an die völlig neue Einstellung der Menschen zur Natur, an das ganz neu gewachsene Gefühl der Verantwortung für die Schöpfung, an die heftigen Proteste gegen die Ausbeutung der Energiequellen, die rücksichtslose Verschmutzung der Umwelt, eine sinnlose Aufrüstung, die fast notwendigerweise zur Katastrophe führen muß: Wann jemals zuvor in der Geschichte der Menschheit waren so viele Menschen derart entschlossen, das Leben auf der gefährdeten Erde zu retten? Ursprünglich waren es ein paar junge Menschen, die sich gegenüber dem übermächtigen »Establishment« aufbäumten. Inzwischen, Mitte der 80er Jahre, sind Umwelt und Abrü-

stung und Verzichte auf Konsum, an dem wir zugrunde gehen, zum Thema geworden, mit dem sich jede Regierung und jede Partei befassen muß. Der Druck von unten wird in den nächsten Jahren ganz sicher noch stärker. Die Menschen haben erfahren, daß es möglich sein könnte, den Frieden und alles, was dazu gehört, zu erzwingen: Es ist ein riesiger Fortschritt!

Der Krieg ist nicht nötig

Um auch hier keinen Zweifel aufkommen zu lassen: Damit die Menschheit in die neue Dimension ihrer Verwirklichung hineinreifen kann, muß sie wohl nicht unbedingt einen Dritten Weltkrieg durchleiden. Gerade die positiven Ansätze unserer Tage zeigen, daß der Druck der Angst und der vielfältigen Probleme, der auf uns lastet, ausreichen könnte, jene Energien freizusetzen, die den Wandel letztlich bewirken.
Karl Jaspers hat es 1958 so formuliert: »Was längst im einzelnen Menschen da war, wirksam in kleinen Umkreisen, aber ohnmächtig im Ganzen blieb, ist nun zur Bedingung für den Fortbestand der Menschheit geworden. Ich glaube nicht übertreibend zu reden. Wer weiter lebt wie bisher, hat nicht begriffen, was droht. Es nur intellektuell zu denken, bedeutet noch nicht, es in die Wirklichkeit seines Lebens aufzunehmen. Ohne Umkehr ist das Leben der Menschen verloren. Will der Mensch weiterleben, so muß er sich wandeln. Denkt er nur an das Heute, so kommt der Tag, mit dem der Atomkrieg beginnt, durch den wahrscheinlich alles ein Ende hat ...
Bisher konnte der Mensch als einzelner sich selbst das Leben nehmen. Er konnte in Kämpfen töten und getötet werden. Völker konnte man ausrotten. Jetzt aber kann die Menschheit im ganzen durch den Menschen vernichtet werden. Daß dies geschieht, ist nicht nur in den Bereich der Möglichkeit getreten. Es ist für die rein rationale Erwägung wahrscheinlich, daß es geschehen wird ...

Daß das Wissen um die Wahrscheinlichkeit des totalen Untergangs wirksam wird, ist der einzige Weg, über den das heute noch Wahrscheinliche schließlich unwahrscheinlich und gar unmöglich werden könnte. Dazu ist notwendig, mit dem Wissen von dem Tatbestand richtig umzugehen. Ich kann etwas wissen, aber kapsele das Wissen gleichsam ein, lasse es nicht zur Geltung kommen; ich lebe, als ob es nicht da sei. Wir müssen täglich daran denken, wenn ein Wissen in uns Folgen haben soll...
Wir wollen uns nicht darüber täuschen, daß für unseren Verstand das Scheitern aller Rettungsversuche wahrscheinlich ist, aber noch weniger darüber, daß dennoch die große Hoffnung nicht grundlos uns beschwingt: Wenn wir unserer Freiheit und damit unserer Verantwortung gewiß werden, ist die Wandlung und damit die Rettung möglich...
Die totale Bedrohung erzeugt die totale Rettung...
Die Lösung... aber fordert Kräfte des Menschen, die aus solcher Tiefe hervortreten müssen, daß er selbst in seiner sittlich-vernünftig-politischen Erscheinung sich wandelt in einem Maße, daß es der Wendepunkt der gesamten Geschichte würde...«
Diese Sätze müßte man sich eigentlich ständig vor Augen halten.

Von der Arbeitslosigkeit zum eigentlichen Leben

Doch wie sähe denn dieser Wandel nun ganz praktisch aus? Was könnte der einzelne »kleine Mann« wirklich tun, damit dieser geschichtliche Augenblick zum Wendepunkt der Geschichte werden kann?
Es wurde schon angedeutet: Wir dürfen in den Ereignissen um uns herum nicht den Zerfall, die ersten Anzeichen eines heillosen Siechtums sehen, das ohnehin in das unvermeidliche Ende führt. Wir müssen in den Schrecken die Chancen erkennen.
Nehmen wir die Beispiele Arbeitslosigkeit und Aussichtslosigkeit für junge Menschen, den Wunschberuf zu finden: Das sieht depri-

mierend aus. Viele Schulabgänger, Abiturienten, Studenten resignieren viel zu schnell. Sie greifen zu Drogen oder leben ziellos in den Tag hinein. Sie kommen sich überflüssig und nutzlos vor. Diese Notsituation ist ihre Chance, nicht in einem nichtssagenden, unbedeutenden und letztlich unbefriedigenden »Bürgerdasein« zu versinken, sondern weit darüber hinaus zu gelangen, indem nämlich alle Energien, aller Wagemut, die ganze Intelligenz darauf gerichtet werden, das scheinbar Unmögliche möglich zu machen.

Wie viele, die plötzlich ihre Arbeit verloren haben, in dem sie nur Mittelmäßiges geleistet, mehr schlecht als recht die Zeit totgeschlagen haben, sind endlich aktiv geworden, haben das gewagt, wozu ihnen bis dahin der Mut gefehlt hatte — und sind nun weit über sich hinausgewachsen, ohne auf Hilfe zu warten und sich in Selbstmitleid zu zerfleischen.

Unser eigentliches Risiko ist ja nicht die Not, sondern ein falscher Wohlstand, in dem wir unsere Kräfte einschlummern lassen, weil ja doch so gut wie alles erreicht zu sein scheint.

Junge Menschen geraten heute mit ihren Eltern häufig in heftige Auseinandersetzungen über die Frage: Hatte es die Generation, die nach dem letzten Weltkrieg aus den Trümmern eine neue funktionierende Welt aufbauen mußte, leichter oder schwerer als die junge Generation der 80er Jahre? Man könnte die Streitfrage so entscheiden: Jene hatten es wesentlich leichter, weil ihnen keine andere Wahl geblieben war, als kräftig anzupacken. Hinter sich hatten sie die Kriegsschrecken, in sich den Willen, so rasch wie möglich die Voraussetzungen für ein menschenwürdiges Dasein zu schaffen, vor sich eine vielversprechende Zukunft. Die Jugend der 80er Jahre dagegen kommt aus der Geborgenheit des Wohlstandes. Sie weiß nicht mehr, ob Anstrengungen sich überhaupt noch lohnen, denn die Zukunft sieht wirklich nicht rosig aus. Was diese Jugend braucht, ist das Wissen, daß es nicht nur eine Zukunft geben kann, sondern daß es sich wahrhaftig lohnt, sie anzustreben, ihr mit riesigen Erwartungen entgegenzugehen, von ihr alles zu erhoffen.

So gesehen ist die drohende Gefahr der Arbeitsplatzvernichtung kein Unheil, denn jetzt sind wir nicht nur gezwungen, uns etwas einfallen zu lassen, wie die weniger gewordene Arbeit so verteilt werden kann, daß jeder seinen Teil davon bekommt; uns wird zugleich die Möglichkeit geboten, unser Leben vom alten Fluch der Bibel zu befreien: »Im Schweiße deines Angesichts wirst du dein Brot essen, bis du zur Erde wiederkehrst.« (Genesis 4,19). Wir dürfen endlich leben und haben Zeit genug, uns mit dem zu befassen, was uns Freude bereitet. Wie hat sich doch allein in den letzten Jahren unsere Einstellung zu Beruf und Arbeit gewandelt! In Kürze werden die Menschen bewußter leben, sich in ihrer stark ausgedehnten Freizeit persönlich entfalten können.
Soziologen und Wirtschaftsexperten prognostizieren, schon in naher Zukunft würden die Menschen nur noch einen einzigen Tag in der Woche arbeiten. Das wäre die genaue Umkehrung der alten Ordnung: sechs Arbeitstage und ein Ruhetag. Wenn aber alle in jeder Woche über sechs freie Tage verfügen können und darüber hinaus noch Urlaub haben, dann lohnt es sich, mit der Freizeit etwas anzufangen. Sie ist dann kein »Zeitvertreib« mehr, sondern Lebensinhalt. Ein Leben, wie es sich die Menschen seit je erträumten. Man darf erwarten, daß eine Fülle neuer Berufe entsteht, die sich mit der Freizeit befassen. Doch sie werden den Befreiten nicht nur Erholung, sportliche Betätigungsmöglichkeiten, Unterhaltung, Spaß vermitteln, sondern auch dazu beitragen, daß jeder seine eigentliche Begabung findet, der er sich ganz ohne Zwang und ohne Leistungsdruck widmen kann. Neue Formen des Gemeinschaftslebens, neue Arten von Kommunen werden entstehen. Denn sie scheitern dann nicht mehr an gegenseitigen Unverträglichkeiten, an Egoismus und Finanzproblemen. Man kennt und versteht sich. Auch das Bild der Familie wird sich grundlegend verändern, weil man sich nicht mehr nur am Abend oder zu einer gemeinsamen Mahlzeit treffen wird, sondern den ganzen Tag gemeinsam gestalten kann.

Der Vorstellungskraft sind keine Grenzen gesetzt. Doch das Leben von morgen wird alles übertreffen, was wir uns wünschen und ersehnen können. Der Menschheit stehen alle Möglichkeiten offen.

Die Erde wird nicht mehr geplündert

Wir brauchen auch keine Angst davor zu haben, die Rohstoffreserven würden erschöpft, die Energiequellen versiegen. Sobald es gelingt, die Kernfusion zu verwirklichen, besitzen wir Energie in Hülle und Fülle. Und dann wird es auch nicht mehr lange dauern, bis es Menschen gelingen wird, Rohstoffe selbst herzustellen. Dann wird das Ausplündern der Erde für immer ein Ende haben. Vorbei werden dann die Zeiten der Luft- und der Wasserverschmutzung, des Baumsterbens und der Ausbeutung der Tiere, vorbei die Streitereien um Glaubensrichtungen, Ideologien und politische Vorstellungen sein.
Vermutlich wird es in dieser Zukunft völlig veränderte Regierungsformen und Staatsordnungen geben. Es wäre beispielsweise denkbar, daß Politik und Wirtschaft völlig voneinander getrennt werden, daß jene, die Gesetze machen, sie nicht zugleich auch anwenden, sondern dies wiederum anderen überlassen.

Triebkraft: Die Sehnsucht nach dem Glück

Zugegeben: das alles können nur Andeutungen sein. Doch hält man sich solche Möglichkeiten vor Augen, dann kann es keinen Zweifel mehr geben: Wir Menschen sind mit unserer Erde nicht am Ende. Es besteht überhaupt kein Grund zu verzweifeln und zu resignieren. Ganz im Gegenteil, wir stehen unmittelbar vor der Tür, die uns den Zutritt zum richtigen Leben eröffnet.

Doch von selbst gelangen wir nicht hinein in jenes neue Leben, das ein weiterer Schritt zum »Himmel« hin darstellt. Es liegt an uns, die Tür aufzustoßen. Wir alle spüren, daß wir daraufhin vorprogrammiert sind. Und das ist unsere eigentliche Not: Wir tragen eine tiefe Sehnsucht nach dem einzig wahren Glück in unserer Seele, aber wir sind zu träge, zu rasch verzagt. Wir klammern uns lieber an das relative Glück, das wir jetzt schon haben, weil wir uns vor dem inneren Wandel fürchten, der Voraussetzung ist für das eigentliche Glück. Das Neue erschreckt uns, weil der Weg nach oben immer steiler und steiniger wird.

Von keiner Generation hing jemals soviel ab wie von der Menschheit am Ende des 2. Jahrtausends nach Christus. Es ist nahezu alles in unsere Hände gelegt. Das muß uns zur Besinnung bringen und aufrütteln: Andere konnten versagen, scheitern, die Entwicklung um Jahrhunderte zurückwerfen. Wir haben die Wahl, es entweder zu schaffen oder alles zu verderben. Wir müssen es schaffen. Bei diesem Gedanken aber sollte uns die eine große Hoffnung beseelen: Wahrscheinlich sind es nur wenige Jahre, die uns alles abverlangen, dann sind wir hindurch. Wenn wir die nächsten zwanzig Jahre heil überstehen, dann dürften wir bereits soweit sein, daß eine riesige, alles auslöschende Katastrophe schon nicht mehr möglich ist. Dann werden wir in die Vernunft hineingewachsen sein, daß die Wahnsinnsrüstungen der 80er Jahre nicht mehr nötig sind, sondern alle Kernwaffen, alle chemischen und bakteriellen Vernichtungsmittel vernichtet werden müssen. Dann werden wir auch die Möglichkeiten besitzen, irgendwelche Bedrohungen aus dem Weltall abzuwehren, etwa Meteoriten oder Planetoiden, die mit der Erde kollidieren könnten, abzuschießen. Dann werden wir auch Wetterkatastrophen und selbst Erdbeben vorbeugen können. Zwanzig Jahre — ist das, was danach kommt, nicht wert, daß wir alle Anstrengungen wagen?

Lassen wir noch einmal Hans Küng zu Wort kommen: »Glaube ich an ein ewiges Leben«, schreibt er, »dann ist mir immer neu in meinem Leben und im Leben der anderen Sinnstiftung mög-

lich. Der unaufhaltsamen Evolution des Kosmos ist ein Sinn gegeben aus der Hoffnung heraus, daß es zur wahren Vollendung des Individuums und der menschlichen Gesellschaft, ja, zur Befreiung und Verherrlichung der Schöpfung, auf der die Schatten der Vergänglichkeit liegen, erst durch die Herrlichkeit Gottes selber kommen wird. Erst dann werden die Konflikte und Leiden der Natur überwunden und ihre Sehnsüchte erfüllt sein.«
Durch den Apostel Paulus belehrt, weiß ich, daß auch die Natur dann an der Herrlichkeit Gottes teilhaben wird: »Denn das sehnsüchtige Verlangen der Schöpfung wartet auf das Offenbarwerden der Söhne (und Töchter) Gottes. Auch die Schöpfung als solche soll von der Knechtschaft der Vergänglichkeit befreit werden zur Freiheit der Herrlichkeit der Kinder Gottes. Denn wir wissen, daß die ganze Schöpfung insgesamt seufzt und in Wehen liegt bis zum heutigen Tag. Doch nicht nur das: Auch wir selber, obwohl wir als Erstlingsgabe den Geist haben, seufzen in unserem Herzen und erwarten die Annahme an Sohnes Statt, die Erlösung unseres Leibes«. (Römer 8,19-23)
Küngs Meinung, daß es eine wahre Vollendung und ein wahres Glück der Menschen nur geben kann, »wenn nicht bloß die letzte Generation, sondern wenn die Vollzahl der Menschen, auch die in der Vergangenheit gelitten, geweint, geblutet haben, ihren Anteil daran haben wird«, können wir voll beipflichten.

Zusammenfassung: 12 Thesen über Himmel und Erde

1. Gott existiert

Am Anfang steht der Geist. Er war schon vor dem Universum da, ist Plan, Bewegkraft und Ziel der kosmischen Entfaltung. Dieser Geist – nennen wir ihn Gott – ist so unfaßbar groß, mächtig, vollkommen, jede Vorstellungskraft übersteigend, daß kein menschlicher Begriff für ihn zutreffend sein könnte. Man kann ihn weder gut noch böse nennen. Er steht weit über jedem Attribut.

2. Die Schöpfung ist noch im Gange

Gott, den wir als ewig und unsterblich bezeichnen, weil uns treffendere Begriffe und ausreichend Vorstellungskraft fehlen, ist zum Schöpfer geworden aus dem Wunsch heraus, einen möglichst passenden, möglichst ebenbürtigen Partner zu finden, den er in unendlich vollkommener Liebe in seine Arme schließen kann. Der Schöpfungsakt ist im vollen Gange und noch längst nicht abgeschlossen. Das Universum befindet sich mitten in der ersten und ursprünglichen »Explosion«. Nur weil unsere Existenz so winzig ist, kommt es uns vor, als würden die »Splitter« des zerborstenen Ur-Atoms nicht mit vehementer Kraft auseinanderfliegen, sondern als nahezu unbeweglicher Sternenhimmel still über uns stehen. »Wir gleichen Schmetterlingen, die einen einzigen Tag leben und ihn für die Ewigkeit halten«, sagte Carl Sagan.

3. Wir Menschen sind mehr als alle Gestirne

Mögen wir Menschen noch so winzig und scheinbar unbedeutend sein, mag das Leben vieler Menschen sinnlos und nutzlos erscheinen: Jeder von uns ist mehr als der ganze Sternenhimmel zusammengenommen; mehr als die Planeten, die Sonne, die Milchstraße, als Milliarden Galaxien, denn im menschlichen Leben hat die Schöpfung — soweit wir es erkennen können — ihre bisher höchste Entwicklungsstufe erreicht. Das ist das Wunderbare am Universum: Im selben Maße, wie es einerseits explosiv auseinanderfliegt, schließt es sich andererseits zu immer noch vollkommeneren Daseinsformen zusammen. Der Kosmos ist, wie Teilhard de Chardin es ausdrückte, ein ständiger Übergang vom Chaos zur Ordnung, vom Primitiven zum mehr und mehr Vollkommenen. Aus den einfachsten Atomstrukturen wurden immer komplizierter aufgebaute Elemente, aus Urstoffen immer mehr und stets noch kunstvoller strukturierte chemische Verbindungen. Schließlich waren die Grundlagen geschaffen: Die Materie begann zu leben. In uns Menschen hat das Leben zu denken begonnen. Das alles war kein Zufall. Der Kosmos hat, sagen moderne Naturwissenschaftler, die Tendenz, lebendig zu werden und denken zu können. Das ist sein Prinzip. Die hinter uns liegende Entwicklung vom ersten Atom zum denkenden Leben ist das von allem Anfang an angestrebte »unausbleibliche Ereignis« (Hoimar von Ditfurth).

4. Die Entwicklung geht weiter

Die Evolution ist keineswegs zu Ende. Der Mensch in seiner heutigen Art und mit seinen derzeitigen Fähigkeiten ist nicht der Endpunkt der kosmischen Vervollkommnung, auch wenn es uns noch so schwerfällt, uns eine weitere Entwicklung vorzustellen. Doch sie ist nicht nur möglich. Sie ist notwendig. Und sie wird sich in zunehmendem Tempo vollziehen. Dabei darf man aber nicht nur an technische und wissenschaftliche Fortschritte denken. Wahrscheinlich schon unmittelbar vor uns liegt die Chance zu einem grundlegenden Wandel. Wir können und müssen einen Schritt wagen, einen entscheidenden Schritt, der dem Lebendigwerden der Materie und dem Geistigwerden des Lebens entspricht. Ein Schritt, der letztlich dazu beiträgt, daß die Individuen Mensch zum in sich geschlossenen Organismus Menschheit zusammenfinden.

5. *Geist und Materie sind dasselbe*

Die bisherige Evolution zeigt an, daß es grundsätzlich falsch ist, in Geist und Materie zwei voneinander entgegengesetzte Seinsformen zu sehen. Jedes Stückchen Materie ist sichtbar gewordener, kristallisierter Geist, nicht nur sein »Informationsträger« oder gar sein »Gefängnis«. Nur deshalb konnten sich sinnvoll Moleküle bilden, konnte Leben entstehen, das sich den stets wandelnden Umweltbedingungen anzupassen und stets höhere Formen zu entfalten imstande war. Es wäre deshalb müßig, länger von einer »materialistischen« oder einer »idealistischen« oder gar »dualistischen« Denkweise zu sprechen. Weder das eine hat das andere noch das andere das eine hervorgebracht.

6. *Nur die Not bringt voran*

Am Anfang war nicht das Tohuwabohu, sondern die Einheit des Einfachen: das Atom mit einem einzigen Proton und, darum herumkreisend, einem Elektron, Wasserstoff. Das ganze Universum war eine einzige Wasserstoffwolke. In der Gleichheit existierte jedoch jedes Teilchen für sich. Es gab keine Spannung, nicht die geringste Chance eines echten Zusammenfindens.
Das ist das Grundgesetz der Evolution: Erst als sich im Wirbel der Explosivkräfte, unter dem Druck von außen, in der Wolke

riesige Wasserstoff-Kugeln zusammenballten, wuchsen in deren Kern die Temperaturen unter dem Druck der Masse. Erst damit konnte der »Egoismus« der sich gegenseitig abstoßenden Atomkerne überwunden, konnten diese zu neuen Elementen zusammengeschweißt werden. Damit war die Einheitlichkeit verlorengegangen, die Evolution aber in Bewegung gesetzt worden. Wo immer sich etwas in dieser Welt »bewegen«, entwickeln soll, ist Druck von außen, eine gewisse Not nötig. Das ist geblieben bis auf den heutigen Tag. Das eigentliche Hindernis für die Schöpfung und ihr Gelingen sind nicht Katastrophen, karge Zeiten, »menschliches Versagen«, sondern das satte Wohlergehen, in dem jeder sich am Erreichten festkrallt, es abzusichern und von Unruhe freizuhalten sucht. Im »Reichtum« geht die Bewegung verloren. Er verbaut den Himmel.

7. Auch der Geist hat sich entwickelt

Es ist heute kaum mehr möglich, daran festzuhalten, daß die Evolution nur den sterblichen Körper des Menschen mit seinen Kräften hervorgebracht hat, nicht aber die unsterbliche Geistseele. Es klingt unwahrscheinlich, daß Gott unmittelbar nach einer Zeugung jeweils einen Schöpfungsakt setzt, indem er in das keimende Leben die unsterbliche Seele »einhaucht«, die fortan in der Materie eingesperrt und immer wieder zu »niederen« Handlungen verleitet, die Aufgabe hätte, das »Sündhafte« im Menschen, das »Sinnliche« zu überwinden, sich in der Materie gewissermaßen zu bewähren. Am Anfang der Geschichte des Menschen steht nicht die Sünde, die Urschuld, sondern die innere Zerrissenheit und damit verbunden die Gefahr, in die ursprüngliche »tierische« Sicherheit und Geborgenheit eines Lebens ohne Verantwortung, ohne eigene Entscheidungsfreiheit zurückzufallen, die so viele Fehlermöglichkeiten mit sich bringt. Sünde und Schuld erwachsen dort, wo die Zukunft und die innere Anlage, ihr entgegenzustreben, wider bessere Einsicht ver-

dorben werden. Die schlimmste Resignation der Menschheit liegt in der allgemein üblichen Einstellung: Man kann nur auf das Glück im Jenseits warten. Hier auf Erden, in diesem »Tränental«, ist es nicht erreichbar.
Es kann letztlich auch der Glaube an die Wiedergeburt nicht restlos überzeugen. Sie macht zwar den Schöpfungsakt Gottes bei der Entstehung eines Menschen überflüssig: Die Seele wäre ja bereits vorhanden und müßte, beladen mit einem Karma, in einen neuen Körper zurückkehren, um entsprechend der früheren Existenz ein besseres oder schlimmeres Los vorzufinden. Auch bei einem solchen Glauben steht die Schuld am Anfang, die Schuld aus der vorhergegangenen Inkarnation. Sie läßt sich allerdings nur sehr schwer abtragen, weil man das einstige Fehlverhalten ja nicht kennt und deshalb völlig im dunkeln tappt.
Noch schwieriger ist zu erklären, wie es kommt, daß der Wiedergeborene dem Verstorbenen nicht restlos gleicht. Im Körper spiegelt sich doch die Seele wider. Vom Aussehen eines Menschen kann man mit einiger Menschenkenntnis auf seinen Charakter schließen und ohne Schwierigkeiten ablesen, ob er temperamentvoll oder träge, genußsüchtig oder asketisch, optimistisch oder phlegmatisch, geistvoll oder dumm veranlagt ist. Selbst wenn man solche Eigenschaften zum sterblichen Teil des Menschen rechnet und nur ein geistiges Lebensprinzip als unsterblich anerkennt: Müßte es nicht doch eine unverwechselbare Eigenart geben?
Der schwierigste Punkt ist aber die Frage: Warum sollte Gott einen Teil von sich selbst in die Materie verbannen, einen Geist, der wohl ursprünglich nicht schlecht gewesen sein kann? Wollte er etwa sich selbst bewähren? Wie kam überhaupt das Böse in die Welt?
Viel vernünftiger klingt die Vorstellung: Auch der Geist ist aus der Evolution hervorgegangen. Er ist nicht der Programmierer, der den materiellen Organismus als Computer benutzt, um sich mit seiner Hilfe äußern zu können, sondern ein Teil des Menschen.

Mit dem Übergang vom animalisch determinierten Lebewesen zum denkenden Wesen, das eigene Entscheidungen treffen kann, ist allerdings der Mensch in eine neue Dimension hineingewachsen. Er hat sich ein Stück Jenseits auf die Erde geholt. Die Gedanken sind mächtige Energien, die vielleicht niemals verloren gehen. Hoffen, Sehnen, Lieben — aber auch ihre Umkehrungen ins Gegenteil wie Bangen, Gieren, Hassen — sind die Bausteine eines »zweiten Körpers«, des selbstgeschaffenen »Ich«, das offensichtlich den Tod überlebt, sich auch vom Körper lösen und selbständig bestehen kann. Mit seinen geistig-seelischen Kräften schafft der Mensch sich eine Existenz, die Tiere nicht — genauer gesagt: noch nicht — besitzen. Dadurch unterscheidet er sich bislang von allen anderen Geschöpfen. Wenn er stirbt, bleibt diese Existenz gegenwärtig. Sie ist nicht nur ein sehr stabiles Energiebündel, sondern eine in sich kompakte Persönlichkeit mit allem, was sie im irdischen Leben erfahren, durchlitten, geleistet und verfehlt hat. Diese Seele, die das irdische Leben überlebt, aber vielleicht doch noch nicht automatisch unsterblich und unzerstörbar ist, bekommt jeder Mensch von seinen Eltern in einer Art »Rohfassung« schon vererbt. Seine Aufgabe ist es, sie der Unsterblichkeit ein Stück näherzubringen.

8. Das Jenseits ist erfahrbar

Seit jeher »wußte« der Mensch, daß das, was wir als Welt bezeichnen, wahrnehmen und erleben, nicht die ganze Wirklichkeit sein kann, sondern wahrscheinlich nur ein kleiner Ausschnitt von ihr darstellt. Die Vorstellung, daß es dahinter ein Jenseits gibt, in dem Verstorbene nach ihrem Tod weiterleben, so daß Sterben nichts anderes heißt als Überwechseln von einer Ebene auf eine andere, war schon vor Jahrtausenden den Frühmenschen eigen. Sie entstammt aber nicht dem Wunschdenken der menschlichen Seele und auch nicht der Unfähigkeit, sich mit dem Ende abzufinden, sondern leibhaftiger Erfahrung. Die ältesten erhaltenen »Jenseits«-Berichte stimmen vollkommen überein mit dem, was Menschen unserer Tage nach dem »klinischen Tod« vom Jenseits zu berichten wissen.

9. Jenseits und Himmel sind in dieser Welt

Dieses »Jenseits« ist noch nicht der Himmel, nicht die letzte Vollendung. Es gilt auch, endgültig Abschied zu nehmen von der Vorstellung, das Jenseits wäre über oder außerhalb des Universums. Jenseits, das heißt nicht über oder hinter der Schöpfung, sondern nicht mehr als außerhalb unseres normalen irdischen Erfahrungsbereichs. Das heißt: Die Verstorbenen steigen nicht auf in einen völlig anderen Ort, sie verlassen nicht die Welt, in der wir leben. Sie bleiben mitten unter uns, doch sie befinden sich in einer Dimension, die dem noch im materiellen Körper lebenden Menschen vorläufig unzugänglich ist. Je weiter sich der Mensch entwickeln wird, desto mehr von diesem Jenseits wird er sich zugänglich machen. Der »Himmel« ist erreicht, wenn es kein Jenseits und kein Diesseits mehr gibt, sondern nur noch die eine voll erschlossene Schöpfung.

10. Die Evolution zielt auf Unsterblichkeit

Diese Schöpfung ist aber von allem Anfang an auf Unsterblichkeit angelegt. Im Menschen kann sie zuerst erreicht werden. Voraussetzung dazu ist die Bewältigung der vor uns liegenden, bisher schwersten Menschheitskrise. Der schwere Druck, der kurz vor dem Ende des 2. Jahrtausends auf den Menschen lastet, ist die Chance, der Unsterblichkeit einen Schritt näherzukommen, eine neue, bisher noch verschlossen gebliebene Dimension zu eröffnen. Falls es uns — beinahe gegen jede vernünftige Erwartung — gelingen sollte, das Leben auf der Erde nicht auszulöschen, wäre es ein Beweis dafür, daß der Mensch sich in seiner geistig-seelischen Beschaffenheit geändert hat, daß er »ein anderer« geworden ist. Einer, der über »alle körperlichen und seelischen und geistigen Fähigkeiten verfügt«. Einer, der endlich den so hart trennenden Egoismus überwunden hat und deshalb zur Menschheit zusammenwachsen kann. Einer, der nicht mehr nur unbewußt mit den Verstorbenen Kontakt hat, sondern ständig mit ihnen zusammenlebt, sie um sich weiß und ihre Hilfe in Anspruch nehmen kann. Sie drüben warten auf uns, bis wir in der Lage sind, ihnen wieder ihren Körper zu geben, wir hüben sind auf ihre tatkräftige Hilfe angewiesen, weil wir es ohne sie vermutlich nicht schaffen könnten. Am Ende jedenfalls werden die Lebenden und die Verstorbenen zusammen die Menschheit bilden, die Gott als Partner vorgesehen hat.

Gott ist allerdings nicht auf uns angewiesen. Er braucht uns nicht, um seinen Partner zu finden. Wir sind mit hoher Wahrscheinlichkeit nicht die einzigen Lebewesen auf der Welt, die den Sprung auf die Ebene der Geistwesen geschafft haben. Vielleicht sind uns andere schon weit voraus. Vielleicht haben sogar schon viele hundert oder tausend oder gar Millionen »Menschheiten« den »dritten Schritt« hin zur Unsterblichkeit geschafft. Wenn wir versagen, ist die Schöpfung nicht gescheitert, nur die Menschheit. Es wäre vermessen, wollten wir ohne eigene Anstrengungen uns ganz auf Gottes Barmherzigkeit verlassen. Die Entscheidung, ob wir zum Gottespartner werden wollen oder nicht, hat Gott in unsere Hände gelegt. Wir müssen es schaffen.

Das große Risiko ist unsere Freiheit. Es gibt keine Sinnhaftigkeit, die uns zwingen würde, auf alle Fälle unser Ziel zu schaffen, etwa abgeleitet aus der Glaubensvorstellung: »Gott hat uns zu unserer Rettung seinen eigenen Sohn gesandt. Wenn die Menschheit trotzdem versagen würde, hätte er umsonst gelebt und wäre er umsonst für uns gestorben.« Auch das Leben Jesu und sein Rettungsversuch sind keine Garantien für das Heil. Sie sind ein großzügiges Angebot Gottes, seine bisher wichtigste Hilfe. Ob sie von uns angenommen wird oder nicht, liegt bei uns.

Es könnte durchaus sein, daß vor uns schon andere »Menschheiten« trotz ähnlicher Hilfen des Schöpfers gescheitert sind. Dann haben sie ihre Unsterblichkeit verfehlt und sind für immer ausgelöscht. Ähnliches kann jetzt uns widerfahren, sollten wir nicht endlich das Gebot der Nächstenliebe befolgen. Niemand kann sich nur für das eigene Seelenheil sorgen. Wir müssen uns alle um den Nächsten kümmern, denn wir sind alle aufeinander angewiesen und voneinander abhängig.

11. Leid ist keine Strafe

Damit bekommen wir Menschen aber ein ganz neues Verständnis für Leid, Sorgen, Schmerz, Sünde und Schuld: Die Spezies Mensch ist nicht aus dem Paradies vertrieben worden, weil sie ungehorsam war, so daß dieses Leben in Mühe und Not als ererbte Strafe für eine große Schuld begriffen und hingenommen werden müßte. Als der Mensch zu denken begann, zerstörte er selbst sein bisheriges Paradies. Denn seitdem lebt er im Zwiespalt zwischen eingefleischtem, allen Tieren eigenen, in Jahrmillionen erlernten Verhaltensmechanismen und der eigenen Einsicht. Er konnte — und mußte — gegen seine eigene Natur angehen, nicht weil diese böse oder verdorben gewesen wäre, sondern weil er über sie hinausgewachsen war und deshalb ihren Gesetzen nicht mehr blindlings folgen konnte. Mit der neuen Dimension der Freiheit, für die er noch keinerlei Übung besaß, war er zu den erhabensten menschlichen Leistungen fähig geworden: zu Liebe, Mitleid, Barmherzigkeit, Solidarität.
Tatsächlich handelt es sich bei diesen und ähnlichen »Menschlichkeiten« um ganz enorme Lebenssteigerungen, denn sie stehen, den ursprünglichen Trieben und Überlebensgesetzen, die nach wie vor in uns vorhanden sind, scheinbar als Entartung entgegen. Doch »das alte Gesetz ist nicht abgeschafft« worden. Es wurde vervollkommnet.

Jetzt verstehen wir, warum die Trauernden, die ständig mit sich Ringenden, die Sanftmütigen, die nach Gerechtigkeit Hungernden und Dürstenden, die Barmherzigen, die Menschen reinen Herzens, die der Gerechtigkeit zuliebe Verfolgten, die Friedensstifter selig gepriesen werden: Sie sind es, die die Menschen voranbringen. Jede Lebenskrise, jeder Druck kann zum Anstoß werden, selbst ein Stück voranzukommen und andere einen Schritt vorwärtszubewegen. Wer sein Leben so versteht, der läßt sich auch nicht mehr länger von Schreckensbildern einer Hölle, eines Orts ewiger Verdammnis schrecken. Die Hölle ist in uns oder nirgendwo. Sie konnte in der Einsicht des Verstorbenen bestehen, wie sehr er selbst mit seinem Leben die Menschheit vom rechten Weg abgebracht oder gar in Gefahr gebracht, wie wenig er zur Evolution hinein in die Unsterblichkeit beitragen konnte.

12. Alle — oder keiner

Wenn wir »in den Himmel kommen« wollen, genügt es nicht, im herkömmlichen Sinn sorgfältig die Gebote zu beachten und lieber gar nichts als etwas Falsches zu tun. Und lebte irgendwo verborgen die friedfertigste und reinste Seele und dächte sie in ihrem Herzen: »Was kümmert mich die Welt? Hauptsache, ich habe meine Ruhe und mein kleines stilles Glück« — so wäre sie im Grunde kaum besser als der Reiche, der sich sorglos und unbekümmert einen schönen Tag macht und nicht über seine Ziele nachdenkt.
Die Seligkeit hängt sicherlich nicht davon ab, ob einer gegen das 6. Gebot verstoßen hat. Sünde und damit Verfehlung im wahrsten Sinn des Wortes wäre es erst dann, wenn die unbeherrschte Sexualität einen Rückfall in vormenschliches Verhalten bedeuten würde; wenn jemand durch die Belastung seines Gewissens oder weil seine Jagd nach Lust alles Denken und Fühlen beherrscht, davon abgehalten würde, Wesentliches zu tun; oder aber wenn er mit seinem Tun andere bedenkenlos ins Unglück

stürzte. Wenn aber zwei Menschen einander Glück, Zärtlichkeit und Vertrauen schenken, kann von Schuld keine Rede sein.
Schuld lädt auf sich, wer Friede sagt und Krieg meint; wer seine Mitmenschen mißachtet oder verletzt, sich von ihnen absondert, nicht um sie kümmert, sie mit brutalsten Waffen bedroht und damit Angst und Schrecken in der Welt verbreitet; wer andere verhungern läßt und selbst im Wohlstand schwelgt.
Um die Unsterblichkeit zu erreichen, brauchen wir gute Gedanken, Segenswünsche, Hoffnung und Zuversicht, hochwirksame Energien, die uns entströmen und eine neue, eine geistige Atmosphäre um unsere Erde schaffen, eine Luft, in der die Seelen aller Bedrückten aufatmen.
Wir müssen uns gegenseitig positiv beeinflussen, indem wir auf die Kraft unserer Gedanken und »Seelenkräfte« vertrauen. In früheren Zeiten haben sich die Menschen in Zeiten der Not zusammengefunden, um gemeinsam zu beten. Dieses Gebet, in dem sie scheinbar sinnlos immer denselben Text herunterleierten, wie beispielsweise im Rosenkranzgebet, war vergleichbar dem Zusammenschluß vieler Batterien zu einer Superbatterie: Die Energieströme der einzelnen Gedanken flossen ineinander, vereinigten sich zu einer mächtigen Kraft, die nicht nur den einzelnen Betenden mit großem Trost erfüllte, sondern nicht selten auch das erhoffte »Wunder« bewirkte. Leider ist diese Form des Betens weithin verlorengegangen. Das Beten ist zur intellektuellen Angelegenheit geworden. Die »Seelenkräfte« sind nicht mehr dabei. Wenn der einzelne still für sich betet, ohne die Verbindung mit den anderen, bleibt sein Gebet ein dünnes Rinnsal und wird niemals zum bewegenden Fluß. Schon Jesus aber sagte: »Wo zwei oder drei in meinem Namen versammelt sind, da bin ich mitten unter ihnen.« Er sprach auch von den Bergen, die man versetzen kann, solange man daran glaubt, und davon, daß das rechte Beten und Bitten letztlich alles erreichen kann.
Derjenige, der in den Himmel will, muß die anderen mitreißen, oder er bleibt ihm selbst verschlossen. Er muß vor allem in seinem irdischen Leben die Angst überwinden, damit sie aus der

Welt gebannt wird. Er darf nicht jedem guten Gedanken sofort den Kleinmut folgen lassen, der alle Anstrengungen wieder zunichte macht. Aus Berichten vom Jenseits haben wir erfahren, daß auch wir all das können, was die Verstorbenen vermögen. Jeder Gedanke kann Gestalt annehmen. Deshalb müssen wir dafür sorgen, daß immer mehr gute Gedanken die Welt überfluten und das Abwegige, Böse, Hinderliche hinwegspülen.
Halten wir uns nicht damit auf, auf die Regierungen zu schimpfen und sie der Rüstungen wegen zu verfluchen. Wenn wir alle ernsthaft und aus ganzem Herzen den Frieden wollen, wird niemand mehr einen Krieg entfesseln können.

Literaturhinweise

Ägyptisches Totenbuch, übersetzt und kommentiert von Gregoire Kolpaktchy, Bern/München 1970
Allgeier, Kurt: *Das Ende der Unsterblichkeit*, München 1984
Allgeier, Kurt: *Morgen soll es Wahrheit werden*, München 1981
Alt, Franz: *Frieden ist möglich*, München 1983
Ariès, Philippe: *Geschichte des Todes*, München 1980
Bender, Hans: *Zukunftsvisionen, Kriegsprophezeiungen, Sterbeerlebnisse*, München 1983
Chardin, Teilhard de: *Die Entstehung des Menschen*, München 1982
Chardin, Teilhard de: *Der Mensch im Kosmos*, München 1981
Chardin, Teilhard de: *Briefe an eine Marxistin*, Olten 1971
Currie, Jan: *Niemand stirbt für alle Zeit*, München 1978
Denzinger, Henricus: *Enchiridion Symbolarum*, Freiburg 1937
Ditfurth, Hoimar von: *Wir sind nicht nur von dieser Welt*, Hamburg 1981
Drexel, Albert: *Ein neuer Prophet?* Stein 1971
Fromm, Erich: *Haben oder Sein*, Stuttgart 1976
Gaster, Theodor: *Die ältesten Geschichten der Welt*, Berlin 1983
Görres, Ida Friederike: *Sohn der Erde, der Mensch Teilhard de Chardin*, Frankfurt 1976
Holl, Adolf: *Tod und Teufel*, Stuttgart 1975
Holzer, Hans: *Hinter der Grenze des Todes*, München 1979
Jaspers, Karl: *Die Atombombe und die Zukunft des Menschen*, München 1958
Jung, Carl Gustav: *Die Archetypen und das kollektive Unbewußte*, Olten 1980
Kübler-Ross, Elisabeth: *Interviews mit Sterbenden*, Stuttgart/Berlin 1972
Küng, Hans: *Ewiges Leben?* München 1982
Monroe, Robert A.: *Der Mann mit den zwei Leben*, Interlaken 1981
Moody, Raymond: *Leben nach dem Tod*, Hamburg 1977
Morris, Desmond: *Der nackte Affe*, München 1968
Morris, Desmond: *Der Menschen-Zoo*, München 1969
Mühlbauer, Josef: *Jenseits des Sterbens*, Bonn 1978
Pastoralkonstitution: *Die Kirche in der Welt von heute*, Heft 15, Trier 1977
Raguse, Siegfried (Hrsg.): *Was erwartet uns nach dem Tod?* Gütersloh 1983
Ratzinger, Josef: *Eschatologie — Tod und ewiges Leben*, Regensburg 1978
Sagan, Carl: *Unser Kosmos*, München 1982
Sartory, Th. und G.: *In der Hölle brennt kein Feuer*, München 1968
Schäfer, Hildegard (Hrsg.): *Was bedeutet der Tod für Sie?* Genf 1983
Schultes, Richard E./Hofmann, Albert: *Pflanzen der Götter*, Stuttgart 1980
Schumacher, S. (Übers.): *Das Totenbuch der Tibeter*, Düsseldorf/Köln, 1981
Sölle, Dorothee: *Wählt das Leben*, Stuttgart 1980
Steiner, Rudolf: *Theosophie*, Berlin 1904
Stevenson, Jan: *Reinkarnation*, Freiburg 1977
Wheeler, David R.: *Reise ins Jenseits*, München 1982

Bibeltexte sind zitiert nach der Übersetzung: Riessler/Storr, Mainz 1952